普通高等教育"十二五"规划教材

Shuiyun Gongcheng Jianzhu Cailiao
水 运 工 程 建 筑 材 料

施 斌 主编
罗碧丹 [中交第四航务工程局有限公司] 主审

人民交通出版社

内 容 提 要

本书主要介绍各类水运工程中常用材料的基本组成、技术性质、质量检测及应用等知识。具体内容有建筑材料的基本性质、气硬性胶凝材料、水泥、混凝土、建筑砂浆、建筑钢材、合成高分子材料、沥青和水运工程建筑材料试验与检测等。为方便学生巩固所学知识，突出重点难点，每章后附有相应的复习思考题。

本书尽量采用国标和水运工程新标准、新规范，对新材料及新技术的发展也进行了一定的介绍，对常用材料的讲解，以其性质指标和实际应用为重点。

本书可作为港口航道与海岸、港口海岸及治河工程、水利水电工程等专业的本科及高职教材，也可供从事水运工程、水利工程的技术人员参考。

图书在版编目(CIP)数据

水运工程建筑材料/施斌主编. —北京：人民交通出版社，2014.3
普通高等教育"十二五"规划教材
ISBN 978-7-114-11163-1

Ⅰ.①水… Ⅱ.①施… Ⅲ.①航道工程—建筑材料—普等职业教育—教材 Ⅵ.①U61

中国版本图书馆 CIP 数据核字(2014)第 020264 号

普通高等教育"十二五"规划教材

书　　名：水运工程建筑材料
著 作 者：施　斌
责任编辑：周　凯　李　娜
出版发行：人民交通出版社
地　　址：(100011) 北京市朝阳区安定门外外馆斜街 3 号
网　　址：http://www.ccpress.com.cn
销售电话：(010) 59757973
总 经 销：人民交通出版社发行部
经　　销：各地新华书店
印　　刷：北京鑫正大印刷有限公司
开　　本：787×1092　1/16
印　　张：13
字　　数：312 千
版　　次：2014 年 3 月　第 1 版
印　　次：2019 年 6 月　第 2 次印刷
书　　号：ISBN 978-7-114-11163-1
定　　价：35.00 元

(有印刷、装订质量问题的图书由本社负责调换)

编委会名单

主 任：施 斌

成 员：余景良　叶 灵　郭继康　骆 毅　彭卫东
　　　　赵广伦　黄夏幸　张卫东　徐利民　沈维芬
　　　　黄鹄翔　黄维章　赵园春　郭定林　张海波
　　　　吴永明　刘艳红

前　言

"水运工程建筑材料"是港口航道与海岸专业的一门专业基础课程。本课程实用性强，建筑材料的知识渗透在工程研究、设计、施工等工作领域。学好本课程既可为专业主干课程的学习打下良好基础，又可为今后工作做技术准备。本课程是港口航道与海岸专业的一门必修课程。

20世纪80年代以来，建筑材料的发展速度很快，出现了大量新型材料，建筑材料的国家标准、行业标准、地方标准已多次更新，对水运工程结构与形式的创新和发展也产生了重大影响。自20世纪80年代末开始，水运工程行业实施《港口工程技术规范》(1987版)，20世纪90年代后期对各种规范进行了修订更新，目前基本实施的是2000年以后的新规范。

水运工程的各类建筑物处于水环境或海洋环境中，受大气、水流、潮汐、波浪等因素影响，特别是海水中有害成分对建筑材料的性能和结构使用寿命影响很大。因此，其质量标准、技术要求、检测方法与其他建筑行业有着很大不同。

多年来，与水运工程规范对应的建筑材料教材出版很少，只能选用水利水电类或土建类专业的教材替代，不利于港口航道与海岸专业建筑材料课程的教学。随着水运工程建设事业的快速发展，对毕业生的专业知识和专业技能提出了更高的要求。为适应社会需求，我们组织了有一定工程经验和教学经验的教师编写了本教材。

本书根据当前水运工程建筑材料的发展水平与工程实际情况，按照培养应用型人才要求，对材料的相关理论和知识、标准与规范进行了阐述。书中详细介绍了水运工程中常用的胶凝材料、混凝土、砂浆、钢材、合成高分子材料、沥青等有关知识，以及国内外建筑材料方面的新发展和各类材料的应用情况等。

本书力求采用最新建筑材料标准、规范及试验方法，在内容组织上注重基础理论与工程应用的有机结合，以符合对事物循序渐进的认识规律，便于读者更好地理解和掌握有关的学习内容。每章后所附复习思考题，有利于帮助读者抓住各章的重点和难点，加深对建筑材料基本理论和知识、应用技能的理解与掌握。

本书由广州航海学院施斌等教师编写,中交第四航务工程局技术专家罗碧丹高级工程师主审。全书的编写分工如下:绪论和第4、5、7章由施斌编写,第1、2章由刘艳红编写,第3、9章由吴永明编写,第6、8章由张海波编写。全书由施斌统稿。

限于编者水平有限,书中难免有不妥之处,恳请读者批评指正。

编 者

2013 年 10 月

目 录

绪论 ·· 1
  0.1 建筑材料的定义及其在国民经济建设中的作用 ······················· 1
  0.2 建筑材料的分类 ·· 1
  0.3 建筑材料的发展 ·· 2
  0.4 建筑材料标准及工程规范 ·· 2
  0.5 学习"水运工程建筑材料"的目的和方法 ····························· 3
第1章 建筑材料的基本性质 ··· 4
  1.1 材料的物理性质 ·· 4
  1.2 材料的力学性质 ·· 10
  1.3 材料的耐久性与环境协调性 ·· 12
  复习思考题 ·· 14
第2章 气硬性胶凝材料 ··· 15
  2.1 石灰 ·· 15
  2.2 石膏 ·· 18
  2.3 其他气硬性胶凝材料 ·· 20
  复习思考题 ·· 22
第3章 水泥 ·· 23
  3.1 通用硅酸盐水泥概述 ·· 23
  3.2 硅酸盐水泥和普通硅酸盐水泥 ·· 25
  3.3 掺大量混合材料的硅酸盐水泥 ·· 33
  3.4 其他品种水泥 ·· 37
  复习思考题 ·· 42
第4章 混凝土 ·· 44
  4.1 概述 ·· 44
  4.2 混凝土的组成材料 ·· 46
  4.3 混凝土的主要技术性质 ·· 55
  4.4 混凝土的外加剂 ·· 65
  4.5 混凝土的配合比设计 ·· 70
  4.6 混凝土的质量控制 ·· 82
  4.7 其他品种水泥混凝土 ·· 86
  复习思考题 ·· 92
第5章 建筑砂浆 ··· 94
  5.1 建筑砂浆的组成材料 ·· 94
  5.2 砂浆的主要技术性质 ·· 95

5.3　砌筑砂浆及其配合比设计 ………………………………………………… 97
　5.4　其他建筑砂浆 ……………………………………………………………… 100
　复习思考题 ……………………………………………………………………… 101

第6章　建筑钢材 …………………………………………………………………… 102
　6.1　概述 ………………………………………………………………………… 102
　6.2　建筑钢材主要技术性能 …………………………………………………… 104
　6.3　钢材在水运工程中的应用 ………………………………………………… 109
　复习思考题 ……………………………………………………………………… 122

第7章　合成高分子材料 …………………………………………………………… 123
　7.1　概述 ………………………………………………………………………… 123
　7.2　合成树脂 …………………………………………………………………… 124
　7.3　合成高分子材料在混凝土防护和补强方面的应用 ……………………… 126
　7.4　土工合成材料 ……………………………………………………………… 140
　复习思考题 ……………………………………………………………………… 143

第8章　沥青 ………………………………………………………………………… 145
　8.1　沥青的定义和分类 ………………………………………………………… 145
　8.2　石油沥青 …………………………………………………………………… 145
　8.3　改性沥青 …………………………………………………………………… 151
　8.4　沥青防水卷材 ……………………………………………………………… 152
　复习思考题 ……………………………………………………………………… 153

第9章　水运工程建筑材料试验与检测 …………………………………………… 154
　9.1　建筑材料试验基本技能 …………………………………………………… 154
　9.2　数值的修约和统计 ………………………………………………………… 155
　9.3　水泥质量试验检测 ………………………………………………………… 157
　9.4　混凝土用集料质量检测试验 ……………………………………………… 165
　9.5　混凝土性能检测试验 ……………………………………………………… 175
　9.6　砂浆的质量检测试验 ……………………………………………………… 184
　9.7　混凝土用钢筋性能检测试验 ……………………………………………… 187
　9.8　现场混凝土质量检测 ……………………………………………………… 190

参考文献 ……………………………………………………………………………… 196

绪 论

0.1 建筑材料的定义及其在国民经济建设中的作用

建筑材料是构成土木建筑结构物的所有材料的总称,它包括用于建筑物的地基、基础、结构和建筑装饰的所有材料,是工程建设的重要物质基础。建筑材料的品种、规格、质量在很大程度上影响着建筑业的进步,甚至影响到国民经济的发展。

建筑材料与建筑、结构、施工之间存在着相互依存、相互促进的密切关系。建筑工程中的许多技术问题的突破,往往依赖建筑材料问题的解决,新的建筑材料的出现,又能促进结构设计及施工技术的创新和发展。

据统计,目前在我国的水运工程建筑物中,建筑材料的费用约占总造价的60%以上。随着建筑施工的工业化程度的提高,这一比例还有上升的趋势。

因此,合理地选择和使用建筑材料,加强建筑材料的研究,提高建筑材料生产和应用的技术水平,对改善建筑物的使用功能、降低工程造价、提高建筑物的使用寿命,都有着重要意义。

0.2 建筑材料的分类

建筑材料品种繁多,分类方法也很多。常用的分类方法如下:

按材料的化学成分分为无机材料、有机材料和复合材料三大类,如图0.2.1所示。

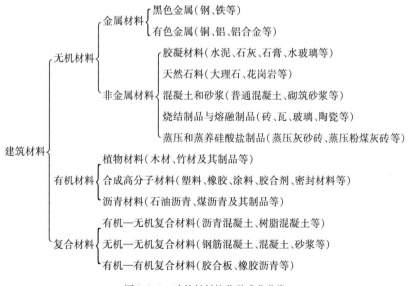

图0.2.1 建筑材料按化学成分分类

此外，建筑材料按功能可分为承重材料、围护材料、建筑功能性材料。按所处的不同建筑部位可分为结构材料、屋面材料、楼地面材料、墙体材料、吊顶材料等。

0.3　建筑材料的发展

建筑材料是随着人类社会的发展而发展的。

人类使用建筑材料，最初是从土、石、草、木、兽皮等天然材料开始的。随着生产力的发展，出现了砖瓦、玻璃、青铜等人造建筑材料。举世瞩目的埃及金字塔、中国的长城等，都是由这些材料建成的。19世纪，资本主义国家的工业革命兴起以后，建筑材料得到迅速发展。特别是钢材、水泥、钢筋混凝土等材料的出现和发展，使得高层建筑、大跨度建筑成为可能。如这一时期建成的埃菲尔铁塔，高度达到300m。20世纪30年代，又出现了预应力混凝土结构，使土木工程的设计理论和施工技术得到了进一步完善。

随着社会的发展，人类对建筑工程的功能要求越来越高，为适应建筑工业化、现代化，提高质量、降低能耗、实现多功能的要求，建筑材料正向轻质、高强、高性能、耐久、节能等方向发展。同时，随着人们环境保护与可持续发展意识的增强，保护环境、节约能源与土地、合理开发和综合利用原料资源、尽量利用工业废料、发展绿色建材，也是建筑材料发展的一种趋势。

0.4　建筑材料标准及工程规范

标准是对重复性事物和概念所作出的统一规定，是对某项技术或产品实行统一执行的要求。土木工程材料的品种繁多，材料的生产、使用、储存都需遵照有关的技术标准执行。对于常用的材料，有关部门制定并发布了相应的技术标准和规范，对其质量、规格、检验方法和验收标准均作了详尽而明确的规定。目前，我国的技术标准分为国家标准、行业标准、地方标准和企业标准四级。

第一级是国家标准，是由国家标准化主管机构批准发布的全国性指导技术文件，其代号为GB。如"《混凝土结构设计规范》（GB 50010—2010）"，其中GB为国家标准的代号，50010为标准编号，2010为标准颁布年代号，混凝土结构设计规范为该标准的技术名称。国家标准是强制性标准，任何技术（产品）不得低于此标准规定的技术指标。

第二级是行业标准，是由我国各主管部、委（局）批准发布，在该部门范围内统一使用的标准。如"《蒸压灰砂多孔砖》（JC/T 637—2009）"。其中JC为颁布此标准的行业标准代号，T为推荐标准，它表示也可以执行其他标准，为非强制性标准。其他如JGJ为住房和城乡建设部行业标准，JC为国家工业与信息化部行业标准，JTS为交通运输部行业标准等。

第三级是地方标准，代号是DB，只适用于制定标准的地区。

第四级是企业标准，代号是QB，只用于生产企业内部。

随着我国的改革开放，常涉及一些材料的国际标准或国外标准。如国际标准，代号为ISO；美国材料试验学会标准，代号为ASTM；英国标准，代号为BS；德国工业标准，代号为DIN；日本工业标准，代号为JIS；法国标准，代号为NF等。熟悉有关标准和规范，对于正确合理地使用材料是很有必要的。

0.5 学习"水运工程建筑材料"的目的和方法

"水运工程建筑材料"是港口航道与海岸专业重要的专业基础课。港口水工建筑物的设计、施工、维护都与建筑材料的品种、性能密切相关。因此,水运工程建筑材料课程的学习是学好本专业的必要条件。同时,在实际工程中,经常遇到有关建筑材料的选择、质量检验、配合比调整等方面的问题,这都需要我们具备一定的理论知识和试验技能。当前常用的建筑材料有水泥、混凝土、钢筋以及沥青、合成高分子材料等其他材料,学习过程主要围绕这些材料的性质、特点、使用要求、技术检验标准及试验方法等展开。

水运工程建筑材料课程中名词、概念、专业术语多,内容繁杂,各章节的内在联系少,需要理解记忆的内容多,容易感到枯燥,学习时可参考以下方法:

(1)运用对比、归纳的方法。由于材料品种多,学习时可以将同类材料的性质进行对比,归纳它们的共性和特性。

(2)注重试验环节。通过课堂学习和综合试验,学习鉴定和检验常用材料的方法,掌握试验技能,培养动手能力及分析、解决问题的能力。

(3)关注建筑材料的发展动态,及时掌握信息,注意建筑材料标准和规范的变更。

第1章　建筑材料的基本性质

建筑材料在使用条件下要承受一定荷载,并受到周围不同环境介质(空气、水及其所溶物质、温度和湿度变化等)的作用。因此,建筑材料应具有相应的力学性质、物理性质、化学性质以及经久耐用的性质。

合理选用建筑材料,应熟悉工程条件及对拟用材料提出的各项技术要求,还应掌握材料的各种技术性质以及影响这些性质的因素,使所选材料在建筑物中发挥应有的作用。

本章主要讲述建筑材料所具有的共性,即材料的基本性质。各种材料的特性将在后续章节中讲述。

1.1　材料的物理性质

1.1.1　密度、表观密度、体积密度和堆积密度

(1)密度

密度是指材料在绝对密实状态下单位体积的质量。按下式计算:

$$\rho = \frac{m}{V} \tag{1.1.1}$$

式中:ρ——材料的密度,g/cm^3;

m——材料的质量(干燥至恒重),g;

V——干燥材料在绝对密实状态下的体积,cm^3。

绝对密实状态下的体积是指不包括材料内部孔隙在内的固体物质的体积。测定材料密度时,可采取不同方法。对钢材、玻璃、铸铁等接近于绝对密实的材料,可用排水(液)法;而绝大多数材料内部都含有一定孔隙,测定其密度时应把材料磨成细粉(粒径小于0.2mm)以排除其内部孔隙,然后用排水(液)法测定其实际体积,再计算其绝对密度;水泥、石膏粉等材料本身是粉末态,就可以直接采用排水(液)法测定。

在测量某些较致密的不规则的散粒材料(如卵石、砂等)的实际密度时,常直接用排水法测其绝对体积的近似值(因颗粒内部的封闭孔隙体积没有排除),这时所测得的实际密度为近似密度,即视密度(ρ')。

另外,工程上还经常用到比重的概念,比重又称相对密度,是用材料的质量与同体积水(4℃)的质量的比值表示,无单位,其值与材料密度相同(g/cm^3)。

(2)表观密度

表观密度(亦称体积密度)是指材料在自然状态下单位体积的质量,俗称重度。按下式计算:

$$\rho_0 = \frac{m}{V_0} \tag{1.1.2}$$

式中：ρ_0——材料的体积密度，kg/m^3 或 g/cm^3；

m——材料的质量，kg 或 g；

V_0——材料在自然状态下的体积，或称表观体积，m^3 或 cm^3。

自然状态下的体积即表观体积，包含材料内部孔隙（开口孔隙和封闭孔隙）在内。对外形规则的材料，其几何体积即为表观体积；对外形不规则的材料，可用排水（液）法测定，但在测定前，待测材料表面应用薄蜡层密封，以免测液进入材料内部孔隙而影响测定值。

材料孔隙内含有水分时，其质量和体积会发生变化，相同材料在不同含水状态下其表观密度也不相同，因此，表观密度应注明材料含水状态，若无特别说明，常指气干状态（材料含水率与大气湿度相平衡，但未达到饱和状态）下的表观密度。

(3)堆积密度

堆积密度是指散粒（粉状、粒状或纤维状）材料在自然堆积状态下单位体积的质量。按下式计算：

$$\rho_0' = \frac{m}{V_0'} \tag{1.1.3}$$

式中：ρ_0'——材料的堆积密度，kg/m^3；

m——材料的质量，kg；

V_0'——材料的堆积体积，m^3。

材料的堆积体积，包括材料绝对体积、内部所有孔隙体积和颗粒间的空隙体积。测定散粒状材料的堆积密度时，材料的质量是指填充在一定容积的容器内的材料质量，其堆积体积是指所用容器的容积。材料的堆积密度反映散粒状材料堆积的紧密程度及材料可能的堆放空间。

在土木工程中，计算材料用量、构件自重、配料以及确定堆放空间时，经常要用到材料的密度、表观密度和堆积密度等参数。常用建筑材料有关参数见表1.1.1。

常用建筑材料的密度、表观密度、堆积密度和孔隙率　　表1.1.1

材　料	密度(g/cm^3)	表观密度(kg/m^3)	堆积密度(kg/m^3)	孔隙率(%)
石灰岩	2.6	1800~2600	—	—
花岗岩	2.6~2.9	2500~2800	—	0.5~3.0
碎石(石灰岩)	2.6	—	1400~1700	—
砂	2.6	—	1450~1650	—
黏土	2.6	—	1600~1800	—
普通黏土砖	2.5~2.8	1600~1800	—	20~40
黏土空心砖	2.5	1000~1400	—	—
水泥	3.1	—	1200~1300	—
普通混凝土	—	2100~2600	—	5~20
轻集料混凝土	—	800~1900	—	—
钢材	7.85	7850	—	0
木材	1.55	400~800	—	55~75
泡沫塑料	—	20~50	—	—
玻璃	2.55	—	—	—

1.1.2 材料的孔隙率和空隙率

(1) 孔隙率与密实度

孔隙率是指孔隙体积占材料总体积的百分比,用符号 P 表示。孔隙率按下式计算:

$$P = \frac{V_0 - V}{V_0} \times 100\% = \left(1 - \frac{\rho_0}{\rho}\right) \times 100\% \qquad (1.1.4)$$

密实度是与孔隙率相对应的概念,指材料体积内被固体物质充实的程度,也就是固体物质的体积占总体积的比例。密实度反映了材料的致密程度,以 D 表示:

$$D = \frac{V}{V_0} \times 100\% = \frac{\rho_0}{\rho} \times 100\% \qquad (1.1.5)$$

含有孔隙的固体材料的密实度均小于1。材料的很多性能(如强度、吸水性、耐久性、导热性等)均与其密实度有关。

孔隙率与密实度的关系为:

$$P + D = 1 \qquad (1.1.6)$$

式(1.1.6)表明,材料的总体积是由该材料的固体物质与其所包含的孔隙所组成的。

材料的许多性质都与孔隙有关。这些性质不仅与材料的孔隙率大小有关,而且与材料的孔隙特征有关。材料的孔隙特征一般可由孔隙率、孔隙连通性和孔隙直径3个指标来描述。

孔隙率是指孔隙在材料体积中所占的比例。一般而言,孔隙率较小且连通孔较少的材料,其吸水性较小、强度较高、抗渗性和抗冻性较好、绝热效果好。

孔隙按其连通性可分为连通孔、封闭孔和半连通孔(或半封闭孔)。连通孔是指孔隙之间、孔隙和外界之间都连通的孔隙(如木材、矿渣);封闭孔是指孔隙之间、孔隙和外界之间都不连通的孔隙(如发泡聚苯乙烯、陶粒);介于两者之间的称为半连通孔或半封闭孔。一般情况下,连通孔对材料的吸水性、吸声性影响较大,而封闭孔对材料的保温隔热性能影响较大。孔隙按其直径的大小可分为粗大孔、毛细孔、微孔。粗大孔是指直径大于毫米级的孔隙,这类孔隙对材料的密度、强度等性能影响较大,如矿渣。毛细孔是指直径在微米至毫米级的孔隙,对水具有强烈的毛细作用,主要影响材料的吸水性、抗冻性等性能,这类孔在多数材料内都存在,如混凝土、石膏等。微孔的直径在微米级以下,其直径微小,对材料的性能反而影响不大,如瓷质及炻质陶瓷。几种常用建筑材料的孔隙率见表1.1.1。

(2) 材料的空隙率与填充率

空隙率是指散粒状材料在某容器的堆积体积中,颗粒之间的空隙体积占堆积体积的百分率,用符号 P' 表示,按下式计算:

$$P' = \frac{V'_0 - V}{V'_0} \times 100\% = \left(1 - \frac{\rho'_0}{\rho}\right) \times 100\% \qquad (1.1.7)$$

填充率是与空隙率相对应的概念,指散粒状材料在某堆积体积中被其颗粒填充的程度,用符号 D' 表示,按下式计算:

$$D' = \frac{V_0}{V'_0} \times 100\% = \frac{\rho'_0}{\rho_0} \times 100\% \qquad (1.1.8)$$

即

$$P' + D' = 1 \qquad (1.1.9)$$

空隙率的大小反映了散粒材料颗粒之间相互填充的致密程度。对于混凝土的粗、细集料,空隙率越小,说明其颗粒大小搭配得越合理,用其配制的混凝土越密实,水泥也越节约。配制混凝土时,砂、石空隙率可作为控制混凝土集料级配与计算含砂率的依据。

1.1.3 材料与水有关的性质

(1)亲水性与憎水性

水与不同固体材料表面之间相互作用的情况是不同的。当水与材料接触时,在材料、水和空气三相交点处,沿水表面的切线与水和固体接触面所成的夹角 θ 称为润湿角,如图1.1.1所示。θ 越小,浸润性越好。当润湿角 $\theta \leq 90°$ 时,水分子之

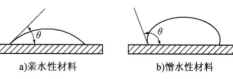

图1.1.1 材料的润湿示意图

间的内聚力小于水分子与材料分子间的相互吸引力,这种性质称为材料的亲水性。具有这种性质的材料称为亲水性材料(图1.1.1a)。当润湿角 $\theta > 90°$ 时,水分子之间的内聚力大于水分子与材料分子间的吸引力,则材料表面不会被水浸润,这种性质称为材料的憎水性。具有这种性质的材料称为憎水性材料(图1.1.1b)。建筑材料中水泥制品、玻璃、陶瓷、金属材料、石材等为亲水性材料;沥青、油漆、塑料等为憎水性材料。

(2)材料的吸湿性与吸水性

①含水率。含水率是指材料中所含水的质量与干燥状态下材料的质量之比。按下式计算:

$$W = \frac{m_1 - m_0}{m_0} \times 100\% \tag{1.1.10}$$

式中:W——材料的含水率,%;

m_0——材料在干燥状态下的质量,g;

m_1——材料含水状态下的质量,g。

②吸水性。材料的吸水性是指材料与水接触吸收水分的性质。材料吸水饱和时的含水率称为材料的吸水率。

材料吸水率的大小主要取决于材料的孔隙率及孔隙特征。具有细微而连通的孔隙,且孔隙率大的材料吸水率较大;具有粗大孔隙的材料,虽然水分容易渗入,但仅能润湿孔壁表面而不易在孔内存留,因而其吸水率不高;密实材料以及仅有封闭孔隙的材料是不吸水的。

各种材料的吸水率相差很大,如花岗岩等致密岩石的吸水率仅为0.5%~0.7%,普通混凝土为2%~3%,黏土砖为8%~20%,而木材或其他轻质材料吸水率可大于100%。

材料含水后,自重增加,强度降低,保温性能下降,抗冻性能变差,有时还会发生明显的体积膨胀。

③吸湿性。吸湿性指材料在潮湿空气中吸收水分的性质,以含水率表示。吸湿作用一般是可逆的,也就是说,材料既可吸收空气中的水分,又可向空气中释放水分。

材料的含水率受环境影响,随空气的温度和湿度的变化而变化。当材料中的湿度与空气湿度达到平衡时的含水率称为平衡含水率。

影响材料吸湿性的因素较多,除了上面提到的环境温度和湿度的影响外,材料的亲水性、孔隙率与孔隙特征等对吸湿性都有影响。亲水性材料比憎水性材料有更强的吸湿性,材料中孔隙对吸湿性的影响与其对吸水性的影响相似。

(3)耐水性

材料的耐水性是指材料长期在水的作用下不被破坏,而且强度也不显著降低的性质。水对材料的破坏是多方面的,如对材料的力学性质、光学性质、装饰性等都会产生破坏作用。材料的耐水性用软化系数 K_R 表示,按下式计算:

$$K_R = \frac{f_1}{f_0} \tag{1.1.11}$$

式中:f_1——材料在饱和吸水状态下的抗压强度,MPa;

f_0——材料在干燥状态下的抗压强度,MPa。

一般材料随着含水率的增加,会减弱其内部结合力,从而导致强度下降。如花岗岩长期浸泡在水中,强度将下降3%。普通黏土砖和木材受水影响更为显著。

软化系数的范围波动在 0~1 之间。通常将软化系数大于 0.85 的材料看作是耐水材料。软化系数的大小,有时成为选择材料的重要依据。受水浸泡或长期处于潮湿环境的重要建筑物或构筑物所用材料的软化系数不应低于 0.85。

(4)抗渗性

抗渗性指材料抵抗压力水渗透的性质。材料的抗渗性常用渗透系数或抗渗等级来表示。渗透系数 K_S 按下式计算:

$$K_S = \frac{Qd}{AtH} \tag{1.1.12}$$

式中:K_S——渗透系数,cm/h;

Q——透水量,cm³;

d——试件厚度,cm;

A——透水面积,cm²;

t——时间,h;

H——水头高度(水压),cm。

渗透系数 K_S 的物理意义是:一定时间内,在一定的水压作用下,单位厚度的材料,单位截面积上的透水量。渗透系数越小的材料表示其抗渗性越好。

抗渗等级常用于混凝土和砂浆等材料,是指在规定试验条件下,材料所能承受的最大水压力。

材料抗渗性的好坏,与材料的孔隙率和孔隙特征有密切关系。材料越密实、闭口孔越多、孔径越小,越难渗水,极微细孔的材料很难渗水;具有较大孔隙率,且孔连通性好、孔径较大的材料抗渗性较差。

对于地下建筑、屋面、外墙及水工构筑物等,因常受到水的作用,所以要求材料具有一定的抗渗性。对于专门用于防水的材料,则要求具有较高的抗渗性。

(5)抗冻性

抗冻性是指材料在吸水饱和状态下,能经受多次冻结和融化作用(冻融循环)而不破坏、强度又不显著降低的性质。

材料在冻融循环过程中,表面将出现裂纹、剥落等现象,造成质量损失、强度降低。这是由于材料内部孔隙中的水分结冰时体积增大对孔壁产生很大的压力,冰融化时压力又骤然消失所致。无论是冻结还是融化过程,都会使材料冻融交界层间产生明显的压力差,并作用于孔壁使之损坏。

材料的抗冻性用抗冻等级来表示。抗冻等级表示吸水饱和后的材料经过规定的冻融循环次数,其质量损失、相对动弹性模量损失均不低于规定值。混凝土的抗冻等级以符号F表示,后面带的数字表示可经受冻融循环次数。例如,抗冻等级F200表示在标准试验条件下,材料相对动弹性模量下降不大于25%,质量损失不大于5%,所能经受的冻融循环的次数最多为200次。

材料的抗冻性与其强度、孔隙率大小及特征、含水率等因素有关。材料强度越高,抗冻性越好;孔隙对抗冻性的影响与其对抗渗性的影响相似。当材料孔隙吸水后还有一定的空间,含水未达到饱和时,可缓解冰冻的破坏作用。

1.1.4 材料的热工性质

(1)热容和比热容

材料的热容指材料在温度变化时吸收和放出热量的能力,可用下式表示:

$$Q = m \cdot C \cdot (t_2 - t_1) \tag{1.1.13}$$

式中:Q——材料的热容量,kJ;

m——材料的质量,kg;

$t_2 - t_1$——材料受热或冷却前后的温度差,K;

C——材料的比热容,kJ/(kg·K)。

材料的比热容的物理意义是指1kg重的材料,在温度每改变1K时所吸收或放出的热量。用公式表示为:

$$C = \frac{Q}{m(t_2 - t_1)} \tag{1.1.14}$$

式中:C、Q、m、$(t_2 - t_1)$——意义同前。

(2)导热性

当材料两侧存在温度差时,热量将由温度高的一侧,通过材料传递到温度低的一侧,材料的这种传导热量的能力称为导热性。

材料的导热性可用导热系数来表示。导热系数的物理意义是:厚度为1m的材料,当两侧温差为1K时,在1s时间内通过1m²面积的热量。用公式表示为:

$$\lambda = \frac{Q\delta}{(T_2 - T_1)At} \tag{1.1.15}$$

式中:λ——材料的导热系数,W/(m·K);

Q——传导的热量,J;

δ——材料厚度,m;

A——热传导面积,m²;

t——热传导时间,s;

$T_2 - T_1$——材料两侧温度差,K。

材料的导热系数愈小,表示其绝热性能愈好。各种材料的导热系数差别很大,常用的建筑材料热工性质指标见表1.1.2。

常用建筑材料的热工性质指标　　　　表1.1.2

材　料　名　称	导热系数[W/(m·K)]	比热容[J/(g·K)]
钢材	58	0.48
普通混凝土	1.6	0.86

续上表

材 料 名 称	导热系数[W/(m·K)]	比热容[J/(g·K)]
松木	0.15	1.63
烧结普通砖	0.65	0.85
花岗岩	3.1	0.82
密闭空气	0.023	1.00
水	0.58	4.18

材料的导热系数和热容量是设计建筑物围护结构(墙体、屋盖)时进行热工计算时的重要参数,设计时应选用导热系数较小而热容量较大的建筑材料,以使建筑物保持室内温度的稳定性。同时,导热系数也是工业窑炉热工计算和确定冷藏库绝热层厚度时的重要数据。

(3)材料的保温隔热性能

在建筑工程中常把 $1/\lambda$ 称为材料的热阻,用 R 表示,单位为 $(m·K)/W$。导热系数 λ 和热阻 R 都是评定建筑材料保温隔热性能的重要指标。人们常习惯把防止室内热量的散失称为保温,把防止外部热量的进入称为隔热,将保温隔热统称为绝热。

材料的导热系数越小,其热阻值越大,则材料的导热性能越差,其保温隔热性能越好,所以常将 $\lambda \leqslant 0.23W/(m·K)$ 的材料称为绝热材料。

1.2 材料的力学性质

1.2.1 强度

强度指材料抵抗外力破坏的能力。当材料承受外力作用时,内部就产生应力。外力逐渐增加,应力也相应加大,直到支点间作用力不再能够承受时,材料即破坏。此时极限应力值就是材料的强度。

根据外力作用方式的不同,材料强度有抗压强度、抗拉强度、抗弯强度及抗剪强度等(图1.2.1)。材料的抗压(图1.2.1a)、抗拉(图1.2.1b)及抗剪(图1.2.1d)强度按下式计算:

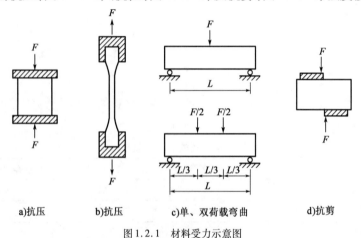

a)抗压   b)抗压   c)单、双荷载弯曲   d)抗剪

图1.2.1 材料受力示意图

$$f = \frac{F}{A} \tag{1.2.1}$$

式中:f——材料强度,MPa;
　　　F——破坏荷载,N;
　　　A——受力截面面积,mm^2。

材料的抗弯强度与受力情况有关,当外力是作用于构件中央一点的集中荷载,且构件有两个支点(图1.2.1c),材料截面为矩形时,抗弯强度按下式计算:

$$f_m = \frac{3FL}{2bh^2} \tag{1.2.2}$$

式中:f_m——材料抗弯强度,MPa;
　　　F——材料所受的荷载,N;
　　　L——两支点间距离,mm;
　　　b——试件截面宽度,mm;
　　　h——试件截面高度,mm。

有时抗弯强度试验的方法是在跨度的三分点上作用两个相等的集中荷载(图1.2.1c),这时材料的抗弯强度按下式计算:

$$f_m = \frac{FL}{bh^2} \tag{1.2.3}$$

材料的强度与其组成和构造有关。不同种类的材料具有不同的抵抗外力作用的能力,即使是相同种类的材料,由于其内部构造不同,其强度也有很大差异。孔隙率越大,材料强度越低。

同种材料抵抗不同类型外力作用的能力也不同,如砖、石材、混凝土和铸铁等材料的抗压强度较高,而其抗拉及抗弯强度很低;钢材的抗拉、抗压强度都很高等。另外,试验条件等因素的不同会对材料强度值的测试结果产生较大影响。几种常用材料强度值见表1.2.1。

几种常用材料的强度(MPa)　　　　表1.2.1

材　料	抗　压	抗　拉	抗　弯
花岗岩	100~250	5~8	10~14
烧结普通砖	5~20	—	1.6~4.0
普通混凝土	15~60	1~9	—
松木(顺纹)	30~50	80~120	60~100
低碳钢	240~1500	240~1500	—

大部分建筑材料是根据其强度的大小,将材料划分为若干不同等级,即材料的强度等级。将建筑材料划分为若干强度等级,对掌握材料性质、合理选用材料、正确进行设计和控制工程质量都是非常重要的。对于混凝土、砌筑砂浆、普通砖、石材等脆性材料,由于主要用于抗压,因此以其抗压强度来划分等级,而建筑钢材主要用于抗拉,以其屈服点作为划分等级的依据。

还有一个重要的相关概念是比强度,是按单位质量计算的材料强度,其值等于材料的强度与其表观密度之比。它是衡量材料单位质量强度的一个主要指标,优质结构材料的比强度应高。

1.2.2 弹性和塑性

弹性指材料在外力作用下产生变形,当外力取消后,能够完全恢复原来形状的性质。这种可完全恢复的变形称为弹性变形。弹性变形的变形量与对应的应力大小成正比,其比例系数用弹性模量 E 来表示。在材料的弹性范围内,弹性模量是一个常数,按下式计算:

$$E = \frac{\sigma}{\varepsilon} \tag{1.2.4}$$

式中:σ——材料所受的应力,MPa;

ε——材料在应力 σ 作用下产生的应变,无量纲。

弹性模量是衡量材料抵抗变形能力的指标之一,弹性模量越大,材料在荷载作用下越不易变形。

塑性指在外力作用下材料产生变形,外力取消后,不能恢复变形的性质。这种不能恢复的变形称为塑性变形。

完全的弹性材料是没有的,有的材料在受力不大的情况下,表现为弹性变形,但受力超过一定限度后,则表现为塑性变形,如钢材;有的材料在受力后,弹性变形及塑性变形同时产生,如果取消外力,则弹性变形部分可以恢复,而塑性变形部分则不能恢复,如混凝土。

1.2.3 脆性和韧性

脆性指材料在外力作用下,无明显塑性变形而突然破坏的性质。具有这种性质的材料称为脆性材料。

脆性材料的抗压强度比其抗拉强度往往要高很多倍。它对承受振动作用和抵抗冲击荷载是不利的。砖、石材、陶瓷、玻璃、混凝土、铸铁等都属于脆性材料。

韧性指在冲击或振动荷载作用下,材料能够吸收较大的能量,同时也能产生一定的变形而不破坏的性质。材料的韧性是用冲击试验来检验的,因而又称为冲击韧性,它用材料受荷载达到破坏时所吸收的能量来表示。低碳钢、木材等属于韧性材料。用作路面、桥梁、吊车梁以及有抗震要求的结构都要考虑到材料的韧性。

1.2.4 硬度

材料另一个重要的力学性质是硬度。它是指材料表面抵抗硬物压入或刻划的能力。金属材料等的硬度常用压入法测定,如布氏硬度法,是以单位压痕面积上所受的压力来表示。陶瓷等材料常用刻划法测定。一般情况下,硬度大的材料强度高、耐磨性较强,但不易加工。所以,工程中有时用硬度来间接推算材料的强度。

1.3 材料的耐久性与环境协调性

建筑材料的发展方向要求除具有良好的使用性能外,还须具有良好的环境协调性能,即具有好的耐久性、低的环境负荷值和高的可循环再生率,强调环保绿色建材。

1.3.1 材料的耐久性

材料在长期使用过程中,能保持其原有性能而不变质、不破坏的性质,统称之为耐久性,它是一种复杂的、综合的性质。材料在使用过程中,除受到各种外力作用外,还要受到环境中各种自然因素的破坏作用,这些破坏作用可分为物理作用、化学作用和生物作用。

物理作用主要有干湿交替、温度变化、冻融循环等,这些变化会使材料体积产生膨胀或收缩,或导致内部裂缝的扩展,长久作用后会使材料产生破坏。

化学作用主要是指材料受到酸、碱、盐等物质的水溶液或有害气体的侵蚀作用,使材料的组成成分发生质的变化,而引起材料的破坏。如钢材的锈蚀等。

生物作用主要是指材料受到虫蛀或菌类的腐朽作用而产生的破坏。如木材等有机质材料,常会受到这种破坏作用的影响。

材料在长期使用过程中的破坏是多方面因素共同作用的结果,即耐久性是一种综合性质。它包括抗渗性、抗冻性、耐蚀性、抗老化性、耐热、耐火性、耐磨性等。耐久性和破坏因素的关系见表1.3.1。

耐久性和破坏因素的关系　　　　表1.3.1

名　　称	破坏作用	因　素	评定指标
抗渗性	物理	压力水	渗透系数、抗渗等级
抗冻性	物理	水、冻融作用	抗冻系数、抗冻等级
耐磨性	物理	机械力	磨损率
耐热、耐火性	物理、化学	高温、火焰	*
耐蚀性	化学	酸、碱、盐	*
抗老化性	化学	阳光、空气	*
抗腐性	生物	菌类	*
抗蛀性	生物	昆虫	*

注:*表示参考强度变化率、开裂情况、变形情况等进行评定。

当然,不同材料有不同的耐久性特点,如无机矿物材料(混凝土、石材等)要考虑抗冻、有害气体等作用;金属材料主要考虑其化学腐蚀作用;木材主要考虑生物作用带来的损坏。另外,不同工程环境对材料的耐久性也有不同的要求,如寒冷地区室外工程的混凝土应考虑其抗冻性;处于有压力水作用下的水工工程及地下工程所用的混凝土应有抗渗性要求。要根据材料所处的结构部位和使用环境等因素,综合考虑其耐久性,并根据各种材料的耐久性特点,合理地选用。

1.3.2 材料的环境协调性

建筑材料的环境协调问题日益受到重视。所谓环境协调性是指对资源和能源消耗少、对环境污染小和循环再生利用率高。具有优良环境协调性的材料对资源和能源消耗少、对生态和环境污染小、再生利用率高或可降解化和可循环利用,而且要求从材料制造、使用、废弃直至再生利用的整个寿命周期中,都必须具有与环境的协调共存性。

1994年,我国设立了中国环境标志产品认证委员会,建筑材料中首先对水性涂料实行环境标志,制定环境标志的评定标准。为了保障人民群众的身体健康和人身安全,国家制定了

《建筑材料放射性核素限量》(GB 6566—2010)以及关于室内装饰装修材料有害物质限量等10项国家标准,并于2011年正式实施。

复习思考题

1. 材料的密度、表观密度、堆积密度有何区别?如何测定?材料含水后对四者有什么影响?

2. 某工地所用卵石材料的密度为2.65g/cm³,体积密度为2.61g/cm³,堆积密度为1680kg/m³,试计算此卵石的孔隙率与空隙率。

3. 某石材在气干、干燥、水饱和三种情况下测得的抗压强度分别为174MPa、178MPa、165MPa,试求该石材的软化系数,并判断该石材可否用于水下工程。

4. 500g河砂烘干至恒重时的质量为486g,试求此河砂的含水率。

5. 什么是亲水性材料和憎水性材料?如何改变材料的亲水性?

6. 什么是材料的耐久性?工程中应如何考虑材料的耐久性?

第2章 气硬性胶凝材料

胶凝材料是指经过一系列物理作用、化学作用,能将散粒状或块状材料黏结成整体的材料。根据胶凝材料的化学组成,可将其分为无机胶凝材料和有机胶凝材料两大类。如图2.0.1所示。

$$胶凝材料\begin{cases}有机胶凝材料:沥青,各种树脂\\无机胶凝材料\begin{cases}气硬性:石灰,石膏,水玻璃\\水硬性:各种水泥\end{cases}\end{cases}$$

图 2.0.1 胶凝材料按化学组成分类

有机胶凝材料是以天然的或合成的有机高分子化合物为基本成分的胶凝材料,常用的有沥青、各种合成树脂等。

无机胶凝材料是以无机化合物为基本成分的胶凝材料,根据其凝结硬化条件的不同,又可分为气硬性和水硬性两类。气硬性胶凝材料只能在空气中硬化,也只能在空气中保持和发展其强度。常用的气硬性胶凝材料有石膏、石灰和水玻璃等。气硬性胶凝材料一般只适用于干燥环境,而不宜用于潮湿环境,更不可用于水中。水硬性胶凝材料既能在空气中,还能更好地在水中硬化、保持并继续发展其强度。常用的水硬性胶凝材料包括各种水泥。水硬性胶凝材料既适用于干燥环境,又适用于潮湿环境或水下工程。

2.1 石 灰

2.1.1 石灰的生产及分类

煅烧生产石灰的原料主要是以碳酸钙为主的天然岩石(包括钙质石灰石、镁质石灰石)。将这些原料在高温下煅烧,碳酸钙将按下式分解成为生石灰,生石灰的主要成分为氧化钙。

$$CaCO_3 \xrightarrow{900\sim1100℃} CaO + CO_2\uparrow$$

石灰石的分解温度约为900℃,但为了加速分解过程,煅烧温度常提高至1000~1100℃。在煅烧过程中,若温度过低或煅烧时间不足,使得$CaCO_3$不能完全分解,将生成"欠火石灰"。如果煅烧时间过长或温度过高,将生成颜色较深、块体致密的"过火石灰"。

《建筑生石灰》(JC/T 479—2013)规定,按氧化镁含量的多少,建筑石灰可分为钙质和镁质两类。当石灰中MgO含量小于或等于5%时,称钙质石灰;当MgO含量大于5%时,称为镁质石灰。将煅烧成的块状生石灰经过不同加工,还可得到石灰的另外三种产品:

(1)生石灰粉

石灰在制备过程中,采用石灰石、白云石、白垩、贝壳等原料经煅烧后,即得到块状的生石灰,生石灰粉是由块状生石灰磨细而成。

(2)消石灰粉

将生石灰用适量水经消化和干燥而成的粉末,主要成分为$Ca(OH)_2$,也称为熟石灰粉。

(3)石灰膏

将块状生石灰用过量水(为生石灰体积的3~4倍)消化,或将消石灰粉和水拌和,所得的一定稠度的膏状物,主要成分为$Ca(OH)_2$和水。

2.1.2 石灰的熟化与硬化

(1)石灰的熟化

工地上使用生石灰前要进行熟化。熟化是指生石灰(氧化钙)与水作用生成氢氧化钙(熟石灰,又称消石灰)的过程,又称石灰的消解或消化。生石灰的熟化反应如下:

$$CaO + H_2O \rightarrow Ca(OH)_2 + 64.83 kJ$$

石灰的熟化过程会放出大量的热,熟化时体积增大1~2.5倍。煅烧良好、氧化钙含量高的石灰熟化较快,放热量和体积增大也较多。

为了消除过火石灰的危害,石灰膏在使用之前应进行陈伏。陈伏是指石灰乳(或石灰膏)在储灰坑中放置14d以上的过程。过火石灰在这一期间将慢慢熟化。陈伏期间,石灰膏表面应保有一层水分,使其与空气隔绝,以免与空气中二氧化碳发生碳化反应。

(2)石灰的硬化

石灰水化后逐渐凝结硬化,主要包括下面两个过程:

①干燥结晶硬化过程。石灰浆体在干燥过程中,多余水分蒸发或被砌体吸收,使$Ca(OH)_2$从饱和溶液中逐渐结晶析出,石灰浆体逐渐失去塑性,并凝结硬化产生强度的过程。

②碳化过程。$Ca(OH)_2$与空气中的CO_2反应,形成不溶于水的碳酸钙晶体,析出的水分则逐渐被蒸发。由于碳化作用主要发生在与空气接触的表层,且生成的$CaCO_3$膜层较致密,阻碍了空气中CO_2的渗入,也阻碍了内部水分向外蒸发,因此硬化缓慢。

2.1.3 石灰的性质与技术要求

(1)石灰的性质

①可塑性好。生石灰熟化为石灰浆时,能自动形成颗粒极细(直径约为$1\mu m$)的呈胶体分散状态的氢氧化钙,表面吸附一层厚的水膜。因此,用石灰调成的石灰砂浆,其突出的优点是具有良好的可塑性。在水泥砂浆中掺入石灰膏,可使砂浆可塑性显著提高。

②硬化较慢、强度低。从石灰浆体的硬化过程可以看出,由于空气中二氧化碳稀薄,碳化甚为缓慢。而且表面碳化后,形成紧密外壳,不利于碳化作用的深入,也不利于内部水分的蒸发,因此石灰是硬化缓慢的材料。同时,石灰的硬化只能在空气中进行。硬化后的强度也不高,1:3的石灰砂浆28d抗压强度通常只有0.2~0.5MPa。

③硬化时体积收缩大。石灰在硬化过程中,由于大量的游离水蒸发,从而引起显著的体积收缩,所以除调成石灰乳作薄层涂刷外,不宜单独使用。工程上常在其中掺入砂、各种纤维材料等减少收缩。

④耐水性差。硬化后的石灰受潮后,其中的氢氧化钙和氧化钙会溶解,强度更低,在水中还会溃散。所以,石灰不宜在潮湿的环境中使用,也不宜单独用于建筑物基础。

⑤石灰吸湿性强。块状生石灰在放置过程中,会缓慢吸收空气中的水分而自动熟化成消

石灰粉,再与空气中的二氧化碳作用生成碳酸钙,失去胶结能力。

储存生石灰,不但要防止受潮,而且不宜储存过久。最好运到工地(或熟化工厂)后立即熟化成石灰浆,将储存期变为陈伏期。由于生石灰受潮熟化时放出大量的热,而且体积膨胀,所以,储存和运输生石灰时,还要注意安全。

(2)建筑石灰的技术要求

建筑工程中所用的石灰常有三个品种:建筑生石灰、建筑生石灰粉和建筑消石灰粉。由于石灰生产原料中多少含有一些碳酸镁($MgCO_3$),因而生石灰中还含有次要成分氧化镁。根据我国建材行业标准《建筑生石灰》(JC/T 479—2013)的规定,按石灰中氧化镁的含量,将生石灰分为钙质生石灰(MgO含量≤5%)和镁质生石灰(MgO含量>5%)两类。镁质生石灰熟化较慢,但硬化后强度稍高。它们按技术指标又可分钙质石灰90(代号CL90)、钙质石灰85(代号CL85)、钙质石灰75(代号CL75)、镁质石灰85(代号ML85)、镁质石灰80(代号ML80),生石灰块在代号后加Q,生石灰粉在代号后加QP。生石灰块及生石灰粉的主要化学成分见表2.1.1。

建筑生石灰的化学成分(%)　　　表2.1.1

名 称	CaO+MgO	MgO	CO_2	SO_3
CL90-Q CL90-QP	≥90	≤5	≤4	≤2
CL85-Q CL85-QP	≥85	≤5	≤7	≤2
CL75-Q CL75-QP	≥75	≤5	≤12	≤2
ML85-Q ML85-QP	≥85	>5	≤7	≤2
ML80-Q ML80-QP	≥80	>5	≤7	≤2

2.1.4 石灰的应用

(1)石灰乳

将消石灰粉或熟化好的石灰膏加入大量的水搅拌稀释,成为石灰乳。石灰乳是一种廉价易得的涂料,主要用于内墙和天棚刷白,可增加室内美观和亮度。石灰乳中加入各种耐碱颜料,可形成彩色石灰乳;加入少量磨细粒化高炉矿渣或粉煤灰,可提高其耐水性;加入聚乙烯醇、干酪素、氯化钙或明矾,可减少涂层粉化现象。

(2)配制砂浆

由于石灰膏和消石灰粉中氢氧化钙颗粒非常小,调水后具有很好的可塑性,因而常可用石灰膏或消石灰粉配制成石灰砂浆或水泥石灰混合砂浆,用于抹面和砌筑,详见"第5章 建筑砂浆"部分。

石灰乳和石灰砂浆应用于吸水性较强的基面(如加气混凝土砌块)上时,应事先将基面润湿,以免石灰浆脱水过速而成为干粉,丧失胶结能力。

(3)石灰土和三合土

石灰与黏土拌和后称为灰土或石灰土,再加砂或炉渣、石屑等即成为三合土。

石灰可改善黏土的和易性,在强力夯打之下,大大提高了紧密度。而且,黏土颗粒表面的少量活性氧化硅和氧化铝与氢氧化钙起化学反应,生成了不溶性水化硅酸钙和水化铝酸钙,因而提高了黏土的强度和耐水性。石灰土中石灰用量增大,则强度和耐水性提高,但超过某一用量后,就不再提高了。一般石灰用量约为石灰土总重的6%~12%或更低。

灰土和三合土的应用在我国已有数千年的历史,主要用于建筑物的地基基础和道路工程的基层、垫层。

(4)制作硅酸盐制品

石灰是制作硅酸盐制品的主要原料之一。硅酸盐制品是以磨细的石灰与硅质材料为胶凝材料,必要时加入少量石膏,经养护(蒸汽养护或蒸压养护),生成以水化硅酸钙为主要产物的人造材料。硅酸盐制品中常用的硅质材料有粉煤灰、磨细的煤矸石、页岩、浮石、石英砂等。

常用的硅酸盐制品有蒸压灰砂砖、蒸压加气混凝土砌块或板材等。

2.2 石 膏

石膏胶凝材料是以硫酸钙为主要成分的无机气硬性胶凝材料。由于石膏胶凝材料及其制品具有许多优良的性质,原料来源丰富,生产能耗较低,因而在建筑工程中得到广泛应用。目前常用的石膏胶凝材料有建筑石膏、高强石膏等。

2.2.1 石膏的种类

(1)天然二水石膏

天然二水石膏($CaSO_4 \cdot 2H_2O$)矿石是生产石膏胶凝材料的主要原料,纯净的天然二水石膏矿石呈无色透明或白色,但天然石膏常含有各种杂质而呈灰色、褐色、黄色、红色、黑色等颜色。

(2)化工石膏

化工石膏是指一些含有$CaSO_4 \cdot 2H_2O$与$CaSO_4$混合物的化工副产品及废渣,也可作为生产石膏的原料,例如磷石膏是制造磷酸时的废渣,此外还有盐石膏、硼石膏、钛石膏等。

(3)天然无水石膏

天然无水石膏($CaSO_4$)结晶紧密,结构比天然二水石膏致密,质地较硬,难溶于水,又称天然硬石膏。天然硬石膏密度为2.9~3.1g/cm³,一般作为生产水泥的原料。

(4)建筑石膏(半水石膏)

建筑石膏是以β半水石膏(β-$CaSO_4 \cdot 0.5H_2O$)为主要成分,不预加任何外加剂的粉状胶结料,主要用于制作石膏建筑制品。

建筑石膏主要是由天然二水石膏在107~170℃的干燥条件下加热脱水而成的。二水石膏在温度为65~75℃时脱水,至107~170℃时生成β型半水石膏(β-$CaSO_4 \cdot 0.5H_2O$),其反应式为:

$$CaSO_4 \cdot 2H_2O \xrightarrow{107 \sim 170℃} \beta\text{-}CaSO_4 \cdot 0.5H_2O + 1.5H_2O$$

建筑石膏晶体较细,调制成一定稠度的浆体时,需水量较大,因而强度较低。

(5)高强石膏

若将二水石膏置于具有0.13MPa、125℃的过饱和蒸汽条件下蒸压脱水,可获得晶粒较粗、较致密的α型半水石膏(α-$CaSO_4 \cdot 0.5H_2O$),这就是高强石膏。

高强石膏晶粒粗大,调制成浆体时需水量较小,因而强度较高。

2.2.2 建筑石膏的水化和硬化

建筑石膏与适量的水相混合,最初成为可塑的浆体,但很快就失去塑性并产生强度,并发展成为坚硬的固体。这一过程可分为水化和硬化两部分。

(1)建筑石膏的水化

建筑石膏加水拌和,与水发生水化反应:

$$CaSO_4 \cdot 0.5H_2O + 1.5H_2O \rightarrow CaSO_4 \cdot 2H_2O$$

建筑石膏加水后,首先溶解于水,由于二水石膏在水中的溶解度比半水石膏小得多(仅为半水石膏溶解度的1/5),半水石膏的饱和溶液对于二水石膏就成了过饱和溶液,所以二水石膏以胶体大小微粒自水中析出,直到半水石膏全部耗尽。这一过程进行得很快,需7~12min。

(2)建筑石膏的凝结硬化

石膏浆体中的自由水分因水化和蒸发而逐渐减少,粒子总表面积增加,因而浆体可塑性逐渐减小,浆体渐渐变稠,这一过程称为凝结。其后,浆体继续变稠,逐渐凝聚成为晶体。晶体逐渐长大,共生和相互交错,浆体逐渐产生强度,并不断增长,直到完全干燥。晶体之间的摩擦力和黏结力不再增加,强度才停止发展。这一过程称为建筑石膏的硬化。

石膏浆体的凝结和硬化是一个连续的过程。凝结可以分为初凝和终凝两个阶段:浆体开始失去可塑性的状态称为浆体初凝,从加水至初凝的这段时间称为初凝时间;浆体完全失去可塑性,并开始产生强度称为浆体终凝,从加水至终凝的时间称为终凝时间。

2.2.3 建筑石膏的性质

(1)密度与堆积密度

建筑石膏的密度为2.5~2.8g/cm^3,松散堆积密度为800~1000kg/m^3,属轻质材料。

(2)凝结硬化快

建筑石膏初凝和终凝时间都很短,为满足施工要求,需要加入缓凝剂,降低其凝结速度。

常用石膏缓凝剂有:经石灰处理过的动物胶(0.1%~0.2%),亚硫酸酒精废液(掺入建筑石膏质量的1%)。其他缓凝剂还有硼砂、酒石酸钾钠、柠檬酸、聚乙烯醇等。缓凝剂的作用在于降低半水石膏的溶解度和溶解速度,但会使石膏制品强度有所降低。

(3)凝结硬化时体积略膨胀

石膏浆体凝结硬化时不像石灰和水泥那样出现体积收缩,反而略有膨胀(膨胀量约1%)。这一特性使石膏可浇注出纹理细致的浮雕花饰。同时石膏制品质地洁白细腻,特别适合制作建筑装饰制品。

(4)硬化后孔隙率高

石膏硬化后由于多余水分的蒸发,在内部形成大量毛细孔,石膏制品孔隙率可达50%~60%。由于石膏制品的孔隙率大,因而强度较低,导热系数小,吸声性强,吸湿性大,可调节室内的温度和湿度。

(5)防火性能好

建筑石膏制品的防火性能表现在以下三个方面:在火灾时,二水石膏中的结晶水蒸发成水蒸气,吸收大量热;石膏中结晶水蒸发后产生的水蒸气形成蒸汽幕,能阻碍火势蔓延;脱水后的石膏制品隔热性能更好,形成隔热层,并且无有害气体产生。

建筑石膏制品在防火的同时自身将被损坏,而且石膏制品不宜长期用于靠近65℃以上高温的部位,以免二水石膏在此温度作用下失去结晶水,从而失去强度。

(6)耐水性和抗冻性差

建筑石膏硬化后有很强的吸湿性,在潮湿条件下,石膏晶粒间的结合力减弱,导致强度下降。若长期浸泡在水中,二水石膏晶体将逐渐溶解,从而导致破坏。石膏制品吸水后受冻,会因孔隙中水分结冰膨胀而破坏。所以,石膏制品的耐水性和抗冻性较差,不宜用于潮湿部位。为提高其耐水性,可加入适量的水泥、矿渣等水硬性材料,也可加入有机防水剂等,可改善石膏制品的孔隙状态或使孔壁具有憎水性。

建筑石膏在运输及储存时应注意防潮,一般储存3个月后,其强度将降低30%左右。所以对储存期超过3个月的建筑石膏应重新进行质量检验,以确定其等级。

2.2.4 建筑石膏的应用

(1)制备石膏砂浆和粉刷石膏

由于建筑石膏的优良特性,因此其常被用于室内高级抹灰和粉刷。建筑石膏加水、砂及缓凝剂拌和成石膏砂浆,可用于室内抹灰。石膏粉刷层表面坚硬、光滑细腻,不起灰,便于进行再装饰,如粘墙纸、刷涂料等。

由于石膏的"呼吸"作用,因此石膏还有调节室内空气湿度,提高舒适度的功能。建筑石膏加水拌和成石膏浆体,可作为室内粉刷涂料,这时应加缓凝剂,以保证有足够的施工时间。

(2)石膏板及装饰件

石膏板具有轻质、保温隔热、吸声、防火、尺寸稳定及施工方便等性能,被广泛应用于高层建筑及大跨度建筑的隔墙。常用石膏板有纸面石膏板、纤维石膏板、空心石膏板、吸声用穿孔石膏板和装饰石膏板等。

建筑石膏还广泛用于石膏角线等装饰件。

2.3 其他气硬性胶凝材料

2.3.1 水玻璃

(1)水玻璃的组成

水玻璃俗称泡花碱,是由不同比例的碱金属和二氧化硅化合而成的一种可溶于水的硅酸盐。建筑工程中最常用的水玻璃是硅酸钠水玻璃($Na_2O \cdot nSiO_2$,简称钠水玻璃)和硅酸钾水玻璃($K_2O \cdot nSiO_2$,简称钾水玻璃)。最常用的钠水玻璃的生产方法有湿法和干法两种。

钠水玻璃分子式$Na_2O \cdot nSiO_2$中的n称水玻璃的模数,指硅酸钠中氧化硅和氧化钠的分子数之比,是非常重要的参数。n值越大,水玻璃的黏性和强度越高,但水中溶解能力下降,模数大于3.0时,只能在热水中溶解;n值越小,水玻璃的黏性和强度越低,越易溶于水。故土木工程中常用模数n为2.6~2.8,取该值的钠水玻璃既易溶于水又有较高的强度。

液体水玻璃因所含杂质不同,而呈青灰色、绿色或微黄色,无色透明的液体水玻璃最好。液体水玻璃可以与水按任意比例混合成不同浓度(或相对密度)的溶液。同一模数的液体水玻璃,其浓度越稀,则密度越大,黏结力越强。常用水玻璃的密度为 $1.3 \sim 1.5 \mathrm{g/cm^3}$。在液体水玻璃中加入尿素,在不改变其黏度的情况下可提高黏结力 25% 左右。

(2)水玻璃的硬化

液体水玻璃会吸收空气中二氧化碳,发生如下反应:

$$\mathrm{Na_2O \cdot nSiO_2 + CO_2 + mH_2O \rightarrow nSiO_2 \cdot mH_2O + Na_2CO_3}$$

上述反应析出无定形二氧化硅凝胶,并逐渐干燥而硬化。这个过程进行得很慢,为了加速硬化,常加入氟硅酸钠 $\mathrm{Na_2SiF_6}$ 作为促硬剂,促使硅酸凝胶加速析出,其反应如下:

$$2(\mathrm{Na_2O \cdot nSiO_2}) + \mathrm{Na_2SiF_6} + m\mathrm{H_2O} \rightarrow (2n+1)\mathrm{SiO_2 \cdot mH_2O} + 6\mathrm{NaF}$$

氟硅酸钠的适宜用量为水玻璃质量的 12% ~ 15%,如果用量太少,不但硬化速度缓慢,强度降低,而且未经反应的水玻璃易溶于水,因而耐水性差。但如用量过多,又会引起凝结过速,使施工困难,而且硬化渗水性大,强度也低。加入适量氟硅酸钠的水玻璃 7d 基本上可达到最高强度。

(3)水玻璃的性质

凝结硬化后的水玻璃,具有以下特性。

①黏结能力强。水玻璃有良好的黏结能力,硬化时析出的硅酸凝胶可堵塞毛细孔隙,从而防止水渗透。用水玻璃配制的混凝土抗压强度可达 15 ~ 40MPa。

②不燃烧、耐高温。水玻璃不燃烧,在高温下硅酸凝胶干燥得更加强烈,强度并不降低,甚至有所增加。可用于配制水玻璃耐热混凝土和耐热砂浆。

③耐酸能力强。水玻璃具有很强的耐酸能力,能抵抗大多数无机酸和有机酸的作用。

④不耐水。水玻璃在加入氟硅酸钠后仍不能完全硬化,仍然有一定量的 $\mathrm{Na_2O \cdot nSiO_2}$。由于 $\mathrm{Na_2O \cdot nSiO_2}$ 可溶于水,所以水玻璃硬化后不耐水。

⑤不耐碱。硬化后,水玻璃中的 $\mathrm{Na_2O \cdot nSiO_2}$ 和 $\mathrm{SiO_2}$ 均可溶于碱,因而水玻璃不耐碱。

(4)水玻璃的应用

①涂刷材料表面。用水玻璃涂刷材料表面可提高材料抗风化能力。以水玻璃浸渍或涂刷砖、水泥混凝土、硅酸盐混凝土、石材等多孔材料,可提高材料的密实度、强度、抗渗性、抗冻性及耐水性等。这是因为水玻璃与空气中的二氧化碳反应生成硅酸凝胶,同时水玻璃也与材料中的氢氧化钙反应生成硅酸钙凝胶,两者填充于材料的孔隙,使材料致密。

水玻璃不能用于涂刷或浸渍石膏制品,因为硅酸钠会与硫酸钙反应生成硫酸钠,在制品孔隙中结晶,体积显著膨胀,从而导致制品开裂。水玻璃还可用于配制内、外墙涂料。

②配制防水剂。以水玻璃为基料,加入两种、三种或四种矾可配制成二矾、三矾或四矾防水剂。此类防水剂凝结迅速,一般不超过 1min,适用于与水泥浆调和,堵塞漏洞、缝隙等局部抢修。因为凝结过速,不宜用于调配防水砂浆。

③用于土壤加固。将模数为 2.5 ~ 3 的液体水玻璃和氯化钙溶液通过金属管轮流向地层压入,两种溶液发生化学反应,析出硅酸胶体,将土壤颗粒包裹并填实其空隙。硅酸胶体是一种吸水膨胀的果冻状凝胶,因吸收地下水而经常处于膨胀状态,阻止水分的渗透和使土壤固结,由这种方法加固的砂土,抗压强度可达 3 ~ 6MPa。

④其他。水玻璃还可用于配制耐酸、耐热混凝土和砂浆等。

2.3.2 菱苦土

菱苦土,又称镁质胶凝材料,是将菱美矿($MgCO_3$)在750~850℃温度下煅烧后磨成细粉而成。其主要成分为MgO,颜色为白色或浅黄色,密度为3.1~3.4g/cm^3,堆积表观密度为800~900kg/m^3。

菱苦土用水拌和时,将生成$Mg(OH)_2$,它疏松而无胶凝性,硬化慢且强度低。故菱苦土常用$MgCl_2$、$MgSO_4$、$FeCl_3$或$FeSO_4$等盐类的水溶液拌和。其中以用$MgCl_2$溶液为最好,它硬化较快,强度较高,应用最广。

菱苦土与木质材料能很好的黏结,而且不会腐蚀木质纤维,建筑上常用来制造木屑地板、木丝板、刨花板等。它们硬化后具有很高的强度,如用菱苦土与木屑按3:1质量比制成的试件,其抗拉强度一般不低于3.5MPa,抗压强度可达40~60MPa。菱苦土木屑地板保温性好、有弹性、防火、耐磨、无噪声、不起灰,宜作为纺织车间和民用建筑的地面材料。菱苦土木丝板、刨花板可用于内墙、天花板、窗台、门窗框等。

菱苦土制品吸湿性大、耐水性差,只能用于干燥环境中。

复习思考题

1. 何谓气硬性胶凝材料、水硬性胶凝材料?两者的差异是什么?
2. 生石灰、熟石灰、建筑石膏的主要成分是什么?各有哪些技术性质及用途?
3. 石灰膏使用前为什么要"陈伏"?
4. 为什么用不耐水的石灰拌制成的灰土、三合土具有一定的耐水性?
5. 建筑石膏及其制品为什么适用于室内,而不适用于室外?
6. 简述水玻璃的应用。

第3章 水　　泥

　　水泥呈粉末状，与适量水拌和成塑性浆体，经过物理化学过程浆体能变成坚硬的石状体，并能将散粒状材料胶结成为整体。水泥是一种良好的胶凝材料，水泥浆体不但能在空气中硬化，还能更好地在水中硬化，保持并发展其强度，故水泥是水硬性胶凝材料。

　　水泥在工程材料中占有极其重要的地位，是最重要的建筑材料之一。它不但大量应用于工业与民用建筑工程中，还广泛地应用于农业、水利、公路、铁路、海港和国防等工程中，常用来制造各种形式的钢筋混凝土、预应力混凝土构件和建筑物，也常用于配制砂浆以及用作灌浆材料等。

　　水泥的种类繁多，目前生产和使用的水泥品种已达200余种。按组成水泥的基本物质——熟料的矿物组成，一般可分为：

　　①硅酸盐水泥，其中包括通用水泥，含硅酸盐水泥、普通硅酸盐水泥、矿渣硅酸盐水泥、火山灰质硅酸盐水泥、粉煤灰硅酸盐水泥、复合硅酸盐水泥共六个品种水泥，以及快硬硅酸盐水泥、白色硅酸盐水泥、抗硫酸盐硅酸盐水泥等。

　　②铝酸盐水泥，如铝酸盐自应力水泥、铝酸盐水泥等。

　　③硫铝酸盐水泥，如快硬硫铝酸盐水泥、Ⅰ型低碱硫铝酸盐水泥等。

　　④氟铝酸盐水泥。

　　⑤铁铝酸盐水泥。

　　⑥少熟料或无熟料水泥。

　　按水泥的特性与用途划分，可分为：

　　①通用水泥，是指大量用于一般土木工程的水泥，如上述六种水泥。

　　②专用水泥，是指专门用途的水泥，如砌筑水泥、油井水泥、道路水泥等。

　　③特性水泥，是指某种性能比较突出的水泥，如快硬水泥、白色水泥、膨胀水泥、低热及中热水泥等。

　　本章以通用硅酸盐水泥为主要内容，在此基础上介绍其他品种水泥。

3.1　通用硅酸盐水泥概述

　　通用硅酸盐水泥是指组成水泥的基本物质——熟料的主要成分为硅酸钙，在所有的水泥中它应用最广。

3.1.1　通用硅酸盐水泥的生产

　　生产通用硅酸盐水泥的原料主要是石灰石和黏土质原料两类。石灰质原料主要提供CaO，常采用石灰石、白垩、石灰质凝灰岩等。黏土质原料主要提供SiO_2、Al_2O_3及Fe_2O_3，常采用黏土、黏土质页岩、黄土等。有时两种原料化学成分不能满足要求,还需加入少量校正原料来调整,常采用黄铁矿渣等。

通用硅酸盐水泥的生产工艺概括起来就是"两磨一烧",如图 3.1.1 所示。

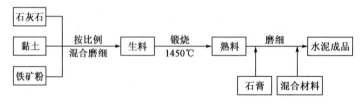

图 3.1.1 水泥生产工艺示意图

生产水泥时首先将原料按适当比例混合后再磨细,然后将制成的生料入窑进行高温煅烧;再将烧好的熟料配以适当的石膏和混合材料在磨机中磨成细粉,即得到水泥。

煅烧水泥熟料的窑型主要有两类:回转窑和立窑。立窑因技术相对落后,能耗较高及产品质量较差已逐渐被淘汰,取而代之的是技术先进、能耗低、产品质量好、生产规模大(可达 10000t/d)的窑外分解回转窑。

3.1.2 通用硅酸盐水泥的组成

通用硅酸盐水泥由硅酸盐水泥熟料、石膏调凝剂和混合材料三部分组成,如表 3.1.1 所示。

通用硅酸盐水泥的组成 表 3.1.1

品种	代号	组成(质量百分数)				
		熟料+石膏	粒化高炉矿渣	火山灰质混合材料	粉煤灰	石灰石
硅酸盐水泥	P·Ⅰ	100	—	—	—	—
	P·Ⅱ	≥95	≤5	—	—	—
		≥95	—	—	—	≤5
普通硅酸盐水泥	P·O	≥80且<95	>5且≤20			
矿渣硅酸盐水泥	P·S·A	≥50且<80	>20且≤50	—	—	—
	P·S·B	≥30且<50	>50且≤70	—	—	—
火山灰质硅酸盐水泥	P·P	≥60且<80	—	>20且≤40	—	—
粉煤灰硅酸盐水泥	P·F	≥60且<80	—	—	>20且≤40	—
复合硅酸盐水泥	P·C	≥50且<80	>20且≤50			

(1)硅酸盐水泥熟料

以适当成分的生料煅烧至部分熔融,所得以硅酸钙为主要成分的产物,称为硅酸盐水泥熟料。生料中的主要成分是 CaO、SiO_2、Al_2O_3、Fe_2O_3,经高温煅烧后,反应生成硅酸盐水泥熟料中的四种主要矿物:硅酸三钙($3CaO·SiO_2$,简写式 C_3S)、硅酸二钙($2CaO·SiO_2$,简写式 C_2S)、铝酸三钙($3CaO·Al_2O_3$,简写式 C_3A)和铁铝酸四钙($4CaO·Al_2O_3·Fe_2O_3$,简写式 C_4AF)。硅酸盐水泥熟料的化学成分和矿物组分含量如表 3.1.2 所示。

硅酸盐水泥熟料的化学成分及矿物成分含量　　　　表3.1.2

化 学 成 分	含量(%)	矿 物 成 分	含量(%)
CaO	62~67	$3CaO \cdot SiO_2(C_3S)$	37~60
SiO_2	19~24	$2CaO \cdot SiO_2(C_2S)$	15~37
Al_2O_3	4~7	$3CaO \cdot Al_2O_3(C_3A)$	7~15
Fe_2O_3	2~5	$4CaO \cdot Al_2O_3 \cdot Fe_2O_3(C_4AF)$	10~18

(2)石膏

石膏是通用硅酸盐水泥中必不可少的组成材料,主要作用是调节水泥的凝结时间,常采用天然的或合成的二水石膏($CaSO_4 \cdot 2H_2O$)。

(3)混合材料

混合材料是通用硅酸盐水泥中经常采用的组成材料,按其性能不同,可分为活性与非活性两大类。常用的混合材料有活性类的粒化高炉矿渣、火山灰质材料及粉煤灰等与非活性类的石灰石、石英砂、黏土、慢冷矿渣等。

3.2 硅酸盐水泥和普通硅酸盐水泥

在硅酸盐系水泥品种中,硅酸盐水泥和普通硅酸盐水泥的组成相差较小,性能较为接近。

3.2.1 硅酸盐水泥的水化和凝结硬化

水泥加水拌和后,最初形成具有可塑性的浆体(称为水泥净浆),随着水泥水化反应的进行逐渐变稠失去塑性,这一过程称为凝结。此后,随着水化反应的继续,浆体逐渐变为具有一定强度的坚硬的固体水泥石,这一过程称为硬化。可见,水化是水泥产生凝结硬化的前提,而凝结硬化则是水泥水化的必然结果。

1)硅酸盐水泥的水化

硅酸盐水泥与水拌和后,其熟料颗粒表面的四种矿物立即与水发生水化反应,生成水化产物。各矿物的水化反应如下:

$$2(3CaO \cdot SiO_2) + 6H_2O = 3CaO \cdot 2SiO_2 \cdot 3H_2O + 3Ca(OH)_2$$
（水化硅酸钙凝胶）　（氢氧化钙晶体）

$$2(2CaO \cdot SiO_2) + 4H_2O = 3CaO \cdot 2SiO_2 \cdot 3H_2O + Ca(OH)_2$$

$$3CaO \cdot Al_2O_3 + 6H_2O = 3CaO \cdot Al_2O_3 \cdot 6H_2O$$
（水化铝酸钙晶体）

$$4CaO \cdot Al_2O_3 \cdot Fe_2O_3 + 7H_2O = 3CaO \cdot Al_2O_3 \cdot 6H_2O + CaO \cdot Fe_2O_3 \cdot H_2O$$
（水化铁酸钙凝胶）

上述反应中,硅酸三钙的水化反应速度快,水化放热量大,生成的水化硅酸钙(简写成C-S-H)几乎不溶于水,而以胶体微粒析出,并逐渐凝聚成为凝胶。经电子显微镜观察,水化硅酸钙的颗粒尺寸与胶体相当,实际呈结晶度较差的箔片状和纤维颗粒,由这些颗粒构成的网状结构具有很高的强度。反应生成的氢氧化钙很快在溶液中达到饱和,呈六方板状晶体析出。硅酸三钙早期与后期强度均高。

硅酸二钙水化反应的产物与硅酸三钙的相同,只是数量上有所不同,而它水化反应慢,水化放热小。由于水化反应速度慢,因此早期强度低,但后期强度增进率大,一年后可赶上甚至超过硅酸三钙的强度。

铁铝酸四钙水化反应快,水化放热中等,生成的水化产物为水化铝酸三钙立方晶体与水化铁酸一钙凝胶,强度较低。

铝酸三钙的水化反应速度极快,水化放热量最大,其部分水化产物——水化铝酸三钙晶体在氢氧化钙的饱和溶液中能与氢氧化钙进一步反应,生成水化铝酸钙晶体,二者的强度均较低。上述熟料矿物水化与凝结硬化特性见表3.2.1与图3.2.1。

硅酸盐水泥主要矿物组成及特性　　　　表3.2.1

矿物组成 特性 指标		$3CaO \cdot SiO_2$ (C_3S)	$2CaO \cdot SiO_2$ (C_2S)	$3CaO \cdot Al_2O_3$ (C_3A)	$4CaO \cdot Al_2O_3 \cdot Fe_2O_3$ (C_4AF)
密度(g/cm³)		3.25	3.28	3.04	3.77
水化反应速率		快	慢	最快	快
水化放热量		大	小	最大	中
强度	早期	高	低	低	低
	后期		高		
收缩		中	中	大	小
抗硫酸盐侵蚀性		中	最好	差	好

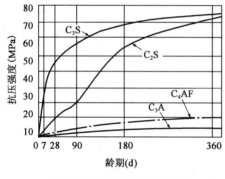

a)水泥熟料矿物在不同龄期的抗压强度

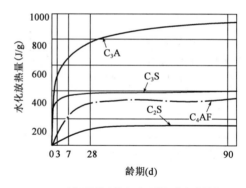

b)水泥熟料矿物在不同龄期的水化放热

图3.2.1　熟料矿物的水化与凝结硬化特性

由上所述可知,正常煅烧的硅酸盐水泥熟料经磨细后与水拌和时,由于铝酸三钙的剧烈水化,会使浆体迅速产生凝结,这在使用时便无法正常施工;因此,在水泥生产时必须加入适量的石膏调凝剂(缓凝剂),使水泥的凝结时间满足工程施工的要求。水泥中适量的石膏与水化铝酸三钙反应生成高硫型水化硫铝酸钙,又称钙矾石,其反应式如下:

$$3CaO \cdot Al_2O_3 \cdot 6H_2O + 3(CaSO_4 \cdot 2H_2O) + 20H_2O \longrightarrow 3CaO \cdot Al_2O_3 \cdot 3CaSO_4 \cdot 32H_2O$$
(高硫型水化硫铝酸钙晶体)

石膏完全消耗后,一部分钙矾石将转变为单硫型水化硫铝酸钙晶体,即

$$3CaO \cdot Al_2O_3 \cdot 3CaSO_4 \cdot 32H_2O + 2(3CaO \cdot Al_2O_3 \cdot 6H_2O) \longrightarrow 3(3CaO \cdot Al_2O_3) \cdot CaSO_4 \cdot 12H_2O$$
(低硫型水化硫铝酸钙晶体)

水化硫铝酸钙是难溶于水的针状晶体,它沉淀在熟料颗粒的周围,阻碍了水分的进入,因此起到了延缓水泥凝结的作用。

水泥的水化实际上是复杂的化学反应,上述反应是几个典型的水化反应式,若忽略一些次要或少量成分以及混合材料的作用,硅酸盐水泥与水反应后,生成的主要水化产物有水化硅酸钙凝胶、水化铁酸钙凝胶、氢氧化钙晶体、水化铝酸钙晶体、水化硫铝酸钙晶体。在完全水化的水泥中,水化硅酸钙约占70%,氢氧化钙约占20%,钙矾石和单硫型水化硫铝酸钙约占7%。

2)硅酸盐水泥的凝结硬化过程

迄今为止,尚没有一种统一的理论来阐述水泥的凝结硬化具体过程,现有的理论还存在着许多问题有待于进一步的研究。一般按水化反应速率和水泥浆体的结构特征,硅酸盐水泥的凝结硬化过程可分为:初始反应期、潜伏期、凝结期、硬化期4个阶段。

(1)初始反应期。水泥与水接触后立即发生水化反应,在初始的5~10min内,放热速率剧增,可达此阶段的最大值,然后又降至很低。这个阶段称为初始反应期。在此阶段,硅酸三钙开始水化,生成水化硅酸钙凝胶,同时释放出氢氧化钙,氢氧化钙立即溶于水中,钙离子浓度急剧增大,当达到过饱和时,则呈结晶析出。同时,暴露于水泥熟料颗粒表面的铝酸三钙也溶于水,并与已溶解的石膏反应,生成钙矾石结晶析出,附着在颗粒表面,在这个阶段中,水化的水泥只是极少的一部分。

(2)潜伏期。在初始反应期后,有相当长一段时间(1~2h),水泥浆的放热速率很低,这说明水泥水化十分缓慢。这主要是由于水泥颗粒表面覆盖了一层以水化硅酸钙凝胶为主的渗透膜层,阻碍了水泥颗粒与水的接触。在此期间,由于水泥水化产物数量不多,水泥颗粒仍呈分散状态,所以水泥浆基本保持塑性。

许多研究者将上述两个阶段合并称为诱导期。

(3)凝结、硬化期。在潜伏期后,由于渗透压的作用,水泥颗粒表面的膜层破裂,水泥继续水化,放热速率开始增大,6h内可增至最大值,然后会缓慢下降。在此阶段,水化产物不断增加并填充水泥颗粒之间的空间,随着接触点的增多,形成了由分子力结合的凝聚结构,使水泥浆体逐渐失去塑性,这一过程称为水泥的凝结。此阶段结束时约有15%的水泥水化。

在凝结期后,放热速率缓慢下降,至水泥水化24h后,放热速率已降到一个很低值,约$4.0J/(g\cdot h)$以下,此时,水泥水化仍在继续进行,水化铁铝酸钙形成;由于石膏的耗尽,高硫型水化硫铝酸钙转变为低硫型水化硫铝酸钙,水化硅酸钙凝胶形成纤维状。在这一过程中,水化产物越来越多,它们更进一步地填充孔隙且彼此间的结合亦更加紧密,使得水泥浆体产生强度,这一过程称为水泥的硬化。硬化期是一个相当长的时间过程,在适当的养护条件下,水泥硬化可以持续很长时间,几个月、几年,甚至几十年后强度还会继续增长。

水泥石强度发展的一般规律是:3~7d内强度增长最快,28d内强度增长较快,超过28d后强度将继续发展但增长较慢。

需要注意的是:水泥凝结硬化过程的各个阶段不是彼此截然分开,而是交错进行的。

3)水泥石的结构

在常温下硬化的水泥石,通常是由水化产物、未水化的水泥颗粒内核、孔隙等组成的多相(固、液、气)的多孔体系。

在水泥石中,水化硅酸钙凝胶对水泥石的强度及其他主要性质起支配作用。水泥石具有强度的实质,包括范德华键、氢键、原子价键等的作用力以及凝胶体的巨大内表面积的表面效应所产生的黏结力。

4)影响硅酸盐水泥凝结硬化的主要因素

从硅酸盐水泥熟料的单矿物水化及凝结硬化特性不难看出,熟料的矿物组成直接影响着水泥水化与凝结硬化,除此以外,水泥的凝结硬化还与下列因素有关。

(1)水泥细度。水泥颗粒越细,与水起反应的表面积愈大,水化作用的发展就越迅速而充分,使凝结硬化的速度加快,早期强度大。但水泥颗粒越细,硬化时产生的收缩亦越大,而且磨制水泥能耗多、成本高。一般认为,水泥颗粒小于 $40\mu m$ 才具有较高的活性,大于 $100\mu m$ 活性就很小了。

(2)石膏掺量。石膏的掺入可延缓水泥的凝结硬化速率,有试验表明,当水泥中石膏掺入量(以 SO_3%计)小于 1.3% 时,并不能阻止水泥快凝,但在掺量(以 SO_3%计)大于 2.5% 以后,水泥凝结时间的增长很少。

(3)水泥浆的水灰比。拌和水泥浆时,水与水泥的质量比称为水灰比(W/C)。为使水泥浆体具有一定的塑性和流动性,所以加入的水量通常要大大超过水泥充分水化时所需的水量,多余的水在硬化的水泥石内形成毛细孔隙,W/C 越大,硬化水泥石的毛细孔隙率越大,水泥石的强度随其增加而呈直线下降。

(4)温度与湿度。温度升高,水泥的水化反应加速,从而使其凝结硬化速率加快,早期强度提高,但后期强度反而可能有所下降;相反,在较低温度下,水泥的凝结硬化速度慢,早期强度低,但因生成的水化产物较致密而可以获得较高的最终强度;0℃以下水结成冰时,水泥的水化将停止。

水是水泥水化硬化的必要条件,在干燥环境中,水分蒸发快,易使水泥浆失水而使水化不能正常进行,影响水泥石强度的正常增长,因此用水泥拌制的砂浆和混凝土,在浇筑后应注意保水养护。

(5)养护龄期。水泥的水化硬化是一个较长时期不断进行的过程。随着时间的增加,水泥的水化程度提高,凝胶体不断增多,毛细孔减少,水泥石强度不断增加。

3.2.2 硅酸盐水泥的技术性质

根据国家标准《〈通用硅酸盐水泥〉国家标准第 1 号修改单》(GB 175—2007/XG1—2009),对硅酸盐水泥的主要技术性质作出下列规定。

1)细度

细度是指水泥颗粒的粗细程度,水泥细度通常采用筛析法或比表面积法测定。国家标准规定,硅酸盐水泥的比表面积不小于 $300m^2/kg$。水泥细度是鉴定水泥品质的选择性指标,但水泥的粗细将会影响其水化速度与早期强度,过细的水泥将对混凝土的性能产生不良影响。

2)凝结时间

凝结时间是指水泥从加水开始,到水泥浆失去塑性所需的时间。凝结时间分初凝时间和终凝时间,初凝时间是指从水泥加水到水泥浆开始失去塑性的时间,终凝时间是指从水泥加水到水泥浆完全失去塑性的时间。国家标准规定,硅酸盐水泥的初凝时间不得早于 45min,终凝时间不得迟于 390min。

水泥凝结时间的测定,是以标准稠度的水泥净浆,在规定温度和湿度条件下,用凝结时间测定仪测定。所谓标准稠度用水量是指水泥净浆达到规定稠度时所需的拌和用水量,以占水泥质量的百分率表示。硅酸盐水泥的标准稠度用水量,一般为24%~30%。

水泥的凝结时间对水泥混凝土和砂浆的施工有重要的意义。初凝时间不宜过短,以便施工时有足够的时间来完成混凝土和砂浆拌合物的运输、浇捣或砌筑等操作;终凝时间不宜过长,是为了使混凝土和砂浆在浇捣或砌筑完毕后能尽快凝结硬化,以利于下一道工序的及早进行。

3)安定性

安定性是指水泥浆体硬化后体积变化的均匀性。若水泥硬化后体积变化不稳定、不均匀,即所谓的安定性不良,会导致混凝土产生膨胀破坏,造成严重的工程质量事故。

在水泥中,由于熟料煅烧不完全而存在游离 CaO 与 MgO(f-CaO、f-MgO),由于是高温生成,因此水化活性小,在水泥硬化后水化,产生体积膨胀;生产水泥时加入过多的石膏,在水泥硬化后还会继续与固态的水化铝酸钙反应生成水化硫铝酸钙,产生体积膨胀。这三种物质造成的膨胀均会导致水泥安定性不良,使得硬化水泥石产生弯曲、裂缝甚至粉碎性破坏。沸煮能加速 f-CaO 的水化,国家标准规定通用水泥用沸煮法检验安定性;f-MgO 的水化比 f-CaO 更缓慢,沸煮法已不能检验,国家标准规定通用水泥 MgO 含量不得超过5%,若水泥经压蒸法检验合格,则 MgO 含量可放宽到6%;由石膏造成的安定性不良,需经长期浸在常温水中才能发现,不便于检验,所以国家标准规定硅酸盐水泥中的 SO_3 含量不得超过3.5%。

4)强度

水泥的强度是评定其质量的重要指标,也是划分水泥强度等级的依据。水泥的强度包括抗压强度与抗折强度,必须同时满足标准要求,缺一不可。硅酸盐水泥各强度等级、各龄期的强度值见表3.2.2。

硅酸盐水泥各强度等级、各龄期的强度值(GB 175—2007)　　　表3.2.2

强度等级	抗压强度(MPa)		抗折强度(MPa)	
	3d	28d	3d	28d
42.5	≥17.0	≥42.5	3.5	≥6.5
42.5R	≥22.0		4.0	
52.5	≥23.0	≥52.5	4.0	≥7.0
52.5R	≥27.0		5.0	
62.5	≥28.0	≥62.5	5.0	≥8.0
62.5R	≥32.0		5.5	

5)碱含量

水泥中的碱含量是按 $Na_2O + 0.658K_2O$ 计算的质量百分率来表示。水泥中的碱会和集料中的活性物质如活性 SiO_2 反应,生成膨胀性的碱硅酸盐凝胶,导致混凝土开裂破坏。这种反应和水泥的碱含量、集料的活性物质含量及混凝土的使用环境有关。为防止碱集料反应,即使在使用相同活性集料的情况下,不同的混凝土配合比、使用环境对水泥的碱含量要求也不一样,因此,标准中将碱含量定为任选要求,当用户要求提供低碱水泥时,水泥中的碱含量应不大于0.60%或由供需双方协商确定。

6)水化热

水泥在凝结硬化过程中因水化反应所放出的热量,称为水泥的水化热,通常以 kJ/kg 表示。大部分水化热是伴随着强度的增长在水化初期放出的。水泥的水化热大小和释放速率主要与水泥熟料的矿物组成、混合材料的品种与数量、水泥的细度及养护条件等有关。另外,加入外加剂可改变水泥的释热速率。大型基础、大坝、桥墩、厚大构件等大体积混凝土构筑物,由于水化热聚集在内部不易散发,内部温升可达 50~60℃ 甚至更高,内外温差产生的应力和温降收缩产生的应力会使混凝土产生裂缝,因此,大体积混凝土工程不宜采用水化热较大、放热较快的水泥,如硅酸盐水泥,因为它含熟料最多。但国家标准未就该项指标作具体的规定。

3.2.3 水泥石的腐蚀与防护措施

硅酸盐水泥硬化后,在通常使用条件下具有优良的耐久性。但在某些侵蚀性液体或气体等介质的作用下,水泥石结构会逐渐遭到破坏,这种现象称为水泥石的腐蚀。

1)水泥石的几种主要侵蚀类型

导致水泥石腐蚀的因素很多,作用过程亦甚为复杂,下面仅介绍几种典型介质对水泥石的侵蚀作用。

(1)软水侵蚀(溶出性侵蚀)。不含或仅含少量重碳酸盐(含 HCO_3^- 的盐)的水称为软水,如雨水、蒸馏水、冷凝水及部分江水、湖水等。当水泥石长期与软水相接触时,水化产物将按其稳定存在所必需的平衡氢氧化钙(钙离子)浓度的大小,依次逐渐溶解或分解,从而造成水泥石的破坏,这就是溶出性侵蚀。

在各种水化产物中,$Ca(OH)_2$ 的溶解度最大(25℃时约 1.3gCaO/L),因此 CaO 首先溶出,这样不仅增加了水泥石的孔隙率,使水更容易渗入,而且由于 $Ca(OH)_2$ 浓度降低,还会使水化产物依次发生分解,如高碱性的水化硅酸钙、水化铝酸钙等分解成为低碱性的水化产物,并最终变成硅酸凝胶、氢氧化铝等无胶凝能力的物质。在静水及无压力水的情况下,由于周围的软水易为溶出的氢氧化钙所饱和,使溶出作用停止,所以对水泥石的影响不大;但在流水及压力水的作用下,水化产物的溶出将会不断地进行下去,对水泥石结构的破坏将由表及里地不断进行下去。当水泥石与环境中的硬水接触时,水泥石中的氢氧化钙与重碳酸盐发生反应:

$$Ca(OH)_2 + Ca(HCO_3)_2 \longrightarrow CaCO_3 \downarrow + 2H_2O$$

生成的几乎不溶于水的碳酸钙积聚在水泥石的孔隙内,形成致密的保护层,可阻止外界水的继续侵入,从而可阻止水化产物的溶出。

(2)盐类侵蚀。在水中通常溶有大量的盐类,某些溶解于水中的盐类会与水泥石相互作用产生置换反应,生成一些易溶或无胶结能力或产生膨胀的物质,从而使水泥石结构破坏。最常见的盐类侵蚀是硫酸盐侵蚀与镁盐侵蚀。

硫酸盐侵蚀是由于水中溶有一些易溶的硫酸盐,它们与水泥石中的氢氧化钙反应生成硫酸钙,硫酸钙再与水泥石中的固态水化铝酸钙反应生成钙矾石,体积急剧膨胀(约1.5倍),使水泥石结构破坏,其反应式是:

$$3CaO \cdot Al_2O_3 \cdot 6H_2O + 3(CaSO_4 \cdot 2H_2O) + 20H_2O \longrightarrow 3CaO \cdot Al_2O_3 \cdot 3CaSO_4 \cdot 32H_2O$$

钙矾石呈针状晶体,常称其为"水泥杆菌"。若硫酸钙浓度过高,则直接在孔隙中生成二水石膏结晶,产生体积膨胀而导致水泥石结构破坏。

镁盐侵蚀主要是氯化镁和硫酸镁与水泥石中的氢氧化钙反应,生成无胶结能力的氢氧化镁及易溶于水的氯化钙或生成石膏导致水泥石结构破坏,其反应式为:

$$MgCl_2 + Ca(OH)_2 \longrightarrow Mg(OH)_2 + CaCl_2$$

$$MgSO_4 + Ca(OH)_2 + 2H_2O \longrightarrow CaSO_2 \cdot 2H_2O + Mg(OH)_2$$

可见,硫酸镁对水泥石起镁盐与硫酸盐双重侵蚀作用。

在海水、湖水、盐沼水、地下水、某些工业污水及流经高炉矿渣或煤渣的水中常含钾、钠、铵等硫酸盐;在海水及地下水中常含有大量的镁盐,主要是硫酸镁和氯化镁。

(3)酸类侵蚀

①碳酸侵蚀。在某些工业污水和地下水中常常溶解有较多的二氧化碳,这种水分对水泥石的侵蚀作用称为碳酸侵蚀。首先,水泥石中的 $Ca(OH)_2$ 与溶有 CO_2 的水反应,生成不溶于水的碳酸钙;接着碳酸钙又再与碳酸水反应生成易溶于水的碳酸氢钙,反应式为:

$$Ca(OH)_2 + CO_2 + H_2O \longrightarrow CaCO_3 \downarrow + 2H_2O$$

$$CaCO_3 + CO_2 + H_2O \longrightarrow Ca(HCO_3)_2$$

当水中含有较多的碳酸时,上述反应向右进行,从而导致水泥石中的 $Ca(OH)_2$ 不断地转变为易溶的 $Ca(HCO_3)_2$ 而流失,进一步导致其他水化产物的分解,使水泥石结构遭到破坏。

②一般酸侵蚀。水泥的水化产物呈碱性,因此酸类对水泥石一般都会有不同程度的侵蚀作用,其中侵蚀作用最强的是无机酸中的盐酸、氢氟酸、硝酸、硫酸及有机酸中的醋酸、蚁酸和乳酸等,它们与水泥石中的 $Ca(OH)_2$ 反应后的生成物,或者易溶于水,或者体积膨胀,都对水泥石结构产生破坏作用。例如盐酸和硫酸分别与水泥石中的 $Ca(OH)_2$ 作用:

$$2HCl + Ca(OH)_2 \longrightarrow CaCl_2 + 2H_2O$$

$$H_2SO_4 + Ca(OH)_2 \longrightarrow CaSO_4 \cdot 2H_2O$$

反应生成的氯化钙易溶于水,生成的石膏继而又产生硫酸盐侵蚀作用。

(4)强碱侵蚀。水泥石本身具有相当高的碱度,因此弱碱溶液一般不会侵蚀水泥石,但是,当铝酸盐含量较高的水泥石遇到强碱(如氢氧化钠)作用后,也可能会被腐蚀破坏。氢氧化钠与水泥熟料中未水化的铝酸三钙作用,生成易溶的铝酸钠:

$$3CaO \cdot Al_2O_3 + 6NaOH = 3Na_2O \cdot Al_2O_3 + 3Ca(OH)_2$$

当水泥石被氢氧化钠浸润后又在空气中干燥,与空气中的二氧化碳作用生成碳酸钠,它在水泥石毛细孔中结晶沉积,会使水泥石胀裂。

除了上述4种典型的侵蚀类型外,糖、氨、盐、动物脂肪、纯酒精、含环烷酸的石油产品等对水泥石也有一定的侵蚀作用。

在实际工程中,水泥石的腐蚀常常是几种侵蚀介质同时存在、共同作用所产生的;但干的固体化合物不会对水泥石产生侵蚀,侵蚀性介质必须呈溶液状且浓度大于某一临界值。

水泥的耐蚀性可用耐蚀系数定量表示。耐蚀系数是以同一龄期下,水泥试件在侵蚀性溶液中养护的强度与在淡水中养护的强度之比,比值越大,耐蚀性越好。

2)水泥石腐蚀的防护措施

从以上对侵蚀作用的分析可以看出,水泥石被腐蚀的基本内因为:一是水泥石中存在有易被腐蚀的组分,如 $Ca(OH)_2$ 与水化铝酸钙;二是水泥石本身不致密,有很多毛细孔通道,侵蚀性介质易于进入其内部。因此,针对具体情况可采取下列措施防止水泥石的腐蚀。

(1)根据侵蚀介质的类型,合理选用水泥品种。如采用水化产物中 $Ca(OH)_2$ 含量较少的水泥,可提高对多种侵蚀作用的抵抗能力;采用铝酸三钙含量低于5%的水泥,可有效抵抗硫酸盐的侵蚀;掺入活性混合材料,可提高硅酸盐水泥抵抗多种介质的侵蚀作用的能力。

(2)提高水泥石的密实度。水泥石(或混凝土)的孔隙率越小,抗渗能力越强,侵蚀介质也越难进入,侵蚀作用越轻。在实际工程中,可采用多种措施提高混凝土与砂浆的密实度。

(3)设置隔离层或保护层。当侵蚀作用较强或上述措施不能满足要求时,可在水泥制品(混凝土、砂浆等)表面设置耐腐蚀性高且不透水的隔离层或保护层。

3.2.4 硅酸盐水泥的特性与应用

(1)凝结硬化快,早期强度与后期强度均高。这是因为硅酸盐水泥中硅酸盐水泥熟料多,即水泥中 C_3S 多。因此适用于现浇混凝土工程、预制混凝土工程、冬期施工混凝土工程、预应力混凝土工程、高强混凝土工程等。

(2)抗冻性好。硅酸盐水泥石具有较高的密实度,且具有对抗冻性有利的孔隙特征,因此抗冻性好,适用于严寒地区遭受反复冻融循环的混凝土工程。

(3)水化热高。硅酸盐水泥中 C_3S 和 C_3A 含量高,因此水化放热速度快、放热量大,所以适用于冬期施工,不适用于大体积混凝土工程。

(4)耐腐蚀性差。硅酸盐水泥石中的 $Ca(OH)_2$ 与水化铝酸钙较多,所以耐腐蚀性差,因此不适用于受流动软水和压力水作用的工程,也不宜用于受海水及其他侵蚀性介质作用的工程。

(5)耐热性差。水泥石中的水化产物在250~300℃时会产生脱水,强度开始降低,当温度达到700~1000℃时,水化产物分解,水泥石的结构几乎完全破坏,所以硅酸盐水泥不适用于有耐热、高温要求的混凝土工程。但当温度为100~250℃时,由于额外的水化作用及脱水后凝胶与部分 $Ca(OH)_2$ 的结晶对水泥石的密实作用,水泥石的强度并不降低。

(6)抗碳化性好。水泥石中 $Ca(OH)_2$ 与空气中 CO_2 的作用称为碳化。硅酸盐水泥水化后,水泥石中含有较多的 $Ca(OH)_2$,因此抗碳化性好。

(7)干缩小。硅酸盐水泥硬化时干燥收缩小,不易产生干缩裂纹,故适用于干燥环境。

3.2.5 普通硅酸盐水泥

按国家标准《〈通用硅酸盐水泥〉国家标准第1号修改单》(GB 175—2007/XG1—2009)规定:普通硅酸盐水泥由硅酸盐水泥熟料,再加入大于5%且小于等于20%的活性混合材料及适量石膏组成,简称普通水泥,代号 P·O。活性混合材料的最大掺量不得超过20%,其中允许用不超过水泥质量5%的窑灰或不超过水泥质量8%的非活性混合材料来代替。普通硅酸盐水泥各强度等级、各龄期强度值见表3.2.3。

普通硅酸盐水泥各强度等级、各龄期强度值(GB 175—2007/XG1—2009) 表3.2.3

强度等级	抗压强度(MPa)		抗折强度(MPa)	
	3d	28d	3d	28d
42.5	≥17.0	≥42.5	3.5	≥6.5
42.5R	≥22.0		4.0	
52.5	≥23.0	≥52.5	4.0	≥7.0
52.5R	≥27.0		5.0	

由组成可知,普通硅酸盐水泥与硅酸盐水泥的差别仅在于其中含有少量混合材料,而绝大部分仍是硅酸盐水泥熟料,故其特性与硅酸盐水泥基本相同;但由于掺入少量混合材料,因此与同强度等级硅酸盐水泥相比,普通硅酸盐水泥早期硬化速度稍慢,3d强度稍低,抗冻性稍差,水化热稍小,耐蚀性稍好。

普通硅酸盐水泥的终凝时间不得大于600min,其余技术性质要求同硅酸盐水泥。

3.3 掺大量混合材料的硅酸盐水泥

3.3.1 混合材料

磨制水泥时掺入的人工或天然矿物材料称为混合材料。混合材料按其性能可分为活性混合材料和非活性混合材料两大类。

1) 活性混合材料

常温下能与石灰、石膏或硅酸盐水泥一起,加水拌和后能发生水化反应,生成水硬性的水化产物的混合材料称为活性混合材料。常用的活性混合材料有粒化高炉矿渣、火山灰质混合材料、硅粉及粉煤灰。

(1) 粒化高炉矿渣。粒化高炉矿渣是将炼铁高炉中的熔融炉渣经急速冷却后形成的质地疏松的颗粒材料。由于采用水淬方法进行急冷,故又称水淬高炉矿渣。急冷的目的在于阻止其中的矿物成分结晶,使其在常温下成为不稳定的玻璃体(一般占80%以上),从而具有较高的化学能,即具有较高的潜在活性。

粒化高炉矿渣中的活性成分主要是活性 Al_2O_3 和活性 SiO_2,矿渣的活性用质量系数 K 评定,按国家标准《用于水泥中的粒化高炉矿渣》(GB/T 203—2008), K 是指矿渣的化学成分中 CaO、MgO、Al_2O_3 的质量分数之和与 SiO_2、MnO、TiO_2 的质量分数之和的比值。它反映了矿渣中活性组分与低活性和非活性组分之间的比例, K 值越大,则矿渣的活性越高。水泥用粒化高炉矿渣的质量系数不得小于1.2。

(2) 火山灰质混合材料。火山灰质混合材料是指具有火山灰性的天然或人工的矿物材料。其品种很多,天然的有火山灰、凝灰岩、浮石、浮石岩、沸石、硅藻土等;人工的有烧页岩、烧黏土、煤渣、煤矸石、硅灰等。火山灰质混合材料的活性成分也是活性 Al_2O_3 和活性 SiO_2。

(3) 硅粉。硅粉是硅铁合金生产过程排出的烟气,遇冷凝聚所形成的微细球形玻璃质粉末。硅粉颗粒的粒径约 $0.1\mu m$,比表面积在 $20000m^2/kg$ 以上, SiO_2 含量大于90%。由于硅粉具有很细的颗粒组成和很大的比表面积,因此其水化活性很大。当用于水泥和混凝土时,能加速水泥的水化硬化过程,改善硬化水泥浆体的微观结构,可明显提高混凝土的强度和耐久性。

(4) 粉煤灰。粉煤灰是从燃煤发电厂的烟道气体中收集的粉末,又称飞灰。它以 Al_2O_3 和 SiO_2 为主要成分,含有少量 CaO,具有火山灰性。其活性主要取决于玻璃体的含量以及无定形 Al_2O_3 和 SiO_2 含量,同时颗粒形状及大小对其活性也有较大的影响,细小球形玻璃体含量越高,粉煤灰的活性越高。

国家标准《用于水泥和混凝土中的粉煤灰》(GB/T 1596—2005)规定,粉煤灰的活性用强度活性指数(粉煤灰取代30%水泥的试验胶砂与无粉煤灰的对比胶砂28d抗压强度之比)来评定,用于水泥中的粉煤灰要求活性指数不小于70%。

2) 非活性混合材料

凡常温下与石灰、石膏或硅酸盐水泥一起,加水拌和后不能发生水化反应或反应甚微,不能生成水硬性产物的混合材料称为非活性混合材料。常用的非活性混合材料主要有石灰石、石英砂及慢冷矿渣等。

3.3.2 活性混合材料的水化

磨细的活性混合材料与水调和后,其本身不会硬化或硬化极其缓慢;但在饱和 $Ca(OH)_2$ 溶液中,常温下就会发生显著的水化反应:

$$x Ca(OH)_2 + 活性 SiO_2 + n_1 H_2O \longrightarrow xCaO \cdot SiO_2 \cdot (n_1+x)H_2O$$
（水化硅酸钙）

$$y Ca(OH)_2 + 活性 Al_2O_3 + n_2 H_2O \longrightarrow yCaO \cdot Al_2O_3 \cdot (n_2+y)H_2O$$
（水化铝酸钙）

生成的水化硅酸钙和水化铝酸钙是具有水硬性的产物,与硅酸盐水泥中的水化产物相同。当有石膏存在时,水化铝酸钙还可以和石膏进一步反应生成水化硫铝酸钙。由此可见,是氢氧化钙和石膏激发了混合材料的活性,故称它们为活性混合材料的激发剂;氢氧化钙称为碱性激发剂,石膏称为硫酸盐激发剂。

掺活性混合材料的硅酸盐水泥与水拌和后,首先是水泥熟料水化,之后是水泥熟料的水化产物——$Ca(OH)_2$ 与活性混合材料中的活性 Al_2O_3 和活性 SiO_2 发生水化反应（亦称二次反应）生成水化产物。由此过程可知,掺活性混合材料的硅酸盐系水泥的水化速度较慢,故早期强度较低,而由于水泥中熟料含量相对减少,故水化热较低。

3.3.3 混合材料在水泥生产中的作用

活性混合材料掺入水泥中的主要作用是:改善水泥的某些性能、调节水泥强度、降低水化热、降低生产成本、增加水泥产量、扩大水泥品种。

非活性混合材料掺入水泥中的主要作用是:调节水泥强度、降低水化热、降低生产成本、增加水泥产量。

3.3.4 矿渣硅酸盐水泥、火山灰质硅酸盐水泥、粉煤灰硅酸盐水泥、复合硅酸盐水泥

1) 组成与技术要求

按国家标准《〈通用硅酸盐水泥〉国家标准第1号修改单》(GB 175—2007/XG1—2009)规定:由硅酸盐水泥熟料,再加入质量分数>20%的单个或两个及以上不同品种的混合材料及适量石膏,组成上述四个品种的硅酸盐水泥。矿渣硅酸盐水泥、火山灰质硅酸盐水泥、粉煤灰硅酸盐水泥、复合硅酸盐水泥的各强度等级、各龄期强度值见表3.3.1。

其终凝时间不大于600min,细度为80μm方孔筛筛余≤10%或45μm方孔筛筛余≤30%,水泥中氧化镁含量≤6.0%（矿渣硅酸盐水泥中矿渣质量分数>50%时,不作此项限定）,矿渣硅酸盐水泥中的三氧化硫含量≤4.0%,其余技术性质指标同硅酸盐水泥。

矿渣硅酸盐水泥、火山灰质硅酸盐水泥、粉煤灰硅酸盐水泥、复合硅酸盐水泥
各强度等级、各龄期强度值（GB 175—2007/XG1—2009）   表3.3.1

强度等级	抗压强度(MPa)		抗折强度(MPa)	
	3d	28d	3d	28d
32.5	≥10.0	≥32.5	≥2.5	≥5.5
32.5R	≥15.0		≥3.5	
42.5	≥15.0	≥42.5	≥3.5	≥6.5
42.5R	≥19.0		≥4.0	
52.5	≥21.0	≥52.5	≥4.0	≥7.0
52.5R	≥23.0		≥4.5	

2）特性与应用

从这四种水泥的组成可以看出，它们的区别仅在于掺加的活性混合材料的不同，而由于四种活性混合材料的化学组成和化学活性基本相同，其水泥的水化产物及凝结硬化速度相近，因此这四种水泥的大多数性质和应用相同或相近，即这四种水泥在许多情况下可替代使用。同时，又由于这四种活性混合材料的物理性质和表面特征及水化活性等有些差异，使得这四种水泥分别具有某些特性。总之，这四种水泥与硅酸盐水泥或普通硅酸盐水泥相比，具有以下特点：

（1）四种水泥的共性

①早期强度低、后期强度发展高。其原因是这四种水泥的熟料含量少且二次水化反应（即活性混合材料的水化）慢，故早期（3d、7d）强度低。后期由于二次水化反应的不断进行和水泥熟料的不断水化，水化产物不断增多，强度可赶上或超过同强度等级的硅酸盐水泥或普通硅酸盐水泥（图3.3.1）。活性混合材料的掺量越多，早期强度越低，但后期强度增长越多。

这四种水泥不适合用于早期强度要求高的混凝土工程，如冬期施工现浇工程等。

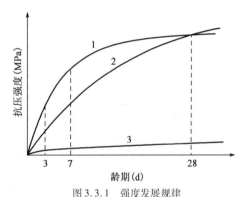

图3.3.1 强度发展规律
1-硅酸盐水泥；2-掺混合材料硅酸盐水泥；3-混合材料

②对温度敏感，适合高温养护。这四种水泥在低温下水化明显减慢，强度较低。采用高温养护可大大加速活性混合材料的水化，并可加速熟料的水化，故可大大提高早期强度，且不影响常温下后期强度的发展（图3.3.1）。

③耐腐蚀性好。这四种水泥的熟料数量相对较少，水化硬化后水泥石中的氢氧化钙和水化铝酸钙的数量少，且活性混合材料的二次水化反应使水泥石中氢氧化钙的数量进一步降低，因此耐腐蚀性好，适用于有硫酸盐、镁盐、软水等侵蚀作用的环境。但当侵蚀介质的浓度较高或耐腐蚀性要求高时，仍不宜使用。

④水化热小。四种水泥中的熟料含量少，因而水化放热量少，尤其是早期放热速度慢，放热量少，适用于大体积混凝土工程。

⑤抗冻性较差。矿渣和粉煤灰易泌水形成连通孔隙，火山灰一般需水量较大，会增加内部的孔隙含量，故这四种水泥的抗冻性均较差。

⑥抗碳化性较差。由于这四种水泥在水化硬化后,水泥石中的氢氧化钙数量少,故抵抗碳化的能力差。因而不适合用于二氧化碳浓度含量高的工业厂房,如铸造、翻砂车间等。

(2)四种水泥的特性

①矿渣硅酸盐水泥。由于粒化高炉矿渣玻璃体对水的吸附能力差,即对水分的保持能力差(保水性差),与水拌和时易产生泌水造成较多的连通孔隙,因此,矿渣硅酸盐水泥的抗渗性差,且干缩较大。矿渣本身耐热性好,且矿渣硅酸盐水泥水化后氢氧化钙的含量少,故矿渣硅酸盐水泥的耐热性较好。

矿渣硅酸盐水泥适用于有耐热要求的混凝土工程,不适用于有抗渗要求的混凝土工程。

②火山灰质硅酸盐水泥。火山灰质混合材料内部含有大量的微细孔隙,故火山灰质硅酸盐水泥的保水性高;火山灰质硅酸盐水泥水化后形成较多的水化硅酸钙凝胶,使水泥石结构致密,因而其抗渗性较好;火山灰质硅酸盐水泥的干缩大,水泥石易产生微细裂纹,且空气中的二氧化碳能使水化硅酸钙凝胶分解成为碳酸钙和氧化硅的混合物,使水泥石的表面产生起粉现象。火山灰质硅酸盐水泥的耐磨性也较差。

火山灰质硅酸盐水泥适用于有抗渗性要求的混凝土工程,不宜用于干燥环境中的地上混凝土工程,也不宜用于有耐磨性要求的混凝土工程。

③粉煤灰硅酸盐水泥。粉煤灰是表面致密的球形颗粒,其吸附水的能力较差,即保水性差、泌水性大,其在施工阶段易使制品表面因大量泌水产生收缩裂纹(又称失水裂纹),因而粉煤灰硅酸盐水泥抗渗性差;粉煤灰硅酸盐水泥的干缩较小,这是因为粉煤灰的比表面积小,拌和需水量小的缘故。粉煤灰硅酸盐水泥的耐磨性也较差。

粉煤灰硅酸盐水泥适用于一般气候环境中和变侵蚀性介质作用的混凝土工程,不宜用于有抗渗性要求的混凝土工程,且不宜用于干燥环境中的混凝土及有耐磨性要求的混凝土工程。

④复合硅酸盐水泥。由于掺入了两种或两种以上规定的混合材料,其效果不只是各类混合材料的简单混合,而是互相取长补短,产生单一混合材料不能起到的优良效果,因此,复合水泥的性能介于普通硅酸盐水泥和以上3种混合材料硅酸盐水泥之间。

通用水泥的性质与选用见表3.3.2和表3.3.3。

通用硅酸盐水泥的性质 表3.3.2

项目	硅酸盐水泥	普通硅酸盐水泥	矿渣硅酸盐水泥	火山灰质硅酸盐水泥	粉煤灰硅酸盐水泥	复合硅酸盐水泥
性质	1.早期、后期强度高; 2.耐腐蚀性差; 3.水化热大; 4.抗碳化性好; 5.抗冻性好; 6.耐磨性好; 7.耐热性差	1.早期强度稍低、后期强度高; 2.耐腐蚀性稍好; 3.水化热较好; 4.抗碳化性好; 5.抗冻性好; 6.耐磨性较好; 7.耐热性稍好; 8.抗渗性好	早期强度低,后期强度高			早期强度较高
			1.对温度敏感,适合高温养护;2.耐腐蚀性好;3.水化热小;4.抗冻性较差;5.抗碳化性较差			
			1.泌水性大、抗渗性差; 2.耐热性较好; 3.干缩较大	1.保水性大、抗渗好; 2.干缩大; 3.耐磨性差	1.泌水性大(快),易产生失水裂纹、抗渗性差; 2.干缩小、抗裂性好; 3.耐磨性差	干缩较大

通用硅酸盐水泥的选用　　　　　　　　　　　　　　　表 3.3.3

		混凝土工程特点及所处环境条件	优先选用	可以选用	不宜选用
普通混凝土	1	在一般气候环境中的混凝土	普通水泥	矿渣水泥、火山灰水泥、粉煤灰水泥、复合水泥	
	2	在干燥环境中的混凝土	普通水泥	矿渣水泥	火山灰水泥、粉煤灰水泥
	3	在高温环境中或长期处于水中的混凝土	矿渣水泥、火山灰水泥、粉煤灰水泥、复合水泥	普通水泥	
	4	厚大体积的混凝土	矿渣水泥、火山灰水泥、粉煤灰水泥、复合水泥	普通水泥	硅酸盐水泥
有特殊要求的混凝土	1	要求快硬、高强（＞C40）的混凝土	硅酸盐水泥	普通水泥	矿渣水泥、火山灰水泥、粉煤灰水泥、复合水泥
	2	严寒地区的露天混凝土、寒冷地区处于水位升降范围内的混凝土	普通水泥	矿渣水泥（强度等级＞32.5）	火山灰水泥、粉煤灰水泥
	3	严寒地区处于水位升降范围内的混凝土	普通水泥（强度等级＞42.5）		矿渣水泥、火山灰水泥、粉煤灰水泥、复合水泥
	4	有抗渗要求的混凝土	普通水泥、火山灰水泥		矿渣水泥、粉煤灰水泥
	5	有耐磨性要求的混凝土	硅酸盐水泥、普通水泥	矿渣水泥（强度等级＞32.5）	火山灰水泥、粉煤灰水泥
	6	受侵蚀性介质作用的混凝土	矿渣水泥、火山灰水泥、粉煤灰水泥、复合水泥		硅酸盐水泥、普通水泥

3.4　其他品种水泥

3.4.1　道路硅酸盐水泥

随着我国高等级道路的发展，水泥混凝土路面已成为主要路面类型之一。对专供公路、城市道路和机场跑道用的道路水泥，我国已制定了国家标准。

1）定义

以适当成分的生料烧至部分熔融，所得以硅酸钙为主要成分和较多量的铁铝酸钙的硅酸盐熟料称为道路硅酸盐水泥熟料。由道路硅酸盐水泥熟料、0%~10%活性混合材料和适量石膏磨细制成的水硬性胶凝材料,称为道路硅酸盐水泥(简称道路水泥)。

2) 技术要求

国家标准《道路硅酸盐水泥》(GB 13693—2005)规定的技术要求如下:

(1) 化学组成

在道路水泥或熟料中含有下列有害成分,必须加以限制:

①氧化镁含量。水泥中氧化镁含量不得超过 5.0%。

②三氧化硫含量。水泥中三氧化硫含量不得超过 3.5%。

③烧失量。水泥中烧失量不得大于 3.0%。

④游离氧化钙含量。熟料中游离氧化钙含量,旋窑生产者不得大于 1.0,立窑生产者不得大于 1.8%。

⑤碱含量。由供需双方商定,若使用活性集料,用户要求提供低碱水泥时,水泥中碱含量应不超过 0.60%。碱含量应按 $\omega(Na_2O) + 0.658\omega(K_2O)$ 计算值表示。

(2) 矿物组成

①铝酸三钙含量。熟料中铝酸三钙含量应不超过 5.0%。

②铁铝酸四钙含量。熟料中铁铝酸四钙含量应不低于 16.0%。

铝酸三钙(C_3A)和铁铝酸四钙(C_4AF)含量按下式求得:

$$\omega(3CaO \cdot Al_2O_3) = 2.65[\omega(Al_2O_3) - 0.64\omega(Fe_2O_3)] \quad (3.4.1)$$

$$\omega(4CaO \cdot Al_2O_3 \cdot Fe_2O_3) = 3.04\omega(Fe_2O_3) \quad (3.4.2)$$

式中: $\omega(3CaO \cdot Al_2O_3)$ ——硅酸盐水泥熟料中 C_3A 的含量,单位为质量分数,%;

$\omega(4CaO \cdot Al_2O_3 \cdot Fe_2O_3)$ ——硅酸盐水泥熟料中 C_4AF 的含量,单位为质量分数,%;

$\omega(Al_2O_3)$ ——硅酸盐水泥熟料中三氧化二铝的含量,单位为质量分数,%;

$\omega(Fe_2O_3)$ ——硅酸盐水泥熟料中三氧化二铁的含量,单位为质量分数,%。

(3) 物理力学性质

①比表面积。比表面积为 300~450m^2/kg。

②凝结时间。初凝不早于1h,终凝不得迟于10h。

③安定性。用沸煮法检验必须合格。

④干缩性。28d 干缩率应不大于 0.10%。

⑤耐磨性。28d 磨耗量应不大于 3.00kg/m^2。

⑥强度。道路水泥按规定龄期的抗压和抗折强度划分,各龄期的抗压和抗折强度应不低于表 3.4.1 所规定数值。

道路水泥的强度等级、各龄期强度值(GB 13693—2005)　　　　表 3.4.1

强 度 等 级	抗压强度(MPa)		抗折强度(MPa)	
	3d	28d	3d	28d
32.5	16.0	32.5	3.5	6.5
42.5	21.0	42.5	4.0	7.0
52.5	26.0	52.5	5.0	7.5

3) 特性与应用

道路水泥是一种强度高特别是抗折强度高、耐磨性好、干缩性小、抗冲击性好、抗冻性和抗硫酸性比较好的专用水泥。它适用于道路路面、机场跑道道面、城市广场等工程。由于道路水泥具有干缩性小、耐磨、抗冲击等特性,可减少水泥混凝土路面的裂缝和磨耗等病害,减少维修、延长路面使用年限。

3.4.2 白色硅酸盐水泥

凡以适当成分的生料烧至部分熔融,所得以硅酸钙为主要成分、氧化铁含量很少的白色硅酸盐水泥熟料,加入适量石膏,磨细制成的水硬性胶凝材料,称为白色硅酸盐水泥(简称白水泥)。

白水泥的性能与硅酸盐水泥基本相同,所不同的是要严格控制水泥原料的铁含量,并严防在生产过程中混入铁质。白水泥中的 Fe_2O_3 含量一般小于 0.5%,并尽可能除掉其他着色氧化物(MnO、TiO_2 等)。

白水泥的技术性质应满足国家标准《白色硅酸盐水泥》(GB/T 2015—2005)的规定,细度为 80μm 方孔筛筛余不超过 10%;初凝应不早于 45min,终凝应不迟于 10h;安定性(沸煮法)合格;水泥中 SO_3 含量应不超过 3.5%。白水泥强度等级按规定的抗压和抗折强度来划分,各强度等级的各龄期强度应不低于表 3.4.2 所规定的数值。白水泥的水泥白度值应不低于表 3.4.3 所规定的数值。

白色硅酸盐水泥的强度等级、各龄期强度值(GB/T 2015—2005)　　表 3.4.2

强度等级	抗压强度(MPa)		抗折强度(MPa)	
	3d	28d	3d	28d
32.5	12.0	32.5	3.0	6.0
42.5	17.0	42.5	3.5	6.5
52.5	22.0	52.5	4.0	7.0

白色硅酸盐水泥白度等级(GB/T 2015—2005)　　表 3.4.3

等　级	特级	一级	二级	三级
白度(%)	86	84	80	75

3.4.3 铝酸盐水泥

凡以铝酸钙为主的铝酸盐水泥熟料,磨细制成的水硬性胶凝材料,称为铝酸盐水泥,代号 CA。

1)铝酸盐水泥的组成、水化与硬化

铝酸盐水泥的主要化学成分是 CaO、Al_2O_3、SiO_2,生产原料是铝矾土和石灰石。

铝酸盐水泥的主要矿物成分是铝酸一钙($CaO \cdot Al_2O_3$,简写式 CA)和二铝酸一钙($CaO \cdot 2Al_2O_3$,简写式 CA_2),此外还有少量的其他铝酸盐和硅酸二钙。

铝酸一钙是铝酸盐水泥的最主要矿物,具有很高的活性,其特点是凝结正常、硬化迅速,是铝酸盐水泥强度的主要来源。

二铝酸一钙的凝结硬化慢,早期强度低,但后期强度较高。含量过多将影响水泥的快硬性能。

铝酸盐水泥的水化产物与温度密切相关,主要是十水铝酸一钙($CaO \cdot Al_2O_3 \cdot 10H_2O$,简写式 CAH_{10})、八水铝酸二钙($2CaO \cdot Al_2O_3 \cdot 8H_2O$,简写式 C_2AH_8)和铝胶($Al_2O_3 \cdot 3H_2O$)。

CAH_{10} 和 C_2AH_8 为片状或针状的晶体,它们互相交错搭接,形成坚固的结晶连生体骨架,同时生成的铝胶填充于晶体骨架的空隙中,形成致密的水泥石结构,因此强度较高。水化 5～7d 后,水化物的数量很少增长,故铝酸盐水泥的早期强度增长很快,后期强度增长很小。

特别需要指出的是,CAH_{10} 和 C_2AH_8 都是不稳定的,会逐步转化为 C_3AH_6,温度升高则转化加快。晶体转变的结果是,使水泥石内析出了游离水,增大了孔隙率;同时也由于 C_3AH_6 本身强度较低,且相互搭接较差,所以水泥石的强度明显下降,后期强度可能比最高强度降低达 40% 以上。

2)铝酸盐水泥的技术性质

国家标准《铝酸盐水泥》(GB 201—2000)规定的技术要求如下:

(1)化学成分。各类型水泥的化学成分要求见表3.4.4。

各类型水泥化学成分(%) 表3.4.4

水泥类型	Al_2O_3	SiO_2	Fe_2O_3	R_2O(Na_2O + 0.658K_2O)	S*(全硫)	Cl*
CA-50	≥50,<60	≤8.0	≤2.5	≤0.40	≤0.1	≤0.1
CA-60	≥60,<68	≤5.0	≤2.0			
CA-70	≥68,<77	≤1.0	≤0.7			
CA-80	≥77	≤0.5	≤0.5			

注:* 当用户需要时,生产厂应提供结果和测定方法。

(2)细度。0.045mm 方孔筛筛余不大于 20% 或比表面积不小于 300m²/kg。

(3)凝结时间。CA-50、CA-70、CA-80 的初凝时间不得早于 30min,终凝时间不得迟于 6h,CA-60 的初凝时间不得早于 60min,终凝时间不得迟于 18h。

(4)强度。各类型水泥各龄期强度值不低于表3.4.5 数值。

各类型水泥各龄期强度值(GB 201—2000) 表3.4.5

水泥类型	抗压强度(MPa)				抗折强度(MPa)			
	6h	1d	3d	28d	6h	1d	3d	28d
CA-50	20*	40	50	—	3.0*	5.5	6.5	—
CA-60	—	20	45	85	—	2.5	5.0	10.0
CA-70	—	30	40	—	—	5.0	6.0	—
CA-80	—	25	30	—	—	4.0	5.0	—

注:* 当用户需要时,生产厂应提供结果。

3)铝酸盐水泥的特性与应用

与硅酸盐水泥相比,铝酸盐水泥具有以下特性及相应的应用:

(1)快硬早强。1d 强度高,适用于紧急抢修工程。

(2)水化热大。放热量主要集中在早期,1d 内即可放出水化总热量的 70%～80%,因此,不宜用于大体积混凝土工程,但适用于寒冷地区冬期施工的混凝土工程。

(3)抗硫酸盐侵蚀性好。这是因为铝酸盐水泥在水化后几乎不含有 $Ca(OH)_2$,且结构致密。适用于抗硫酸盐及海水侵蚀的工程。

(4)耐热性好。这是因为不存在水化产物 $Ca(OH)_2$ 在较低温度下的分解,且在高温时水化产物之间发生固相反应,生成新的化合物。因此,铝酸盐水泥可作为耐热砂浆或耐热混凝土的胶结材料,能耐 1300~1400℃ 高温。

(5)长期强度会降低。一般降低 40%~50%,因此不宜用于长期承载结构,且不宜用于高温环境中的工程。

3.4.4 快硬硫铝酸盐水泥

1)快硬硫铝酸盐水泥的组成与水化

以适当成分的生料,经煅烧所得以无水硫铝酸钙和硅酸二钙为主要矿物成分的熟料,加入适量的石膏和 0%~10% 的石灰石,磨细制成的早期强度高的水硬性胶凝材料,称为快硬硫铝酸盐水泥,代号 R·SAC。

生产快硬硫铝酸盐水泥的主要原料是矾土、石灰石和石膏。熟料的化学成分和矿物组成见表 3.4.6。

快硬硫铝酸盐水泥化学成分与矿物组成　　表 3.4.6

化学成分	含量(%)	矿物组成	含量(%)
CaO	40~44	C_4A_3S	36~44
Al_2O_3	18~22	C_2S	23~34
SiO_2	8~12	C_2F	10~17
Fe_2O_3	6~10	$CaSO_4$	12~17
SO_3	12~16		

快硬硫铝酸盐的主要水化产物是:高硫型水化硫铝酸钙(AF_t)、低硫型水化硫铝酸钙(AF_m)、铝胶和水化硅酸盐,由于无水硫铝酸钙、硅酸二钙和石膏在水化反应时互相促进,因此水泥的反应非常迅速,早期强度非常高。

2)快硬硫铝酸盐水泥的技术性质

标准《硫铝酸盐水泥》(GB 20472—2006)规定的技术要求如下:

(1)比表面积。比表面积应小于 350m^2/kg。

(2)凝结时间。初凝不早于 25min,终凝不迟于 180min。

(3)强度。以 3d 抗压强度分为 42.5、52.5、62.5、72.5 四个等级,各强度等级水泥的各龄期强度应不低于表 3.4.7 数值。

快硬硫铝酸盐水泥各强度等级、各龄期强度值(GB 20472—2006)　　表 3.4.7

强度等级	抗压强度(MPa)			抗折强度(MPa)		
	1d	3d	28d	1d	3d	28d
42.5	33.0	42.5	45.0	6.0	6.5	7.0
52.5	42.0	52.5	55.0	6.5	7.0	7.5
62.5	50.0	62.5	65.0	7.0	7.5	8.0
72.5	56.0	72.5	75.0	7.5	8.0	8.5

3)快硬硫铝酸盐水泥的特性与应用

(1)凝结快、早期强度很高。1d 的强度可达 34.5~59.0MPa,因此特别适用于抢修或紧急工程。

(2)水化放热快。但放热总量不大,因此适用于冬季施工,不适用于大体积混凝土工程。

(3)硬化时体积微膨胀。水泥水化生成较多钙矾石,因此适用于有抗渗、抗裂要求的混凝土工程。

(4)耐蚀性好。水泥石中没有 $Ca(OH)_2$ 与水化铝酸钙,因此适用于有耐久性要求的混凝土工程。

(5)耐热性差。水化产物 AF_t 和 AF_m 中含有大量结晶水,遇热分解释放大量的水使水泥石强度下降,因此不适用于有耐热要求的混凝土工程。

复习思考题

1. 硅酸盐水泥熟料的主要矿物组成是什么?它们单独与水作用时的特性如何?
2. 硅酸盐水泥的主要水化产物是什么?硬化水泥石的结构怎样?
3. 制造通用硅酸盐水泥时为什么必须掺入适量的石膏?石膏掺得太少或过多时,将产生什么情况?
4. 何谓水泥的凝结时间?国家标准为什么要规定水泥的凝结时间?
5. 硅酸盐水泥产生体积安定性不良的原因是什么?如何检验水泥的安定性?
6. 硅酸盐水泥强度发展的规律怎样?影响其凝结硬化的主要因素有哪些?
7. 现有甲、乙两厂生产的硅酸盐水泥熟料,其矿物组成如复习思考题表1所示,试估计和比较这两个厂生产的硅酸盐水泥的强度增长速度和水化热等性质上有何差异?为什么?

甲、乙两厂硅酸盐水泥熟料矿物组成　　　　复习思考题表1

生产厂	熟料矿物组成(%)			
	C_3S	C_2S	C_3A	C_4AF
甲厂	52	21	10	17
乙厂	45	30	7	18

8. 为什么生产硅酸盐水泥时掺适量石膏对水泥石不起破坏作用,而硬化水泥石在有硫酸盐的环境介质中生成石膏时就有破坏作用?
9. 硅酸盐水泥腐蚀的类型有哪些?腐蚀后水泥石破坏的形式有哪几种?
10. 何谓活性混合材料和非活性混合材料?它们加入硅酸盐水泥中各起什么作用?硅酸盐水泥常掺入哪几种活性混合材料?
11. 活性混合材料产生水硬性的条件是什么?
12. 测得硅酸盐水泥标准试件的抗折和抗压破坏荷载见复习思考题表2,试评定其强度等级。

密。适用于抗硫酸盐及海水侵蚀的工程。

（4）耐热性好。这是因为不存在水化产物 $Ca(OH)_2$ 在较低温度下的分解，且在高温时水化产物之间发生固相反应，生成新的化合物。因此，铝酸盐水泥可作为耐热砂浆或耐热混凝土的胶结材料，能耐 1300～1400℃ 高温。

（5）长期强度会降低。一般降低 40%～50%，因此不宜用于长期承载结构，且不宜用于高温环境中的工程。

3.4.4 快硬硫铝酸盐水泥

1）快硬硫铝酸盐水泥的组成与水化

以适当成分的生料，经煅烧所得以无水硫铝酸钙和硅酸二钙为主要矿物成分的熟料，加入适量的石膏和 0%～10% 的石灰石，磨细制成的早期强度高的水硬性胶凝材料，称为快硬硫铝酸盐水泥，代号 R·SAC。

生产快硬硫铝酸盐水泥的主要原料是矾土、石灰石和石膏。熟料的化学成分和矿物组成见表 3.4.6。

快硬硫铝酸盐水泥化学成分与矿物组成　　　　表3.4.6

化学成分	含量(%)	矿物组成	含量(%)
CaO	40～44	C_4A_3S	36～44
Al_2O_3	18～22	C_2S	23～34
SiO_2	8～12	C_2F	10～17
Fe_2O_3	6～10	$CaSO_4$	12～17
SO_3	12～16		

快硬硫铝酸盐的主要水化产物是：高硫型水化硫铝酸钙（AF_t）、低硫型水化硫铝酸钙（AF_m）、铝胶和水化硅酸盐，由于无水硫铝酸钙、硅酸二钙和石膏在水化反应时互相促进，因此水泥的反应非常迅速，早期强度非常高。

2）快硬硫铝酸盐水泥的技术性质

标准《硫铝酸盐水泥》（GB 20472—2006）规定的技术要求如下：

（1）比表面积。比表面积应小于 $350m^2/kg$。

（2）凝结时间。初凝不早于 25min，终凝不迟于 180min。

（3）强度。以 3d 抗压强度分为 42.5、52.5、62.5、72.5 四个等级，各强度等级水泥的各龄期强度应不低于表 3.4.7 数值。

快硬硫铝酸盐水泥各强度等级、各龄期强度值（GB 20472—2006）　　表3.4.7

强度等级	抗压强度(MPa)			抗折强度(MPa)		
	1d	3d	28d	1d	3d	28d
42.5	33.0	42.5	45.0	6.0	6.5	7.0
52.5	42.0	52.5	55.0	6.5	7.0	7.5
62.5	50.0	62.5	65.0	7.0	7.5	8.0
72.5	56.0	72.5	75.0	7.5	8.0	8.5

3)快硬硫铝酸盐水泥的特性与应用

(1)凝结快、早期强度很高。1d 的强度可达 34.5~59.0MPa,因此特别适用于抢修或紧急工程。

(2)水化放热快。但放热总量不大,因此适用于冬季施工,不适用于大体积混凝土工程。

(3)硬化时体积微膨胀。水泥水化生成较多钙矾石,因此适用于有抗渗、抗裂要求的混凝土工程。

(4)耐蚀性好。水泥石中没有 $Ca(OH)_2$ 与水化铝酸钙,因此适用于有耐久性要求的混凝土工程。

(5)耐热性差。水化产物 AF_t 和 AF_m 中含有大量结晶水,遇热分解释放大量的水使水泥石强度下降,因此不适用于有耐热要求的混凝土工程。

复习思考题

1. 硅酸盐水泥熟料的主要矿物组成是什么?它们单独与水作用时的特性如何?
2. 硅酸盐水泥的主要水化产物是什么?硬化水泥石的结构怎样?
3. 制造通用硅酸盐水泥时为什么必须掺入适量的石膏?石膏掺得太少或过多时,将产生什么情况?
4. 何谓水泥的凝结时间?国家标准为什么要规定水泥的凝结时间?
5. 硅酸盐水泥产生体积安定性不良的原因是什么?如何检验水泥的安定性?
6. 硅酸盐水泥强度发展的规律怎样?影响其凝结硬化的主要因素有哪些?
7. 现有甲、乙两厂生产的硅酸盐水泥熟料,其矿物组成如复习思考题表 1 所示,试估计和比较这两个厂生产的硅酸盐水泥的强度增长速度和水化热等性质上有何差异?为什么?

甲、乙两厂硅酸盐水泥熟料矿物组成　　　　复习思考题表 1

生产厂	熟料矿物组成(%)			
	C_3S	C_2S	C_3A	C_4AF
甲厂	52	21	10	17
乙厂	45	30	7	18

8. 为什么生产硅酸盐水泥时掺适量石膏对水泥石不起破坏作用,而硬化水泥石在有硫酸盐的环境介质中生成石膏时就有破坏作用?
9. 硅酸盐水泥腐蚀的类型有哪些?腐蚀后水泥石破坏的形式有哪几种?
10. 何谓活性混合材料和非活性混合材料?它们加入硅酸盐水泥中各起什么作用?硅酸盐水泥常掺入哪几种活性混合材料?
11. 活性混合材料产生水硬性的条件是什么?
12. 测得硅酸盐水泥标准试件的抗折和抗压破坏荷载见复习思考题表 2,试评定其强度等级。

复习思考题表 2 硅酸盐水泥标准试件抗折和抗压荷载

抗折破坏荷载(kN)		抗压破坏荷载(kN)	
3d	28d	3d	28d
1.79	2.90	42.1	84.8
		41.0	85.2
1.81	2.83	41.2	83.6
		40.3	83.9
1.92	3.52	43.5	87.1
		44.8	87.5

13. 在下列混凝土工程中,试分别选用合适的水泥品种,并说明选用的理由?

(1) 早期强度要求高、抗冻性好的混凝土。

(2) 抗软水和硫酸盐腐蚀较强、耐热的混凝土。

(3) 抗海水侵蚀强、抗渗性高的混凝土。

(4) 抗硫酸盐腐蚀较强、干缩小、抗裂性较好的混凝土。

(5) 夏季现浇混凝土。

(6) 紧急军事工程。

(7) 大体积混凝土。

(8) 水中、地下的建筑物。

(9) 在我国北方冬期施工混凝土。

(10) 位于海水下的建筑物。

(11) 填塞建筑物接缝的混凝土。

14. 铝酸盐水泥的特性如何?在使用中应注意哪些问题?

15. 快硬硫铝酸盐水泥有何特性?

第4章 混 凝 土

4.1 概 述

混凝土是以胶凝材料、水和集料等材料按适当比例拌制成拌合物,再经浇筑成型硬化后得到的人工石材。以水泥为胶凝材料、矿石为集料的混凝土称为水泥混凝土;水运工程对混凝土质量要求高,要求较高的强度和耐久性,通常在水泥中掺入粒化高炉矿渣粉、粉煤灰、硅灰作为混凝土胶凝材料,拌制混凝土。新拌制的未硬化的混凝土称为混凝土拌合物,经硬化有一定强度的混凝土称为硬化混凝土。

混凝土是一种重要的建筑材料,它是当今水运工程、工业与民用建筑工程、水利工程、交通工程中最常用的材料之一。

4.1.1 水泥混凝土的发展概况

自19世纪30年代水泥混凝土出现以来,它在土木工程各领域的应用不断扩展,特别是钢筋混凝土的诞生,使其应用技术不断进步,逐渐成为应用最广泛、使用量最大的土木工程材料。目前,水泥混凝土已经成为各种海洋、工业与民用建筑、桥梁、水利、铁路、公路、矿山和地下工程中的主导材料。据统计,20世纪末,全世界每年平均消耗的水泥混凝土量为90亿t。

在生产水平上,水泥混凝土正逐步摆脱过去那种劳动强度大、生产规模零星分散、技术含量低的落后状态。20世纪80年代以来,我国各地纷纷建立了大、中型预拌混凝土厂,可保质保量地为用户及时提供满足工程要求的商品混凝土。混凝土生产水平的提高,不仅使其质量更加稳定,而且减少了混凝土生产与使用过程中的材料浪费和对环境的污染,也使其施工水平和生产效率得以提高。

随着现代土木工程建设技术水平的不断提高,对于未来水泥混凝土的技术性能要求将更高,未来的水泥混凝土除了具有高强度(抗压强度60MPa以上)外,还必须具备良好的施工操作性、体积稳定性,而且必须具有适应环境的高耐久性。因此,高性能混凝土(HPC)将是未来混凝土的主要发展方向之一。

为满足人类可持续发展的要求,未来水泥混凝土及其材料在生产、开发和应用过程中,还应尽可能节约资源和能源,减少废气废料排放,减少对环境的危害,以保护人类赖以生存的自然环境。因此,绿色高性能混凝土(GHPC)也是未来的发展方向。这些新的发展动态,说明水泥混凝土科学的发展潜力很大,水泥混凝土技术与应用领域仍存在巨大的空间,有待于我们进一步开拓。

4.1.2 混凝土分类

1)按表观密度分类

混凝土按表观密度大小可分为三类。

(1) 重混凝土。它是指表观密度大于 2600kg/m³ 的混凝土，通常采用高密度集料（如重晶石、铁矿石、钢屑等）或同时采用重水泥（如钡水泥、锶水泥等）制成的混凝土。因为它主要用作核能工程的辐射屏蔽结构材料，又称为防辐射混凝土。

(2) 普通混凝土。它是指表观密度为 1950~2600kg/m³ 的混凝土，通常是以常用水泥为胶凝材料，且以天然砂、石为集料配制而成的混凝土。它是目前土木工程中最常用的水泥混凝土。

(3) 轻混凝土。它是指表观密度小于 1950kg/m³ 的混凝土，通常采用陶粒等轻质多孔的集料，或者不用集料而掺入加气剂或起泡剂等而形成多孔结构的混凝土。根据其性能与用途的不同，可分为结构用轻混凝土和结构保温轻混凝土等。

2) 按用途分类

按混凝土在工程中的用途不同可分为结构混凝土、道路混凝土、防水混凝土、补偿收缩混凝土、装饰混凝土、耐热混凝土、耐酸混凝土、防辐射混凝土等。

3) 按强度等级分类

按混凝土的抗压强度标准值（$f_{cu,k}$）可分为低强混凝土（$f_{cu,k}<30MPa$）、中强混凝土（$f_{cu,k}=30~60MPa$）、高强混凝土（$f_{cu,k}\geq60MPa$）及超高强混凝土（$f_{cu,k}\geq100MPa$）等。

4) 按生产和施工方法分类

按混凝土的生产和施工方法不同可分为预拌（商品）混凝土、泵送混凝土、喷射混凝土、压力灌浆混凝土（预填集料混凝土）、挤压混凝土、离心混凝土、真空吸水混凝土、碾压混凝土等。

4.1.3 普通混凝土的组成材料

在土木工程中，普通混凝土主要有以下优点：

(1) 混凝土组成材料来源广泛。混凝土中占约 80% 的主要原料为砂、石等地方性材料，具有可就地取材、价格低廉的优点。

(2) 新拌混凝土有良好的可塑性。可按设计要求浇筑成各种形状和尺寸的整体结构或预制构件。

(3) 可按需要配置各种不同性质的混凝土。在一定范围内调整混凝土的原材料配比，可获得强度、流动性、耐久性及外观不同的混凝土。

(4) 具有较高的抗压强度，且与钢筋具有良好的共同工作性。硬化混凝土的抗压强度一般为 20~40MPa，有些可高达 80~100MPa。它不仅与钢筋间有较强的黏结力，并与钢筋具有相近的温度胀缩性，而且其碱性环境能有效地保护钢筋免受侵蚀，这些性能使两者复合成为钢筋混凝土后，可形成具有互补性的整体，更扩大了混凝土作为工程结构材料的应用范围。

(5) 具有良好的耐久性，可抵抗大多数环境因素的破坏作用。与其他结构材料相比，其维修费用很低。

(6) 具有良好的耐火性。普通混凝土的耐火性优于木材、钢材和塑料等大量材料，经高温作用数小时仍能保持其力学性能，可使混凝土结构具有较高的可靠性。

但是，混凝土也有自重大、比强度小、抗拉强度低（一般只有其抗压强度的 1/10~1/15）、变形能力差、易开裂和硬化较慢、生产周期长等缺点。这些缺陷正随着混凝土技术的不断发展而逐渐得以改善，但目前工程实践中还应注意其不良影响。

4.1.4 普通混凝土的组成材料

普通混凝土是由胶凝材料(水泥和粒化高炉矿渣粉、粉煤灰、硅灰等掺合料)、水、细集料(天然和人工砂)和粗集料(石子等)为基本材料,或再掺加适量外加剂、混合材料等制成的复合材料。

在混凝土中,各组成材料起着不同的作用。砂、石等集料在混凝土中起骨架作用,水泥浆通常包裹在集料的表面,它赋予新拌混凝土一定的流动性以便于施工操作;在混凝土硬化后,水泥浆形成的水泥石又起胶结作用,硬化混凝土的组织结构如图4.1.1所示。

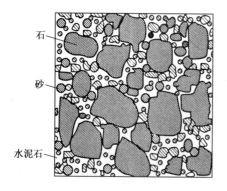

图4.1.1 硬化混凝土的组织结构图

4.1.5 工程中对混凝土的基本要求

工程中使用的混凝土一般必须满足以下四个基本条件:

(1)混凝土拌合物应具有与施工条件相适应的和易性。

(2)混凝土经养护至规定龄期应达到设计所要求的强度。

(3)硬化后混凝土应具有与工程环境条件相适应的耐久性。

(4)在满足上述三个要求的前提下,经济合理,尽量降低成本。

4.2 混凝土的组成材料

混凝土组成材料有胶凝材料、水、细集料、粗集料、外加剂等。胶凝材料为水泥,或由水泥与掺合材料组成;掺合材料主要有粒化高炉矿渣粉、粉煤灰、硅灰。为了使配制的混凝土达到所要求的各项技术要求,并节省材料用量,降低工程造价,必须合理选用混凝土的各项组成材料。本节将对普通混凝土组成材料的性能及技术要求进行论述。

4.2.1 胶凝材料

1)水泥

水泥在混凝土中起胶结作用,它是混凝土中最重要的组分,直接关系着混凝土的和易性、强度、耐久性和经济合理性。

正确的选用水泥主要是水泥的品种和强度等级是否得当。合理选择水泥品种,已在第3章专门讨论。水泥强度等级的选择,应当与混凝土的设计强度等级相适应。若水泥强度等级选用过高,不但会使成本较高,而且可能使所配制的新拌混凝土施工操作性能不良,甚至影响混凝土的耐久性;反之,若采用强度过低的水泥来配制较高强度的混凝土,则很难达到强度要求,即使是达到了强度要求,其他性能也会受到影响,而且往往也会导致成本过高。配制普通混凝土时,通常要求水泥的强度为混凝土抗压强度的1.5~2.0倍;配制较高强度混凝土时,可取0.8~1.5倍。

2)掺合料

混凝土常采用粒化高炉矿渣粉、粉煤灰、硅灰等掺合料作为胶凝材料的一部分,这些掺合料减少了水泥用量,又能在水泥水化物的激化作用下发生水化反应,增加混凝土强度。

硅粉的品质应符合表4.2.1的规定。

硅灰品质指标　　　　　　　　　　　　　　　表4.2.1

项　目		指　标
SiO_2含量(%)		≥85
含水率(%)		≤3
烧失量(%)		≤6
活性指数(%)		≥90
细度	45μm方孔筛筛余(%)	≤10
	比表面积(m^2/g)	≥15
均匀性	密度与均值的偏差(%)	≤5
	细度的筛余量与均值的偏差(%)	≤5

粉煤灰的质量要符合表4.2.2的规定;粉煤灰中CaO含量大于5%时,经试验证明安定性合格方可使用;采用干排法的粉煤灰,含水率不大于1%。

粉煤灰质量指标　　　　　　　　　　　　　　　表4.2.2

粉煤灰等级	细　度	烧失量(%)	需水量比(%)	SO_3含量(%)	活性指数(%)	
	45μm方孔筛筛余(%)				7d	28d
Ⅰ	≤12	≤5	≤95	≤3	≥80	≥90
Ⅱ	≤25	≤8	≤105	≤3	≥75	≥85
Ⅲ	≤45	≤15	≤115	≤3	—	—

预应力混凝土应采用Ⅰ级粉煤灰,钢筋混凝土和C30及C30以上的素混凝土应采用Ⅰ级或Ⅱ级粉煤灰,海水环境浪溅区的钢筋混凝土应采用Ⅰ级粉煤灰或需水量比不大于100%的Ⅱ级粉煤灰,C30以下的素混凝土可采用Ⅲ级粉煤灰,有抗冻要求的混凝土应采用Ⅰ级或Ⅱ级粉煤灰。

粒化高炉矿渣粉的质量应符合表4.2.3的规定。

粒化高炉矿渣粉质量指标　　　　　　　　　　表4.2.3

项　目		级　别		
		S105	S95	S75
密度(kg/m^3)		≥2800		
比表面积(m^2/kg)		≥400		
活性指数(%)	7d	≥95	≥75	≥55
	28d	≥105	≥95	≥75
流动度比(%)		≥85	≥90	≥95
含水率(%)		≤1.0		
SO_3含量(%)		≤4.0		
氯离子含量(%)		≤0.02		
烧失量(%)		≤3		

4.2.2 细集料(砂)

混凝土用集料按粒径大小分为细集料和粗集料。质地坚硬、粒径在5mm以下的岩石颗粒，称为细集料；粒径大于5mm的颗粒称为粗集料。集料在混凝土中起骨架作用和稳定作用，而且其用量所占比例也最大，通常粗、细集料的总体积占混凝土总体积的70%~80%。因此，集料质量的优劣对混凝土性能影响很大。

1）砂的种类及其特性

土木工程中常用的混凝土细集料主要有天然砂和人工砂。

天然砂是由天然岩石经长期风化、水流搬运和分选等自然条件作用而形成的岩石颗粒。按其产源不同可分为河砂、湖砂、海砂和山砂。对于河砂、湖砂和海砂，由于长期受水流的冲刷作用，颗粒多呈圆形，表面光滑、洁净，拌制混凝土和易性较好，能减少水泥用量，产源较广，但与水泥的胶结力较差。而海砂中常含有碎贝壳及可溶盐等有害杂质，不利于混凝土耐久性。山砂是岩体风化后在山涧堆积下来的岩石碎屑，其颗粒多具棱角，表面粗糙，砂中含泥量及有机杂质等有害杂质较多，与水泥胶结力强，但拌制混凝土的和易性较差，水泥用量较多。在天然砂中河砂的综合性质最好，是工程中用量最多的细集料。

根据制作方式的不同，人工砂可分为机制砂和混合砂两种。机制砂是将天然岩石用机械轧碎、筛分后制成的颗粒，其颗粒富有棱角，比较洁净，但砂中片状颗粒及细粉含量较多，且成本较高。混合砂是由机制砂和天然砂混合而成，其技术性能应满足人工砂的要求。当仅靠天然砂不能满足用量需求时，可采用混合砂。

2）混凝土用砂的质量要求

(1)含泥量、石粉含量和泥块含量。砂中含泥量通常是指天然砂中粒径小于75μm的颗粒含量；石粉含量是指人工砂中粒径小于75μm的颗粒含量；泥块含量是指砂中所含粒径大于1.18mm，经水浸洗、手捏后粒径小于600μm的颗粒含量；轻物质是指表观密度小于2000kg/m³的物质。

天然砂中的泥土颗粒极细，它们通常包覆于砂粒表面，从而在混凝土中妨碍了水泥浆与砂子的黏结。有的泥土还会降低混凝土的使用操作性能、强度及耐久性，并增大混凝土的干缩。因此，砂中的泥土对混凝土不利，应严格控制其含量。

根据天然砂的含泥量、泥块含量及人工砂的石粉含量和泥块含量，不同强度的混凝土用砂应分别满足不同的需求。

(2)有害物质含量。砂中的有害物质是指各种可能降低混凝土性能与质量的物质。通常对不同类别的砂，应限制其中云母、轻物质、硫化物与硫酸盐、氯盐和有机物等有害物质的含量（表4.2.4），且砂中不得混有草根、树叶、树枝、塑料、煤块、煤渣等杂物。

砂中云母为表面光滑的小薄片，它与水泥的黏结性很差，它的存在将会严重影响混凝土的强度及耐久性；硫化物及硫酸盐对水泥有侵蚀作用；有机物会影响水泥的凝结与硬化、强度与耐久性；而氯化盐对钢筋混凝土中钢筋的锈蚀有显著的促进作用。当砂中有害物质过多时，应进行清洗与过筛处理，使其符合要求后方可使用。

对于有抗冻要求和强度大于等于C30的混凝土，如果对砂的坚固性有怀疑时，必须进行专门试验，只有确认其可以满足混凝土强度和耐久性要求后方可采用。

砂杂质含量限值　　　　　　　　　　　　　　　　　　表4.2.4

项次	项　目	有抗冻性要求		无抗冻性要求		
		>C40	≤C40	≥C60	C55~C30	<C30
1	总含泥量(按质量计,%)	≤2.0	≤3.0	≤2.0	≤3.0	≤5.0
	其中泥块含量(按质量计,%)	<0.5	≤0.5	≤0.5	≤1.0	<2.0
2	云母含量(按质量计,%)	<1.0		≤2.0		
3	轻物质(按质量计,%)	≤1.0		≤1.0		
4	硫化物及硫酸盐含量(按SO_3质量计,%)	≤1.0		≤1.0		
5	有机物含量(比色法)	颜色不应深于标准色,当深于标准色时,应采用水泥胶砂法进行砂浆强度对比试验,相对抗压强度不应低于95%				

细集料不宜采用海砂。当采用海砂时,海砂中的氯离子含量应严格控制,符合规范规定。

(3)碱活性集料。当水泥或混凝土中含有较多的强碱(Na_2O、K_2O)物质时,可能与含有活性二氧化硅的集料反应,这种反应称为碱—集料反应,其结果可能导致混凝土内部产生局部体积膨胀,甚至使混凝土结构产生膨胀性破坏。因此,除了控制水泥的碱含量以外,还应严格控制混凝土中含有活性二氧化硅等物质的活性集料。

海水环境工程中严禁采用碱活性细集料。淡水环境工程中所用细集料具有碱活性时,应采用碱含量小于0.6%的水泥,并采取其他措施,经试验验证合格后方可使用。

(4)砂的粗细程度及颗粒级配。砂的粗细程度是指不同粒径的砂粒,混合在一起后的平均粗细程度。

通常采用筛分析的方法测定砂的粗细程度,并以细度模数μ_f表示砂的粗细程度大小,且按细度模数(μ_f)的大小分为粗砂、中砂、细砂和特细砂等几种。用一套孔径(净尺寸)为4.75mm、2.36mm、1.18mm、0.60mm、0.30mm及0.15mm的标准筛,将500g干砂试样由粗到细依次过筛,然后称量余留在各个筛上的砂的质量,并计算出各筛上的分计筛余百分率α_1、α_2、α_3、α_4、α_5、α_6(各筛上的筛余量占砂样总质量的百分率)及累计筛余百分率(各个筛和比该筛孔尺寸大的所有分计筛余百分率的和)。累计筛余量与分计筛余量的关系见表4.2.5。

累计筛余百分率与分计筛余百分率的关系　　　　　表4.2.5

筛孔尺寸	分计筛余(%)	累计筛余(%)
4.75mm	α_1	$A_1 = \alpha_1$
2.36mm	α_2	$A_2 = \alpha_1 + \alpha_2$
1.18mm	α_3	$A_3 = \alpha_1 + \alpha_2 + \alpha_3$
0.60mm	α_4	$A_4 = \alpha_1 + \alpha_2 + \alpha_3 + \alpha_4$
0.30mm	α_5	$A_5 = \alpha_1 + \alpha_2 + \alpha_3 + \alpha_4 + \alpha_5$
0.15mm	α_6	$A_6 = \alpha_1 + \alpha_2 + \alpha_3 + \alpha_4 + \alpha_5 + \alpha_6$

根据下列公式计算砂的细度模数(μ_f):

$$\mu_f = [(A_2 + A_3 + A_4 + A_5 + A_6) - 5A_1]/(100 - A_1) \quad (4.2.1)$$

细度模数(μ_f)越大,表示砂越粗。水运工程用砂的规格按细度模数划分,μ_f在3.7~3.1时为粗砂,μ_f在3.0~2.3时为中砂,μ_f在2.2~1.6时为细砂,μ_f在1.5~0.7时为特细砂。混凝土用砂以中砂为宜。

在配合比相同的情况下,若砂子过粗,拌出的混凝土黏聚性差,容易产生分离、泌水现象;若砂子过细,虽然拌制的混凝土黏聚性较好,但流动性显著减小,为了满足流动性要求,需耗用较多的水泥,混凝土强度也较低。因此,混凝土用砂不宜过粗,也不宜过细,以中砂较为适宜。由于混凝土中砂子颗粒间的空隙需要由水泥浆来填充,若砂的颗粒级配不良时,其中的空隙率较大,则需要更多的水泥浆来填充。当砂的颗粒大小都接近时,不仅其空隙率大,而且其颗粒堆聚结构也不稳定,很容易产生分崩离析。显然,要获得稳定的颗粒堆聚结构,且需要较少的水泥浆时,砂的颗粒级配应该为多种粒径的颗粒相互合理搭配(图4.2.1)。

 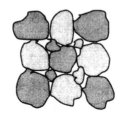 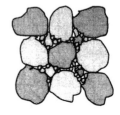

图4.2.1 砂颗粒级配示意图

砂的颗粒级配常用级配区来表示,它是根据筛分析实验的结果所确定的技术指标。根据砂子0.60mm孔径筛(控制粒级)的累计筛余百分率,可将砂子划分成为Ⅰ区(粗砂)、Ⅱ区(中砂)、Ⅲ区(细砂)三个级配区,见表4.2.6。级配较好的砂,各筛上累计筛余百分率应处在同一级配区间之内(除4.75mm及0.60mm筛号外,允许稍有超出界限,但各筛超出的总量不应大于5%)。根据每个级配区间的上下限在孔径与累计筛余坐标图上画出的曲线区间称为砂子的筛分曲线。

砂的颗粒级配区　　　　　　表4.2.6

公称粒径 (mm)	方孔筛筛孔边长 (mm)	级 配 区		
		Ⅰ区	Ⅱ区	Ⅲ区
		累计筛余(%)		
5.00	4.75	10~0	10~0	10~0
2.50	2.36	35~5	25~0	15~0
1.25	1.18	65~35	50~10	25~0
0.63	0.60	85~71	70~41	40~16
0.315	0.30	95~80	92~70	85~55
0.16	0.15	100~90	100~90	100~90

配制混凝土时宜优先选用合格的中砂。为满足对混凝土的性能要求,当采用Ⅰ区砂时,特别是当级配接近上限时,宜适当提高混凝土的砂率,并保证有足够的水泥用量以填满集料间的空隙;当采用Ⅲ区砂时,宜适当降低混凝土的砂率或掺入减水剂,以提高拌合物的和易性并便于振实。Ⅰ区砂宜配置低流动性混凝土,Ⅱ区砂宜配置不同强度等级混凝土,Ⅲ区砂宜降低砂率配置不同强度等级混凝土。

若砂子用量很大,选用时应贯彻就地取材的原则。若有些地区的砂料过粗、过细或级配不良时,在可能的情况下,应将粗细两种砂掺配使用,以调节砂的细度,改善砂的级配。

【例4.2.1】 用500g烘干砂进行筛分试验,各筛上筛余量见表4.2.7,分析此砂样属于哪种细度砂,级配如何?

500g 烘干砂样的各筛上筛余量   表 4.2.7

筛孔尺寸	分计筛余(%)		累计筛余(%)
	g	%	
4.75mm	30	6	6
2.36mm	40	8	14
1.18mm	50	10	24
0.60mm	200	40	64
0.30mm	100	20	84
0.15mm	70	14	98

解：①根据表 4.2.7 给定的各筛上的筛余量的克数，计算出筛上的分计筛余量及累计筛余量。

②计算细度模数：

$$\mu_f = [(A_2 + A_3 + A_4 + A_5 + A_6) - 5A_1]/(100 - A_1)$$
$$= (14 + 24 + 64 + 84 + 98 - 5 \times 6)/(100 - 6)$$
$$= 2.7$$

结果评定：由计算得到细度模数 $\mu_f = 2.7$，在 2.3~3.0 之间，故该砂样为中砂；将表 4.2.7 中累积筛余值(%)，与表 4.2.6 相应的范围比较，发现各筛上的累计筛余率均在Ⅱ区砂规定的范围之内。因此，该砂样级配良好(合格)。

如果砂子的细度和级配不符合要求，可采用两种或两种以上掺配来改善，使其达到要求。

(5)海砂使用规定。浪溅区、水位变动区的钢筋混凝土，海砂中氯离子含量以胶凝材料的质量百分比计，不宜超过 0.07%；当含量超过限值时，宜通过淋洗降至限值以下；淋洗确实有困难时，可在混凝土中掺入适量的亚硝酸钙或其他经论证的缓蚀剂。

在碳素钢丝、钢绞线及钢筋有效应力大于 400MPa 的预应力混凝土中不宜采用海砂；当采用海砂时，海砂中氯离子含量与胶凝材料的质量百分比计不宜超过 0.03%。

(6)砂的物理性质：

①砂的表观密度、堆积密度及空隙率。混凝土用砂的表观密度，一般要求不小于 2500kg/m³。石英砂的视密度在 2600~2700kg/m³。砂的堆积密度与空隙有关。在自然状态下干砂的堆积密度为 1400~1600kg/m³，振实后的堆积密度可达 1600~1700kg/m³。

砂子空隙率的大小，与颗粒形状及颗粒级配有关。带有棱角的砂，特别是针片状颗粒较多的砂，其空隙率较大；球形颗粒的砂，其空隙率较小。级配良好的砂，空隙率较小。一般天然河砂的空隙率为 40%~45%；级配良好的河砂，其空隙率可小于 40%。

②砂的含水状态及饱和面干吸水率。砂的含水状态，如图 4.2.2 所示。砂子含水量的大小，可用含水率表示。

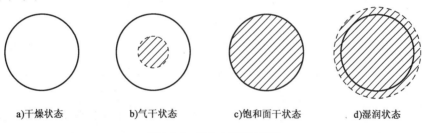

a)干燥状态　　b)气干状态　　c)饱和面干状态　　d)湿润状态

图 4.2.2　砂含水状态示意图

饱和面干砂既不从混凝土拌合物中吸取水分,也不往拌合物中带入水分。

水运工程和工业及民用建筑工程中,习惯按干燥状态的砂(含水率小于0.5%)及石子(含水率小于0.2%)来设计混凝土配合比。

③砂的坚固性。砂的坚固性用硫酸钠溶液法检验,试样经5次循环后其质量损失应符合规定要求。

4.2.3 粗集料(石子)

混凝土中的粗集料是指粒径大于5mm的岩石颗粒,常用的有碎石和卵石。

1)颗粒形状及表面特征

卵石又称砾石,它是由天然岩石经自然风化、水流搬运和分选、堆积形成的,按其产源可分为河卵石、海卵石及山卵石等几种,其中以河卵石应用较多。卵石中有机杂质含量较多,与碎石比较,卵石表面光滑,棱角少,空隙率及表面积小,拌制的混凝土水泥浆用量少,和易性较好,但与水泥石胶结力差。在相同条件下,卵石混凝土的强度较碎石混凝土低。碎石由天然岩石或卵石经破碎、筛分而成,表面粗糙,棱角多,较洁净,与水泥浆黏结比较牢固。故卵石与碎石各有特点,在实际工程中,应本着满足工程技术要求及经济的原则进行选用。

2)粗集料质量要求

(1)岩石的抗压强度和粗集料压碎值

配置混凝土应采用质地坚硬的碎石、卵石或碎石与卵石的混合物作为粗集料,其强度满足不同混凝土配置强度的要求。粗集料强度可用岩石立方体抗压强度或压碎值指标检验(表4.2.8)。在选择采石场、对粗集料强度有严格要求或对质量有争议时,宜用岩石立方体抗压强度作检验;常用的石料质量控制可用压碎指标检验(表4.2.9)。

岩石抗压强度或压碎值指标 表4.2.8

岩 石 品 种	混凝土强度等级	岩石的立方体抗压强度(MPa)	碎石压碎指标(%)
沉积岩	C60~C40	≥80	≤10
	C35~C10	≥60	≤16
变质岩或深成的火成岩	C60~C40	≥100	≤12
	C35~C10	≥60	≤20
喷出的火成岩	C60~C40	≥120	≤13
	C35~C10	≥80	≤30

注:沉积岩包括石灰岩、砂岩等;变质岩包括片麻岩、石英岩等;深成的火成岩包括花岗岩、正长岩和橄榄岩等;喷出的火成岩包括玄武岩和辉绿岩等。

卵石的压碎值指标 表4.2.9

混凝土强度等级	C60~C40	C35~C10
压碎指标(%)	≤12	≤16

(2)针、片状和软弱颗粒含量

粗集料的颗粒还有呈针状(颗粒长度大于该颗粒所属粒级的平均粒径的2.4倍)和片状(厚度小于平均粒径的0.4倍)的,针、片状颗粒会使混凝土集料空隙率增大,且受力后易于被折断。故针、片状颗粒过多,会使混凝土强度降低。卵石中的软弱颗粒强度低,影响混凝土的强度。受风化的卵石和风化岩石加工成的碎石,表面有山皮水锈现象,也会影响混凝土的强度和耐久性,这些颗粒含量要严格控制,具体要求见表4.2.10、表4.2.11。

粗集料物理性能的要求　　　　　　　　　　　表4.2.10

指标名称	有抗冻要求		无抗冻要求	
	≥C30	<C30	≥C30	<C30
针、片状颗粒含量(按质量计,%)	≤15	≤25	≤15	≤25
山皮水锈颗粒含量(按质量计,%)	≤25		≤30	
颗粒密度(kg/m³)	≥2300		≥2300	

卵石中软弱颗粒含量　　　　　　　　　　　表4.2.11

指标名称	有抗冻要求	无抗冻要求
软弱颗粒含量(按质量计,%)	≤5	≤10

(3)粗集料的杂质含量

①含泥量和泥块含量。粗集料的含泥量是指粒径小于$75\mu m$的颗粒含量;泥块含量是指粒径大于4.75mm,经水洗、手捏后小于2.36mm的颗粒含量。它们在混凝土中均影响其强度与耐久性,工程实际中应满足规定要求。

②有害物质含量。混凝土用粗集料中不得混入煅烧过的石灰石块、白云石块,集料表面不宜附有黏土薄膜。海水环境工程中严禁采用碱活性粗集料,淡水环境工程中所用粗集料具有碱活性时,应采用碱含量小于0.6%的水泥,并采取其他措施,经试验验证合格后方可使用。

粗集料中应严格控制有机物、硫化物及硫酸盐等有害物质的含量,并且不得混有草根、树叶、树枝、塑料、煤块、炉渣等杂物。具体要求见表4.2.12。

粗集料杂质含量限值　　　　　　　　　　　表4.2.12

项次	杂质名称	有抗冻要求		无抗冻要求		
		>C40	≤C40	≥C60	C55~C30	<C30
1	总含泥量(按质量计,%)	≤0.5	≤0.7	≤0.5	≤1.0	≤2.0
2	泥块含量(按质量计,%)	≤0.2	≤0.2	≤0.5	≤0.7	
3	水溶性硫酸盐及硫化物(按质量计,%)	≤0.5		≤1.0		
4	有机物含量(比色法)	颜色不应深于标准色,当深于标准色时,应进行混凝土对比试验,其强度降低率不应大于5%				

3)粗集料的最大粒径及颗粒级配

(1)最大粒径D_M

粗集料公称粒径的上限值,称为集料最大粒径。粗集料最大粒径增大时,集料的空隙率及表面积都减小,在水灰比及混凝土流动性相同的条件下,可使水泥用量减少,且有助于提高混凝土密实性,减少混凝土发热量及混凝土的收缩,这对大体积混凝土颇为有利。

集料最大粒径大者对混凝土的抗冻性、抗掺性也有不良影响,尤其会显著降低混凝土的抗气蚀性。因此,适宜的集料最大粒径与混凝土性能要求有关。在大体积混凝土中,如条件许可,在最大粒径为150mm范围内,应尽可能采用较大粒径。在高强混凝土及有抗气蚀性要求的外部混凝土中,集料最大粒径应不超过40mm。水运工程混凝土的最大粒径不大于80mm。

集料最大粒径的确定,还受到结构物断面尺寸、钢筋疏密及施工条件的限制。一般规定 D_M 不超过钢筋最小净距的3/4,构件断面最小尺寸的1/4,混凝土保护层厚度的4/5;在南方地区浪溅区不超过混凝土保护层厚度的2/3;对于厚度小于等于100mm的混凝土实心板,允许采用不大于1/2板厚的集料。

(2)颗粒级配

粗集料的级配原理与细集料基本相同,即将大小石子适当掺配,使粗集料的空隙率及表面积都比较小,这样拌制的混凝土水泥用量少,质量也较好。

根据粗集料最大粒径和不同粒径尺寸分布状况,混凝土用粗集料有连续粒级和单粒级两种。连续粒级是指5mm以上至最大粒径,由小到大各粒径级相连,各粒级均占一定比例。这种级配最大限度地发挥集料的骨架作用与稳定作用,减少水泥用量,在工程中被广泛采用。单粒级用于组成有要求级配的连续粒级,也可与连续粒级混合使用。表4.2.13为碎石或卵石的颗粒级配范围。单粒级一般不宜单独用来配置混凝土。

当粗集料最大粒径等于或小于40mm且级配适当时,可不分级,见表4.2.13,但对装配式薄壁结构所用的粗集料,通过1/2最大粒径的筛余率应为30%~60%。

根据粗集料开采和制备的具体情况,当采用单粒级组成有要求级配的连续粒级时,应对单粒级集料进行筛分试验,按照连续粒级各筛孔上累积筛余量要求,将不同的单粒级集料按比例混合,使混合后的粗集料满足连续粒级在各筛孔上累积筛余量要求。

碎石或卵石的颗粒级配范围 表4.2.13

级配情况	公称粒径(mm)	累积筛余量(按质量计,%)									
		方孔筛筛孔边长尺寸(mm)									
		2.36	4.75	9.5	16.0	19.0	26.5	31.5	37.5	53	63	75	90
连续粒级	5~16	95~100	85~100	30~60	0~10	0	—	—	—	—	—	—	—
	5~20	95~100	90~100	40~80	—	0~10	0	—	—	—	—	—	—
	5~25	95~100	90~100	—	30~70	—	0~5	0	—	—	—	—	—
	5~31.5	95~100	90~100	70~90	—	15~45	—	0~5	0	—	—	—	—
	5~40	—	95~100	70~90	—	30~65	—	—	0~5	0	—	—	—
单粒级	5~10	95~100	90~100	0~15	0	—	—	—	—	—	—	—	—
	10~16	—	95~100	80~100	—	—	—	—	—	—	—	—	—
	10~20	—	—	85~100	55~70	0~15	0	—	—	—	—	—	—
	16~25	—	95~100	95~100	85~100	25~40	0~10	—	—	—	—	—	—
	16~31.5	—	95~100	—	85~100	—	—	0~10	0	—	—	—	—
	20~40	—	—	95~100	—	80~100	—	—	0~10	0	—	—	—
	40~80	—	—	—	—	95~100	—	—	70~100	—	30~60	0~10	0

选择集料级配时,应从实际出发,将试验所选的最优级配与料场中集料的天然级配结合起来考虑,对各级集料用量进行必要的调整与平衡,确定出实际使用的级配。这样做的目的是为了减少弃料,避免浪费。

施工现场分级堆放的石子中往往有超径与逊径现象存在。所谓超径就是在某一级石子中混杂有超过这一粒级的石子;所谓逊径就是混杂有小于这一级粒径的石子。超逊径的出现将直接影响集料的级配和混凝土性能,因此必须加强施工质量管理,并经常对各级石子的超逊径进行检验。一般规定,超径石子含量不得大于5%,逊径石子含量不大于10%。如果超过规定数量,最好进行二次筛分,否则应调整集料级配,以保证工程质量。

4.2.4 混凝土拌和及养护用水

混凝土拌和用水不得影响水泥正常凝结、硬化或促使钢筋锈蚀,拌和水中氯化物、硫酸盐等含量满足表4.2.14的规定。

拌和用水质量指标　　　　　　表4.2.14

项　目	钢筋混凝土、预应力钢筋混凝土	素混凝土
pH 值	>5.0	>4.5
不溶物(mg/L)	<2000	<5000
可溶物(mg/L)	<2000	<5000
氯化物(以 Cl^- 计,mg/L)	<200	<2000
硫酸盐(以 SO_4^{2-} 计,mg/L)	<600	<2200

凡可饮用的水,均可用于拌制和养护混凝土。未经处理的工业废水、污水及沼泽水,不能使用。

海水对钢筋有锈蚀作用,故钢筋混凝土及预应力混凝土不得用海水拌制。在缺乏淡水地区,素混凝土允许用海水拌制,但应加强对混凝土的强度检验,以符合设计要求;对有抗冻要求的混凝土,水灰比应降低0.05。

4.3 混凝土的主要技术性质

混凝土的主要技术性质包括混凝土拌合物的和易性、凝结特性、硬化混凝土的强度、变形及耐久性。

4.3.1 混凝土拌合物的和易性

1)和易性的意义

将粗细集料、水泥和水等组分按适当比例配合,并经均匀搅拌而成的混合材料称为混凝土拌合物。

和易性是指混凝土拌合物在一定施工条件下,便于操作并能获得质量均匀而密实的混凝土的性能。和易性良好的混凝土在施工操作过程中应具有流动性好、不易产生分层离析或泌水现象等性能,以使其容易获得质量均匀、成型密实的混凝土结构。和易性是一项综合性指标,包括流动性、黏聚性及保水性三个方面的含义。

流动性是指新拌混凝土在自重或机械振捣力的作用下,能产生流动并均匀密实地充满模板的性能。流动性的大小,在外观表现为新拌混凝土的稀稠,直接影响浇捣施工的难易和成型的质量。若新拌混凝土干稠,则难以成型及捣实,且容易造成内部或表面孔洞等缺陷;若新拌混凝土过稀,经振捣后易出现水泥浆和水上浮而石子等颗粒下沉的分层离析现象,影响混凝土质量的均匀性。

黏聚性是指混凝土拌合物中各种组成材料之间有较好的黏聚力,在运输和浇筑过程中,不致产生分层离析,使混凝土保持整体均匀的性能。黏聚性差的拌合物中,水泥浆或砂浆与石子易于分离,混凝土硬化后会出现蜂窝、麻面、空洞等不密实现象,严重影响混凝土的质量。

保水性是指混凝土拌合物保持水分不易产生泌水的性能。保水性差的拌合物,在浇筑过程中由于部分水分从混凝土内析出,形成渗水通道;浮在表面的水分,使上、下两混凝土浇筑层之间形成薄弱的夹层;部分水分还会停留在石子及钢筋的下面形成水隙,降低水泥浆与石子、钢筋之间的胶结力。这些都将影响混凝土的密实性,从而降低混凝土的强度和耐久性。

2)和易性的指标及测定方法

到目前为止,还没有确切的指标能全面地反映混凝土拌合物的和易性。一般常用坍落度、维勃稠度定量地表示拌合物流动性的大小。根据经验,通过对试验或现场的观察,评定混凝土拌合物黏聚性及保水性。

坍落度的测定是将混凝土拌合物按规定的方法装入标准截头圆锥筒(坍落筒)内,将筒垂直提起后,拌合物在自身质量作用下产生一定的坍落度,如图4.3.1所示,坍落的毫米数称为坍落度。坍落度越大,表明流动性越大。坍落度大于10mm的称为塑性混凝土,其中10~40mm的常称为低塑性混凝土,50~90mm的称为塑性混凝土,100~160mm的称为流动性混凝土,大于160mm的称为大流动性混凝土。坍落度小于10mm的称为干硬性混凝土。

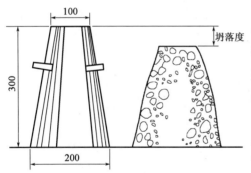

图4.3.1 混凝土坍落度试验(单位:mm)

在测定坍落度的同时,应检验混凝土的黏聚性及保水性。黏聚性的检查方法是用捣棒在已坍落的拌合物锥体一侧轻打,若轻打时锥体渐渐下沉,表示黏聚性良好;如果锥体突然倒塌、部分崩裂或发生石子离析,则表示黏聚性不好。

保水性以混凝土拌合物中稀浆析出的程度评定。提起坍落筒后,如有较多稀浆从底部析出,拌合物锥体因失浆而集料外露,表示拌合物保水性不好。如提起坍落筒后,无稀浆析出或仅有少量稀浆自底部析出,混凝土锥体含浆饱满,则表示混凝土拌合物保水性良好。

对于干硬性混凝土拌合物,采用维勃稠度(VB)作为和易性指标,用维勃稠度仪测定。将混凝土拌合物按标准方法装入维勃仪容量桶的坍落筒内;缓慢垂直提起坍落筒,将透明圆盘置于拌合物锥体顶面;启动振动台,用秒表测出拌合物受振摊平、振实、透明圆盘的底面完全为水泥浆布满所经历的时间(以s计),即为维勃稠度,也称工作度。维勃稠度代表拌合物振实所需的能量。时间越短,表明拌合物越易被振实。它能较好地反映混凝土拌合物在振动作用下便于施工的性能。

3）影响混凝土拌合物和易性的因素

影响拌合物和易性的因素很多，主要有水泥浆含量、水泥浆的稀稠、含砂率的大小、原材料的种类及外加剂等。

(1) 含浆量的影响。在水泥浆稀稠不变，也即混凝土的用水量与水泥用量之比（水灰比）保持不变的条件下，单位体积混凝土内水泥浆含量越多，拌合物流动性越大。拌合物中除必须有足够的水泥浆包裹集料颗粒之外，还需要有足够的水泥浆以填充砂、石集料的空隙并使集料颗粒之间有足够厚度的润滑层，以减少集料颗粒之间的摩阻力，使拌合物有一定的流动性。但若水泥浆过多，集料不能将水泥浆很好地保持在拌合物内，混凝土拌合物将会出现流浆、泌水现象，使拌合物的黏聚性及保水性变差。这不仅增加水泥用量，而且还会对混凝土强度和耐久性产生不利影响。因此，混凝土内水泥浆含量以使混凝土拌合物达到要求的流动性为准，不应任意加大。

(2) 含砂率的影响。混凝土含砂率（简称砂率）是指砂的用量占砂、石总用量（按体积计或按质量计）的百分数。混凝土中的砂浆应包裹石子颗粒并填满石子空隙。砂率过小，砂浆量不足，不能在石子周围形成足够的砂浆润滑层，将降低拌合物的流动性。更主要的是严重影响混凝土拌合物的黏聚性及保水性，使石子分离、水泥浆流失，甚至出现溃散现象。砂率过大，石子含量相对过少，集料的空隙及总表面积都较大，在水灰比及水泥用量一定的条件下，混凝土拌合物显得干稠，流动性显著降低；在保持混凝土流动性不变的条件下，会使混凝土的水泥浆用量显著增大。因此，混凝土含砂率不能过小，也不能过大，应取合理砂率。合理砂率是在水灰比及水泥用量一定的条件下，使混凝土拌合物保持良好的黏聚性和保水性，并获得最大流动性的含砂率。也即在水灰比一定的条件下，当混凝土拌合物达到要求的流动性，而且具有良好的黏聚性及保水性时，水泥用量最省的含砂率。

(3) 水泥浆稀稠的影响。在水泥品种一定的条件下，水泥浆的稀稠取决于水灰比的大小。当水灰比较小时，水泥浆较稠，拌合物黏聚性较好，泌水较少，但流动性较小；相反，水灰比较大时，拌合物流动性较大，但黏聚性较差，泌水较多。当水灰比小至某一极限值以下，拌合物过于干稠，在一般施工方法下混凝土不能被浇筑密实。当水灰比大于某一极限值时，拌合物将产生严重离析、泌水现象，影响混凝土质量。因此，为了使混凝土拌合物能够成型密实，所采用的水灰比值不能太小，为了保证混凝土拌合物具有良好的黏聚性，所采用的水灰比值也不能过大。普通混凝土常用水灰比一般在 0.40~0.75 的范围内。在常用水灰比范围内，当混凝土中用水量一定时，水灰比在小的范围内变动对混凝土流动性影响不大，这称为"需水量定值"或"恒定用水量定值"。其原因是，当水灰比较小时，虽然水泥浆较稠，混凝土流动性较小，但黏聚性较好，可采用较小的砂率值。这样，由于含砂率减小而增大的流动性可补偿由于水泥浆较稠而减少的流动性。当水灰比较大时，为了保证拌合物的黏聚性，需采用较大的砂率值。这样，水泥浆较稀所增大的流动性将被含砂率增大而减小的流动性所抵消。因此，当混凝土单位用水量一定时，水泥用量在 50~100kg/m³ 之间变动时，混凝土的流动性将基本不变。

(4) 其他因素的影响。除上述影响因素外，拌合物和易性还受水泥品种、掺合料品种及掺量、集料种类、粒形及级配、混凝土外加剂以及混凝土搅拌工艺和环境温度等条件的影响。

水泥需水量大者，拌合物流动性较小。使用矿渣水泥时，混凝土保水性较差。使用火山灰水泥时，混凝土黏聚性较好，但流动性较小。

掺合料的品质及掺量对拌合物的和易性有很大影响，当掺入优质粉煤灰时，可改善拌合物的和易性。掺入质量较差的粉煤灰时,往往使拌合物流动性降低。

粗集料的颗粒较大,粒形较圆、表面光滑、级配较好时,拌合物流动性较大。使用粗砂时,拌合物黏聚性及保水性较差;使用细砂及特细砂时,混凝土流动性较小。混凝土中掺入某些外加剂,可显著改善拌合物的和易性。

拌合物的流动性还受气温高低、搅拌工艺以及搅拌后拌合物停置时间的长短等施工条件影响。对于掺用外加剂及掺合料的混凝土,这些施工因素的影响更为显著。

4)混凝土拌合物和易性的选择

工程中选择新拌混凝土和易性时,应根据施工方法、结构构件截面尺寸大小、配筋疏密等条件,并参考有关资料及经验等来确定。对截面尺寸较小、配筋复杂的构件,或采用人工插捣时,应选择较大的坍落度。反之,对无筋厚大结构、钢筋配制稀疏易于施工的结构,尽可能选用较小的坍落度,以减少水泥浆用量。塑性、低塑性混凝土拌合物在浇筑时的坍落度,宜参照表4.3.1选用。

塑性、低塑性混凝土坍落度选用值(mm)　　　　表4.3.1

混凝土种类	坍落度
素混凝土	10~40
配筋率不超过1.5%的钢筋混凝土、预应力混凝土	50~70
配筋率超过1.5%的钢筋混凝土、预应力混凝土	70~90

当施工工艺采用混凝土泵输送新拌混凝土时,则应根据施工工艺选择相应的新拌混凝土流动性,通常泵送混凝土要求坍落度为120~180mm。

正确选择新拌混凝土的坍落度,对于保证混凝土的施工质量及节约水泥具有重要意义。在选择坍落度时,原则上应在不妨碍施工操作并能保证振捣密实的条件下,尽可能采用较小的坍落度,以节约水泥并获得质量较好的混凝土。

4.3.2 混凝土的强度

混凝土的强度包括抗压强度、抗拉强度、抗弯强度和抗剪强度等,其中抗压强度最大,故混凝土主要用来承受压力。

1)混凝土的抗压强度

(1)混凝土的立方体抗压强度与强度等级。按照国家标准《普通混凝土力学性能试验方法标准》(GB/T 50081—2002),制作边长为150mm的立方体试件,在标准(养护温度20℃±2℃、相对湿度95%以上)条件下,养护至28d龄期,用标准试验方法测得的极限抗压强度,称为混凝土标准立方体抗压强度,以f_{cu}表示。按《混凝土结构设计规范》(GB 50010—2010)的规定,在立方体极限抗压强度总体分布中,具有95%强度保证率的立方体试件抗压强度,称为混凝土立方体抗压强度标准值(以MPa即N/mm^2计),以$f_{cu,k}$表示。

混凝土强度等级按混凝土立方体抗压强度标准值划分为C15、C20、C25、C30、C35、C40、C45、C50、C55、C60、C65、C70、C75、C80 14个等级。例如,强度等级C25表示立方体抗压强度标准值为25MPa,亦即混凝土立方体抗压强度≥25MPa的概率在95%以上。预应力混凝土结构的混凝土强度等级不小于C30。

测定混凝土立方体试件抗压强度,也可以按粗集料最大粒径的尺寸选用不同的试件尺寸。但在计算其抗压强度时,应乘以换算系数。选用边长为100mm的立方体试件,换算系数为0.95,边长为200mm的立方体试件,换算系数为1.05。

采用标准试验方法在标准条件下测定混凝土的强度是为了使不同地区不同时间的混凝土具有可比性,在实际的混凝土工程中,为了说明某工程中混凝土实际达到的强度,常把试块放在与该工程相同的环境养护(简称同条件养护),按需要的龄期进行测试,作为现场混凝土质量控制的依据。

(2)混凝土棱柱体抗压强度(轴心抗压强度)。按棱柱体抗压强度的标准试验方法,制成边长为150mm×150mm×300mm的标准试件,在标准条件下养护28d,测其抗压强度,即为棱柱体的抗压强度(f_{ck}),通过实验分析,$f_{ck} \approx 0.67 f_{cu,k}$。

(3)影响混凝土抗压强度的因素。影响混凝土抗压强度的因素很多,包括原材料的质量、材料之间的比例关系(水灰比、集料级配)、施工方法(拌和、运输、浇筑、养护)及试验条件(龄期、试件形状与尺寸、试验方法、湿度及温度)等。

①水泥强度等级和水灰比。水泥是混凝土中的活性组分,其强度的大小直接影响着混凝土强度的高低。在配合比相同的条件下,所用的水泥强度等级越高,配制的混凝土强度也越高,当用同一种水泥(品种及强度等级相同)时,混凝土的强度主要取决于水灰比,水灰比越大,混凝土的强度越低。这是因为水泥水化时所需的化学结合水,一般只占水泥质量的23%左右,但在实际拌制混凝土时,为了获得必要的流动性,常需要加入较多的水(占水泥质量的40%~70%)。多余的水分残留在混凝土中形成水泡,蒸发后形成气孔,使混凝土密实度降低,强度下降。水灰比大,则水泥浆稀,硬化后的水泥石与集料黏结力差,混凝土的强度也越低。但是,如果水灰比过小,拌合物过于干硬,在一定的捣实成型条件下,无法保证浇筑质量,混凝土中将出现较多的蜂窝、空洞,强度也将下降,试验证明,混凝土强度随水灰比的增大而降低,呈曲线关系,混凝土强度和灰水比的关系,则呈直线关系,见图4.3.2。

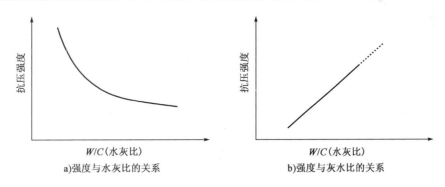

图4.3.2 混凝土强度与水灰比及灰水比的关系

应用数理统计方法,对于以水泥为胶凝材料的塑性混凝土,水泥的强度、水灰比、混凝土强度之间的线性关系也可用以下经验公式(强度公式)表示:

$$f_{cu} = \alpha_a f_{ce} \left(\frac{C}{W} - \alpha_b \right) \tag{4.3.1}$$

式中:f_{cu}——28d混凝土立方体抗压强度,MPa;

f_{ce}——28d水泥抗压强度实测值,MPa;

α_a、α_b——回归系数,与集料品种、水泥品种等因素有关;

C/W——灰水比,即1m³混凝土中水泥与水用量之比,其倒数即是水灰比。

一般水泥厂为了保证水泥的出厂强度等级,其实际强度往往比其强度等级要高。当无法取得水泥28d抗压强度实测值时,可用下式表示:

$$f_{ce} = \gamma_c f_{ce,g} \tag{4.3.2}$$

式中:$f_{ce,g}$——水泥强度等级值,MPa;

γ_c——水泥强度等级值的富余系数,可按实际统计资料确定;无资料时,当水泥强度等级值为32.5、42.5、52.5时,γ_c分别取1.12、1.16、1.10。

f_{ce}值也可根据3d强度或快测强度推定28d强度关系式推定得出。

强度公式适用于塑性混凝土和低塑性混凝土,不适用于干硬性混凝土。对塑性混凝土而言,只有在原材料相同、工艺措施相同的条件下,α_a、α_b才可视为常数。因此,必须结合工地的具体条件,如施工方法及材料的质量等,进行不同水灰比的混凝土强度试验,求出符合当地实际情况的α_a、α_b,这样既能保证混凝土的质量,又能取得较好的经济效果。若无试验条件,可按《普通混凝土配合设计规程》(JGJ 55—2011)提供的经验数值:采用碎石时α_a = 0.53,α_b = 0.20;采用卵石时,α_a = 0.49,α_b = 0.13。

强度公式可解决两个问题:一是混凝土配合比设计时,估算应采用的C/W值;二是混凝土强度质量控制过程中,估算混凝土28d可以达到的抗压强度。

②集料的种类与级配。集料中有害杂质过多且品质低劣时,将降低混凝土的强度。集料表面粗糙,则与水泥石黏结力较大,混凝土强度高。集料级配良好、砂率适当,能组成密实的骨架,混凝土强度也较高。

③混凝土外加剂与掺合料。在混凝土中掺入早强剂可提高混凝土早期强度;掺入减水剂可提高混凝土强度;胶凝材料中掺入一些掺合料,可配制高强度混凝土。

④养护温度和湿度。混凝土浇筑成型后,所处的环境温度对混凝土的强度影响很大。混凝土的硬化,在于水泥的水化作用,周围温度升高,水泥水化速度加快,混凝土强度发展也就加快。反之,温度降低时,水泥水化速度降低,混凝土强度发展将相应迟缓。当温度降至冰点以下时,混凝土的强度停止发展,并且由于孔隙内水分结冰而引起膨胀,使混凝土的内部结构遭受破坏。混凝土早期强度低,更容易冻坏。湿度适当时,水泥水化能顺利进行,混凝土强度得到充分发展。如果湿度不够,会影响水泥水化作用的正常进行,甚至停止水化。这不仅严重降低混凝土的强度,而且水化作用未能完成,使混凝土结构疏松,渗水性增大,或形成干缩裂缝,从而影响其耐久性。

因此,混凝土成型后一定时间内,必须保持周围环境有一定的温度和湿度,使水泥充分水化,以保证获得较好质量的混凝土。

⑤硬化龄期。混凝土在正常养护条件下,其强度将随着龄期的增长而增长。最初7~14d内,强度增长较快,28d达到设计强度,以后增长缓慢。但若保持足够的温度和湿度,强度的增长将延续几十年。普通水泥制成的混凝土,在标准条件下,混凝土强度的发展大致与其龄期的对数成正比关系(龄期不小于3d),如下式所示:

$$f_n = f_{28} \frac{\lg n}{\lg 28} \tag{4.3.3}$$

式中:f_n——$n(n \geq 3)$d龄期混凝土的抗压强度,MPa;

f_{28}——28d龄期混凝土的抗压强度,MPa。

⑥施工工艺。混凝土的施工工艺包括配料、拌和、运输、浇筑、养护等工序,每一道工序对

其质量都有影响。若配料不准确,误差过大,搅拌不均匀,拌合物运输过程中产生离析,振捣不密实,养护不充分等均会降低混凝土强度。因此,在施工过程中,一定要严格遵守施工规范,确保混凝土的强度。

2)混凝土的抗拉强度

混凝土在直接受拉时,很小的变形就会开裂,它在断裂前没有残余变形,是一种脆性破坏。混凝土的抗拉强度一般为抗压强度的 1/10 ~ 1/15。我国采用立方体(国际上多用圆柱体)的劈裂抗拉试验来测定混凝土的抗拉强度,称为劈裂抗拉强度 $f_{st}^{劈}$,劈裂抗拉强度 $f_{st}^{劈}$ 可近似地用下式表示(精确至 0.01MPa):

$$f_{st}^{劈} = \frac{2P}{\pi A} = 0.637 \frac{P}{A} \tag{4.3.4}$$

式中:P——试件破坏荷载,N;
　　　A——试件劈裂面面积,mm^2。

抗拉强度对于开裂现象有重要意义,在结构设计中抗拉强度是确定混凝土抗裂度的重要指标。对于某些工程结构,在对混凝土提出抗压强度要求的同时,还应提出抗拉强度要求。

4.3.3 混凝土的抗裂性

1)混凝土产生裂缝的原因

混凝土的开裂主要是由于混凝土中拉应力超过了抗拉强度,或者说是由于拉伸应变达到或超过了极限拉伸值而引起的。

混凝土的干缩、降温冷缩及自身体积收缩等收缩变形,受到基础及周围环境的约束(称此收缩为限制收缩),在混凝土内引起拉应力,并可能引起混凝土的裂缝。例如配筋较多的大尺寸板梁结构、与基础嵌固很牢的路面或建筑物底板、在老混凝土间填充的新混凝土等。混凝土内部温度升高或因膨胀剂作用,使混凝土产生膨胀变形,当膨胀变形受外部混凝土约束时,对外部混凝土也会引起裂缝。

大体积混凝土发生裂缝的原因有温度应力和干缩性两方面。此外,结构物受荷过大或施工方法欠合理以及结构物基础不均匀沉陷等都可能导致混凝土开裂。

2)提高混凝土抗裂性的主要措施

(1)选择适当的水泥品种。火山灰水泥干缩率大,对混凝土抗裂不利。粉煤灰水泥水化热低、干缩较小、抗裂性较好。选用 C_3S 及 C_3A 含量较低、C_2S 及 C_4AF 含量较高或早期强度稍低后期强度增长率高的硅酸盐水泥或普通水泥时,混凝土的弹性模量较低、极限拉伸值较大,有利于提高混凝土抗裂性。

(2)选择适当的水灰比。水灰比过大的混凝土,强度等级较低,极限拉伸值过小,抗裂性较差;水灰比过小,水泥用量过多,混凝土发热量过大,干缩率增大,抗裂性也会降低。因此,对于大体积混凝土,应取适当强度等级且发热量低的混凝土。对于钢筋混凝土结构,提高混凝土极限拉伸值可以增大结构抗裂度,故混凝土强度等级不应过低。

(3)可用多棱角的石灰岩碎石及人工砂作混凝土集料。采用碎石集料与采用天然河卵石集料相比,可使混凝土极限拉伸值显著提高。

(4)适当掺入优质粉煤灰或硅灰。在水灰比不变的条下,采用等量取代法掺入适量优质粉煤灰时,混凝土的极限拉伸值虽然有一些下降,但其发热量显著减少。试验证明,当掺量适当时,混凝土的抗裂性也会提高。

混凝土中掺入适量硅灰,可显著提高混凝土抗拉强度及极限拉伸值,故能提高混凝土抗裂性。

(5)掺入减水剂及引气剂。在混凝土强度不变的条件下,掺入减水剂及引气剂,可减少混凝土水泥用量,并可改善混凝土的结构,从而显著提高混凝土极限拉伸值。

(6)加强质量控制,提高混凝土均匀性。调查研究发现,混凝土均质性越差,建筑物裂缝发生率越高。故加强质量管理,减少混凝土离差系数,可提高抗裂性。

(7)加强养护。充分保湿或水中养护混凝土可减缓混凝土干缩,并可提高极限拉伸,故可提高混凝土抗裂性。对于掺有粉煤灰的混凝土以及早期强度增长较慢的混凝土,更应加强养护。对于大体积混凝土,用保温材料对混凝土进行表面保护,可有效地防止混凝土浇筑初期发生的表面裂缝。

4.3.4 混凝土的耐久性

硬化后的混凝土除了具有设计要求的强度外,还应具有与所处环境相适应的耐久性。混凝土的耐久性是指混凝土抵抗环境条件的长期作用,并保持其稳定良好的使用性能和外观完整性,从而维持混凝土结构安全、正常使用的能力。

1)混凝土的耐久性

混凝土的耐久性是一个综合性概念,包括抗渗、抗冻、抗侵蚀、抗碳化、抗磨、抗碱-集料反应等性能。

(1)混凝土的抗渗性

抗渗性是指混凝土抵抗压力水、油等液体渗透的性能。混凝土的抗渗性主要与其密实性及内部孔隙的大小和构造有关。

混凝土的抗渗性用抗渗等级(P)表示,即以28d龄期的标准试件,按标准试验方法进行试验时所能承受的最大水压力(MPa)来确定。混凝土的抗渗等级可划分为P4、P6、P8、P10、P12等五个等级,相应表示混凝土抗渗试验时一组6个试件中4个试件未出现渗水时的最大水压力分别为0.4MPa、0.6MPa、0.8MPa、1.0MPa、1.2MPa。

提高混凝土抗渗性能的措施有提高混凝土的密实性、改善空隙构造、减少渗水通道、减小水灰比、掺加引气剂、选用适当品种的水泥、混凝土振捣密实和养护充分等。

水运工程混凝土的抗渗等级,应根据结构所承受的水压力大小、水力梯度、水质条件和渗透水的危害程度等因素确定,且不得低于表4.3.2的规定值。

混凝土抗渗等级选用标准 表4.3.2

最大作用水头与混凝土壁厚之比	<5	5~10	10~15	15~20	≥20
抗渗等级	P4	P6	P8	P10	P12

(2)混凝土的抗冻性

混凝土的抗冻性是指混凝土在水饱和状态下能经受多次冻融循环而不破坏,同时强度也不严重降低的性能。混凝土受冻后,混凝土中水分受冻结冰,体积膨胀,当膨胀力超过其抗拉强度时,混凝土将产生微细裂缝,反复冻融使裂缝不断扩展,混凝土强度降低甚至破坏,影响建筑物的安全。抗冻性是水运工程混凝土耐久性的一个重要性能。

混凝土的抗冻性以抗冻等级(F)表示。抗冻等级按 28d 龄期的试件用抗冻试验方法测定,分为 F100、F150、F200、F250、F300、F350 六个等级,相应表示混凝土抗冻性试验能经受 100、150、200、250、300、350 次的冻融循环。

影响混凝土抗冻性能的因素主要有水泥品种、强度等级、水灰比、集料的品质等。提高混凝土抗冻性的最主要的措施是:提高混凝土密实度,减小水灰比,掺加外加剂,严格控制施工质量,注意捣实,加强养护等。

混凝土抗冻等级应根据工程所处环境及工作条件,按《水运工程混凝土结构设计规范》(JTS 151—2011)选择,见表4.3.3。

混凝土抗冻等级选用标准　　　　　　　　　　　表4.3.3

建筑物所在地区	海水环境		淡水环境	
	钢筋混凝土和预应力混凝土	素混凝土	钢筋混凝土和预应力混凝土	素混凝土
严重受冻地区(最冷月平均气温低于-8℃)	F350	F300	F250	F200
受冻地区(最冷月平均气温在-4～-8℃)	F300	F250	F200	F150
微冻地区(最冷月平均气温在0～-4℃)	F250	F200	F150	100

(3)混凝土的抗侵蚀性

混凝土在外界侵蚀性介质(软水,含酸、盐水等)作用下,结构受到破坏,强度降低的现象称为混凝土的侵蚀。混凝土侵蚀的原因主要是外界侵蚀性介质对水泥石中的某些成分(氢氧化钙、水化铝酸钙等)产生破坏作用所致。

水运工程混凝土经常处于海洋环境,在潮汐、波浪、雾气作用下,海水中氯离子通过混凝土中施工产生的空洞、空隙和混凝土结构不可避免的孔隙渗透到混凝土中,对混凝土中钢筋产生腐蚀。钢筋锈蚀发生体积膨胀,当钢筋锈蚀体积膨胀足以破坏混凝土保护层时,混凝土保护层就会开裂、脱落,使钢筋直接接触海洋环境,钢筋锈蚀进一步加剧,直至构件完全破坏。抗氯离子渗透性是水运工程混凝土耐久性的一个重要性能。

《水运工程混凝土施工规范》(JTS 202—2011)规定:海港工程浪溅区采用普通混凝土时的抗氯离子渗透性不应大于2000C,采用高性能混凝土时的抗氯离子渗透性不应大于1000C。

(4)混凝土的抗磨性及抗气蚀性

磨损、冲击与气蚀破坏,是水工建筑物常见的病害之一。当高速水流中挟带砂、石等磨损介质时,这种现象更为严重。因此,水利工程要有较高的抗磨性及抗气蚀性。

提高混凝土抗磨性及抗气蚀性的主要途径是:选用坚硬耐磨的集料,选硅酸三钙含量较多的高强度硅酸盐水泥,掺入适量的硅灰和高效减水剂以及适量的钢纤维;采用强度等级 C50 以上的混凝土;集料最大粒径不大于 20mm;改善建筑物的体型;控制和处理建筑物表面的不平整度等。

(5)混凝土的碳化

混凝土的碳化作用是空气中二氧化碳与水泥石中的氢氧化钙作用,生成碳酸钙和水。碳化过程是二氧化炭由表及里向混凝土内部逐渐扩散的过程。在硬化混凝土空隙中,充满了饱和氢氧化钙,使钢筋表面产生一层难溶的三氧化二铁和四氧化三铁薄膜,它能防止钢筋锈蚀。碳化引起水泥石化学组分发生变化,使混凝土碱度降低,减弱了对钢筋的保护作用导致钢筋侵蚀。碳化还将显著增加混凝土的收缩,降低混凝土抗拉、抗弯强度。但碳化可使混凝土抗压强度增大,其原因是碳化放出的水分有助于水泥的水化作用,而且碳酸钙减少了水泥石内部的空隙。但对于混凝土结构工程而言,碳化作用造成的危害远远大于抗压强度的提高。

提高混凝土抗碳化能力的措施有:减小水灰比,掺入减水剂或引气剂,保证混凝土保护层的厚度及质量,充分湿养护等。

(6)混凝土的碱集料反应

混凝土的碱-集料反应,是指水泥中的碱(Na_2O 和 K_2O)与集料中的活性 SiO_2 发生反应,使混凝土发生不均匀膨胀,造成裂缝、强度下降等不良现象,从而威胁建筑物安全。常见的有碱-氧化硅反应、碱-硅酸盐反应、碱-碳酸盐反应三种类型。

防止碱-骨料反应的措施有:采用低碱水泥(Na_2O 含量小于 0.6%)并限制混凝土总碱量不超过 3.0kg/m^3;掺入活性混合料;掺用引气剂和不用含活性二氧化硅的集料;保证混凝土密实性和重视建筑物排水,避免混凝土表面积水和接缝存水。

2)提高混凝土耐久性的主要措施

(1)严格控制水灰比。水灰比的大小是影响混凝土密实性的主要因素,为保证混凝土耐久性,必须严格控制水灰比。有关规范根据工程条件,规定了水灰比最大允许值和最小水泥用量。

(2)混凝土所用材料的品质应符合规范的要求。

(3)合理选择集料级配。可使混凝土在保证和易性要求的条件下,减少水泥用量,并有较好的密实性。这样不仅有利于混凝土耐久性,而且也较经济。

(4)掺用减水剂及引气剂。可减少混凝土用水量及水泥用量,改善混凝土孔隙构造。这是提高混凝土抗冻性及抗渗性的有力措施。表4.3.4为混凝土含气量选择范围。

混凝土含气量选择范围 表4.3.4

集料最大粒径(mm)	10.0	20.0	25.0	31.5	40.0	63.0
含气量(%)	5.0~8.0	4.0~7.0	3.5~7.0	3.5~6.5	3.0~6.0	3.0~5.0

注:泵送混凝土含气量应控制在 5.0%~7.0%。

(5)控制混凝土拌合物中氯离子含量。混凝土拌合物中氯离子最高含量满足表4.3.5规定。

混凝土拌合物氯离子最高限值 表4.3.5

环 境 条 件	预应力混凝土	钢筋混凝土	素混凝土
海水环境	0.06	0.10	1.30
淡水环境	0.06	0.30	1.30

注:混凝土拌合物氯离子的最高限值以胶凝材料质量百分比计。

(6)保证混凝土施工质量。在混凝土施工中,应做到搅拌透彻、浇筑均匀、振捣密实、加强养护,以保证混凝土耐久性。

4.3.5 高性能混凝土的性能特点

作为海港混凝土结构,防止氯盐渗入引起钢筋锈蚀的研究一直是混凝土工程界高度重视的课题,除严格控制保护层厚度、采用多种外加防腐蚀措施以外,提高混凝土自身的密实程度与抵抗环境介质侵蚀能力是保证混凝土结构耐久性的首要措施。当前对混凝土性能的认识已经由过多考虑混凝土的强度,转向满足一定强度要求的同时,更加强调混凝土的低渗透性、体积稳定性和良好的可施工性的综合性能均衡发展,即海工高性能混凝土技术。

1) 定义

高性能混凝土是通过优质水泥、级配良好的优质集料、优质掺合料和高效减水剂合理的配置,在常温下采用常规工艺而配制出的具有较高的强度、良好的工作性能、优异的耐久性能和较好的尺寸稳定性的混凝土。

长期海洋暴露试验结果证明,降低混凝土水胶比(水与胶凝材料之比)和使用活性掺合料可显著降低混凝土的氯离子扩散系数,增强混凝土的抗氯离子渗透能力,从而提高混凝土的耐久性。因此,降低水胶比和掺加活性掺合料,是配制高耐久性海工高性能混凝土的有效技术手段。

2) 性能特点

与传统混凝土相比,海洋环境下的高性能混凝土需要着重考虑混凝土的耐久性能,同时应兼顾混凝土的体积稳定性、物理力学性能和工作性能。

(1) 工作性能

高性能混凝土施工条件复杂,对施工性能要求较高,因此与普通混凝土相比,需要具备更好的工作性,要求坍落度损失小、泌水小、不离析,具有良好的流动性能,适用于泵送混凝土、水下混凝土施工。

(2) 物理力学性能

高性能混凝土并非高强混凝土,一般混凝土强度等级在C45以上。其抗拉强度、拉压比、弹性模量与同强度普通混凝土相近。

(3) 耐久性能

耐久性是高性能混凝土最重要的性能之一,是提高混凝土结构抵抗外界侵蚀能力的重要体现,也是区别于普通混凝土的最重要技术特征。

高性能混凝土密实性好,抗各种侵蚀性介质的渗透能力强,特别具有优异的抗氯离子渗透性能。目前对高性能混凝土抗氯离子渗透性能的测试方法较多,主要采用电通量、RCM非稳态快速氯离子迁移系数和盐水浸泡氯离子扩散系数等试验方法。掺加掺合料的高性能混凝土比普通混凝土具有更优异的抗冻融性能,抗冻融指标可达到F1000以上。

(4) 体积稳定性能

高性能混凝土由于掺入了大量的掺合料,可明显降低混凝土的水化热,减小混凝土的绝热温升,有利于混凝土浇筑后的温度控制。而高性能混凝土的收缩率值与普通混凝土相比相差不大。掺加粉煤灰、矿渣粉、硅灰等掺合料对高性能混凝土的收缩性能无负面影响。物理力学性能和热工性能研究分析证明,高性能混凝土具有较好的体积稳定性。

4.4 混凝土的外加剂

在拌制混凝土过程中掺入的不超过水泥质量的5%(特殊情况除外),且能使混凝土按需要改善某些性能的物质,称为混凝土外加剂。

混凝土外加剂的种类很多,根据国家标准,混凝土外加剂有高性能减水剂(早强型、标准型、缓凝型)、高效减水剂(标准型、缓凝型)、普通减水剂(早强型、标准型、缓凝型)、引气减水剂、泵送剂、早强剂、缓凝剂及引气剂等八类。本节着重介绍工程中常用的各种减水剂、引气剂、早强剂、缓凝剂。

混凝土外加剂的主要功能：

(1)改善混凝土或砂浆拌合物施工时的和易性。

(2)提高混凝土或砂浆的强度和其他物理力学性能。

(3)节约水泥或代替特种水泥。

(4)加速混凝土或砂浆的早期强度发展。

(5)调节混凝土或砂浆的凝结硬化速度。

(6)调节混凝土或砂浆的含气量。

(7)降低水泥初期水化热或延缓水化发热。

(8)改善拌合物的泌水性。

(9)提高混凝土或砂浆耐各种侵蚀性盐类的腐蚀性。

(10)减弱碱-集料反应。

(11)改善混凝土或砂浆的毛细孔结构。

(12)改善混凝土泵送性。

(13)提高钢筋的抗锈蚀能力。

(14)提高集料与砂浆界面的黏结力,提高混凝土与钢筋的握裹力。

(15)提高新老混凝土界面的黏结力。

4.4.1 减水剂

减水剂是混凝土外加剂中最重要的品种,指在混凝土坍落度基本相同的条件下,能减少拌和用水量的外加剂。按减水能力及其兼有的功能可分为普通减水剂(以木质素磺酸盐类为代表)、高效减水剂(包括奈系、密胺系、氨基磺酸盐系、脂肪族系等)、高性能减水剂(以聚羧酸系高性能减水剂为代表)。减水剂多为亲水性表面活性剂。

1)减水剂的作用机理(图4.4.1)及使用效果

水泥加水拌和后,会形成絮凝结构,流动性很低。掺有减水剂时,减水剂分子吸附在水泥颗粒表面,其亲水基团携带大量水分子,在水泥颗粒周围形成一定厚度的吸附水层,增大了水泥颗粒间的滑动性。当减水剂为离子型表面活性剂时,还能使水泥颗粒表面带上同性电荷,在电性斥力作用下,水泥粒子相互分散,上述作用使水泥浆体呈溶胶结构。而在常规搅拌的混凝土拌合物中,有相当多的水泥颗粒呈絮凝结构(当水灰比较小时,絮凝结构更多),加入减水剂后,水泥浆体呈溶胶结构,混凝土流动性可显著增大,这就是减水剂对水泥粒子的分散作用。

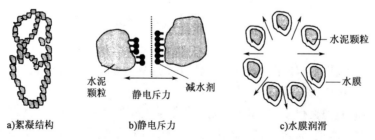

图4.4.1 减水剂作用机理示意图

减水剂还使溶液的表面张力降低,在机械搅拌作用下使浆体内引入部分气泡。这些微细气泡有利于水泥浆流动性的提高。此外,减水剂对水泥颗粒的润湿作用,可使水泥颗粒的早期水化作用比较充分。

总之,减水剂在混凝土中改变了水泥浆体流变性能,进而改变了水泥混凝土结构,起到了改善混凝土性能的作用。

根据使用条件的不同,混凝土掺用减水剂后可以产生以下三方面的效果:

(1)在配合比不变的条件下,可增大混凝土拌合物的流动性,且不降低混凝土的强度。

(2)在保持流动性及水灰比不变的条件下,可以减少用水量及水泥用量,以节约水泥。

(3)在保持流动性及水泥用量不变的条件下,可以减少用水量,从而降低水灰比,使混凝土的强度与耐久性得到提高。

2)常用减水剂

减水剂是使用最广泛和效果最显著的一种外加剂,目前普通减水剂使用较少,高效减水剂、高性能减水剂广泛应用。这些常用减水剂的性能见表4.4.1。

常用减水剂品种及性能 表4.4.1

减水剂类别	普通减水剂		高效减水剂		高性能减水剂
主要品种	木质素磺酸盐类(木钙、木钠、木镁)	糖蜜类(3FG、TF、ST)	奈系(NNO、NF、UNF、FDN、JN、MF、建1等)	树脂系(SM、CRS等)	聚羧酸系(HSP-V早强型、标准型、缓凝型)
主要成分	木质素磺酸盐	糖渣、废蜜经石灰水中和而成	芳香族磺酸盐甲醛缩合物	三聚氢胺树脂磺酸钠(SM)、古玛隆-茚树脂磺酸钠(CRS)	聚羧酸
适宜掺量(占水泥质量%)	0.2~0.3	0.2~0.3	0.2~1.0	0.5~2.0	0.7~1.5
减水率(%)	10左右	6~10	15~25	20~30	25~40
早强效果	—	—	明显	显著	有早强型
缓凝效果	1~3h	3h以上	—	—	有缓凝型
引气效果	1%~2%	—	一般为非引气型,部分品种引气<2%	<2%	1.0%~6.0%

3)减水剂的使用

混凝土减水剂的掺加方法,有"同掺法"、"后掺法"及"滞水掺入法"等。所谓同掺法,即是将减水剂溶解于拌和用水,并与拌和用水一起加入到混凝土拌合物中。所谓后掺法,就是在混凝土拌合物运到浇筑点后,再掺入减水剂或再补充掺入部分减水剂,并再次搅拌后进行浇筑。所谓滞水掺入法,是在混凝土拌合物已经加水搅拌1~3min后,再加入减水剂,并继续搅拌到规定的拌和时间。

混凝土拌合物的流动性一般随停放时间的延长而降低,这种现象称为坍落度损失。采用后掺法或滞水掺入法,可减小坍落度损失,也可减少外加剂掺用量,提高经济效益。

4.4.2 引气剂

引气剂是在混凝土搅拌过程中能引入大量独立的、均匀分布、稳定而封闭的小气泡,且在硬化后能保留在其中的外加剂。按其化学成分分为松香树脂类、烷基苯磺酸盐类及脂肪醇磺酸盐类三大类,其中以松香树脂类应用最广,主要有松香热聚物和松香皂两种。

松香热聚物是由松香、硫酸、苯酚(石炭酸)在较高温度下进行聚合反应,再经氢氧化钠中和而成的物质。松香皂是将松香加入煮沸的氢氧化钠溶液中经搅拌、溶解、皂化而成,其主要成分为松香酸钠。目前,松香热聚物是工程中最常使用和效果最好的引气剂品种之一。

引气剂属于憎水性表面活性剂,其活性作用主要发生在水-气界面上。溶于水中的引气剂掺入新拌混凝土后,能显著降低水的表面张力,使水在搅拌作用下,容易引入空气形成许多微小的气泡。由于引气剂分子定向在气泡表面排列而形成一层保护膜,且因该膜能够较牢固地吸附着某些水泥水化物而增加了膜层的厚度和强度,使气泡膜壁不易破裂。

掺入引气剂,混凝土中产生的气泡大小均匀,直径在 20~1000μm 之间,大多在 200μm 以下。气泡形成的数量与加入引气剂的品种、性能和掺量有关。大量微细气泡的存在,对混凝土性能产生很大影响,主要体现在以下几个方面:

(1)有效改善新拌混凝土的和易性。在新拌混凝土中引入的大量微小气泡,相对增加了水泥浆体积,而气泡本身起到了轴承滚珠的作用,使集料颗粒间摩擦阻力减小,从而提高了新拌混凝土的流动性。同时,由于某种原因水分被均匀地吸附在气泡表面,使其自由流动或聚集趋势受到阻碍,从而使新拌混凝土的泌水率显著降低,黏聚性和保水性明显改善。

(2)显著提高混凝土的抗渗性和抗冻性。混凝土中大量微小气泡的存在,不仅可堵塞或隔断混凝土中的毛细管渗水通道,而且由于保水性的提高,也减少了混凝土内水分聚集造成的水囊孔隙,因此,可显著提高混凝土的抗渗性。此外,由于大量均匀分布的气泡具有较高的弹性变形能力,它可有效地缓冲孔隙中水分结冰时产生的膨胀应力,从而显著提高混凝土的抗冻性。

(3)变形能力增大,但强度及耐磨性有所降低。掺入引气剂后,混凝土中大量气泡的存在,可使其弹性模量略有降低,弹性变形能力有所增大,这对提高其抗裂性是有利的。但是,也会使其变形有所增加。

由于混凝土中大量气泡的存在,其孔隙率增大和有效面积减小,使其强度及耐磨性有所降低。通常,混凝土中含气量每增加1%,其抗压强度可降低4%~6%,抗折强度可降低2%~3%。为防止混凝土强度的显著下降,应严格控制引气剂的掺量,以保证混凝土的含气量不致过大。

4.4.3 缓凝剂及缓凝减水剂

能延缓混凝土凝结时间,并对混凝土后期强度发展无不利影响的外加剂,称为缓凝剂,兼有缓凝和减水作用的外加剂称为缓凝减水剂。

我国使用最多的缓凝剂是糖类及碳水化合物、木钙,其次有羟基羟酸及其盐类,有柠檬酸、酒石酸钾钠等,无机盐类有磷酸盐、硼酸盐。

缓凝剂适用于要求延缓凝结时间的混凝土施工中,如在气温高、运距长的情况下,可防止混凝土拌合物发生过早坍落度损失;又如分层浇筑的混凝土,为防止出现冷缝,也常加入缓凝剂。另外,在大体积混凝土中为了延长放热时间,也可掺入缓凝剂。

4.4.4 速凝剂

掺入混凝土中能促进混凝土迅速凝结硬化的外加剂称为速凝剂。通常,速凝剂的主要成分铝酸钠或碳酸钠等盐类,当混凝土加入速凝剂后,其中的铝酸钠、碳酸钠等盐类在碱性溶液中迅速与水泥中的石膏反应生成硫酸钠,并使石膏丧失原有的缓凝作用,导致水泥中 C_3A 的迅速水化,促进溶液中水化物晶体的快速析出,从而使混凝土中水泥浆迅速凝固。

目前工程中较常用的速凝剂主要是这些无机盐类,其主要品种有"红星一型"和"711型"。其中,红星一型是由铝氧熟料、碳酸钠、生石灰等按一定比例配制而成的一种粉状物;711型速凝剂是由铝氧熟料与无水石膏按 3∶1 的质量比配合粉磨而成的混合物,它们在矿山、隧道、地铁等工程的喷射混凝土施工中最为常用。

4.4.5 早强剂

早强剂是能显著加速混凝土早期强度发展且对后期强度无显著影响的外加剂。按其化学成分分为氯盐类、硫酸盐类、有机胺类及其复合早强剂四类。其常用品种及性能见表 4.4.2。

常用早强剂品种及效果　　　　　　　表 4.4.2

类别	氯 盐 类	硫酸盐类	有机胺类	复 合 类
常用品种	氯化钙	硫酸钠	三乙醇胺	(1)三乙醇胺(A)+氯化钠(B); (2)三乙醇胺(A)+氯化钠(B)+亚硝酸钠(C); (3)三乙醇胺(A)+亚硝酸钠(C)+二水石膏; (4)硫酸盐复合早强剂(NC)
适宜掺量 (占水泥 质量%)	0.5~1.0	0.5~2.0	0.02~0.05,一般不单独使用,常与其他早强剂复合使用	(1)(A)0.05+(B)0.5; (2)(A)0.05+(B)0.5+(C)0.5; (3)(A)0.05+(C)1.0+(D)2.0; (4)(NC)2.0~4.0
早强效果	显著。3d 强度可提高 50%~100%,7d 强度可提高 20%~40%	显著。掺量为1.5%时,达到混凝土设计强度 70% 的时间可缩短一半	显著。早期强度可提高 50% 左右,28d 强度不变或稍有提高	显著。3d 强度可提高 70%,28d 强度可提高 20%

4.4.6 防冻剂

防冻剂是掺入混凝土后,能使其在负温下正常水化硬化,并在规定时间内硬化到一定程度,且不会产生冻害的外加剂。利用不同成分的综合作用可以获得更好的混凝土抗冻性。因此,工程中常用的混凝土防冻剂往往采用多组分复合而成的防冻剂。其中防冻组分为氯盐类(如 $CaCl_2$,$NaCl$ 等);氯盐阻锈类(氯盐与亚硝酸钠、铬酸盐、磷酸盐等阻锈剂复合而成);无氯盐类(硝酸盐、亚硝酸盐、碳酸盐、尿素、乙酸等)。减水、引气、早强等组分则分别采用与减水剂、引气剂和早强剂相近的成分。

值得指出的是,防冻剂的作用效果主要体现在对混凝土早期抗冻性的改善,其使用应慎重,特别应确保其对混凝土后期性能不会产生显著的不利影响。

4.4.7 膨胀剂

掺入混凝土中后能使其产生补偿收缩或膨胀的外加剂称为膨胀剂。

普通水泥混凝土硬化过程中的特点之一就是体积收缩,这种收缩会使其物理力学性能受到明显的影响,因此,通过化学的方法使其本身在硬化过程中产生体积膨胀,可弥补其收缩的影响,从而改善混凝土的综合性能。

工程建设中常用的膨胀剂种类有硫铝酸钙类(如明矾石、UEA 膨胀剂等)、氧化钙类及氧化硫铝钙类等。

硫铝酸钙类膨胀剂加入混凝土中以后,其中的无水硫铝酸钙可发生水化并能与水泥水化产物反应,生成三硫型水化硫铝酸钙(钙矾石),使水泥石结构固相体积明显增加而导致宏观体积膨胀。氧化钙类膨胀剂的膨胀作用,主要是利用 CaO 水化生成 $Ca(OH)_2$ 晶体过程中体积增大的效果,而使混凝土产生结构密实或产生宏观体积膨胀。

4.5 混凝土的配合比设计

混凝土配合比是指混凝土中各组成材料(胶凝材料、水、砂、石)用量之间的比例关系。常用的表示方法有两种:

①以每 m^3 混凝土中各项材料的质量表示,如水泥 320kg、水 160kg、粉煤灰 80kg、砂 743kg、石子 1106kg、高性能减水剂 5.6kg。

②以各项材料相互间的质量比及水胶比来表示,将上例换算成质量比为水泥:砂:石:粉煤灰:水:减水剂 = 1:2.32:3.46:0.25:0.50:0.0175,水胶比 = 0.40。

设计混凝土的配合比,就是要根据混凝土的技术性质(和易性、强度等级、耐久性)要求及施工条件,确定出能满足工程所要求的混凝土各原材料,并计算各项组成材料的用量。混凝土配合比设计的基本要求是:

(1)满足混凝土结构设计所要求的强度等级。

(2)满足施工所要求的混凝土拌合物的和易性。

(3)满足混凝土的耐久性(如抗冻等级、抗渗等级和抗侵蚀性等)。

(4)在满足各项技术性质的前提下,使各组成材料经济合理,尽量做到节约水泥和降低混凝土成本。

4.5.1 混凝土配合比设计的方法步骤

通常,工程结构设计图纸提出混凝土的强度等级和技术要求,根据强度等级和技术要求进行混凝土配合比设计。配合比设计一般有以下步骤:明确混凝土技术指标;通过检验合理选择原材料;混凝土配合比计算;试配、调整、确定基准配合比;强度和耐久性复核,确定实验室配合比;混凝土施工配合比的确定。

1)配合比设计的基本资料

(1)明确设计所要求的技术指标,如强度、和易性、耐久性等。

(2)合理选择原材料,并预先检验,明确所用原材料的品质及技术性能指标。如水泥品种及各项技术指标;砂的杂质含量、细度模数及级配;石子种类、最大粒径及级配等;是否掺用掺合料及外加剂,掺合料、外加剂的质量指标等。

2)配合比的计算

(1)确定混凝土配制强度($f_{cu,o}$)

在正常施工条件下,由于人、料、机、工艺、环境等因素影响,混凝土的质量总是会产生波动,经验证明,这种波动符合正态分布。为使混凝土的强度保证率能满足规定的要求,在设计混凝土配合比时,必须使混凝土的配制强度$f_{cu,o}$不小于设计强度等级$f_{cu,k}$,可按下式估计:

$$f_{cu,o} \geq f_{cu,k} + 1.645\sigma \tag{4.5.1}$$

式中:$f_{cu,o}$——混凝土的配制强度,MPa;

$f_{cu,k}$——设计要求的混凝土立方体抗压强度标准值,MPa;

σ——工地实际统计的混凝土立方体抗压强度标准差,MPa;若无统计资料时,可参考表4.5.1取值。施工单位如有近期混凝土强度统计资料时,可按下式计算:

$$\sigma = \sqrt{\frac{\sum_{i=1}^{N} f_{cu,i}^2 - Nm_{f_{cu}}^2}{N-1}} \tag{4.5.2}$$

式中:σ——混凝土立方体抗压强度标准差,MPa;

$f_{cu,i}$——第i组混凝土立方体抗压强度,MPa;

N——统计批内的试件组数,$N \geq 25$;

$m_{f_{cu}}$——N组混凝土立方体抗压强度的平均值,MPa。

混凝土强度标准差的平均水平　　　　表4.5.1

强 度 等 级	< C20	C20 ~ C40	> C40
混凝土强度标准差(MPa)	3.5	4.5	5.5

(2)确定水胶比(W/B)

水胶比是混凝土中水(m_W)与胶凝材料(m_B)质量的比值,是影响混凝土强度和耐久性的主要因素。其确定原则是在满足强度和耐久性的前提下,尽量选择较大值,以节约水泥。

①满足强度要求的水胶比。试验表明,混凝土强度与水胶比有相关关系,可用建立强度与水胶比关系曲线的方法求水胶比。按指定的坍落度,用实际施工应用的材料,拌制数种不同水胶比混凝土拌合物,并根据28d龄期的混凝土立方体试件的极限抗压强度绘制强度与水胶比的关系曲线,从曲线上查出与混凝土施工配制强度相应的水胶比。

没有建立强度与水胶比关系曲线时,可根据《普通混凝土配合比设计规程》(JGJ 55—2011),当混凝土强度等级小于C60时,已测定的胶凝材料实际强度f_B、粗集料种类及所要求的混凝土配制强度$f_{cu,o}$,按混凝土强度经验公式计算水胶比,则有:

$$f_{cu,o} = \alpha_a f_B \left(\frac{B}{W} - \alpha_b\right) \tag{4.5.3}$$

或

$$\frac{W}{B} = \frac{\alpha_a f_B}{f_{cu,o} + \alpha_a \alpha_b f_B} \tag{4.5.4}$$

式中：W/B——混凝土的水胶比，混凝土中用水量与胶凝材料用量的质量比；
α_a,α_b——回归系数，根据工程使用的原材料，通过试验建立的水胶比与混凝土强度关系式来确定；当不具备试验统计资料时，可按表4.5.2选用；
f_B——胶凝材料28d胶砂抗压强度(MPa)，可按国家标准《水泥胶砂强度检验方法(ISO法)》(GB/T 17671—1999)规定的方法试验实测；无实测值时，可按下式计算：

$$f_B = \gamma_f \gamma_s f_{ce} \quad (4.5.5)$$

式中：$\gamma_f、\gamma_s$——粉煤灰影响系数、粒化高炉矿渣影响系数，按表4.5.3选用；
f_{ce}——水泥28d胶砂抗压强度(MPa)，可实测；无实测时，可按

$$f_{ce} = \gamma_c f_{ce,g} \quad (4.5.6)$$

$f_{ce,g}$——水泥强度等级值，MPa；
γ_c——水泥强度等级值的富余系数，水泥强度等级值为32.5、42.5、52.5时，γ_c分别为1.12、1.16、1.10。

α_a，α_b 取值表　　　　　　　　　　　　　表4.5.2

粗集料品种	碎 石	卵 石	粗集料品种	碎 石	卵 石
α_a	0.53	0.49	α_b	0.20	0.13

粉煤灰影响系数(γ_f)、粒化高炉矿渣影响系数(γ_s)　　　　表4.5.3

种类 掺量(%)	粉煤灰影响系数	粒化高炉矿渣影响系数	种类 掺量(%)	粉煤灰影响系数	粒化高炉矿渣影响系数
0	1.00	1.00	30	0.65~0.75	0.90~1.00
10	0.85~0.95	1.00	40	0.55~0.65	0.80~0.90
20	0.75~0.85	0.95~1.00	50	—	0.70~0.85

②满足耐久性要求的水胶比。根据表4.5.4、表4.5.5分别查出满足海水环境和淡水环境混凝土耐久性要求的水胶比最大允许值。

海水环境混凝土按耐久性要求的水胶比最大允许值　　　　表4.5.4

环 境 条 件			钢筋混凝土、预应力混凝土		素混凝土	
			北方	南方	北方	南方
大气区			0.55	0.50	0.65	0.65
浪溅区			0.40	0.40	0.65	0.65
水位变动区	严重受冻		0.45	—	0.45	—
	受冻		0.50	—	0.50	—
	微冻		0.55	—	0.55	—
	不冻		—	0.55	—	0.65
水下区	无水头作用		0.55	0.55	0.65	0.65
	受水头作用	最大作用水头与混凝土壁厚之比<5	0.55			
		最大作用水头与混凝土壁厚之比5~10	0.50			
		最大作用水头与混凝土壁厚之比>10	0.45			

淡水环境混凝土按耐久性要求的水胶比最大允许值 表4.5.5

环境条件		钢筋混凝土、预应力混凝土	素混凝土
水上区	水气积聚或通风不良	0.60	0.65
	无水气积聚或通风良好	0.65	
水位变动区	严重受冻	0.55	0.55
	受冻	0.60	0.60
	微冻	0.65	0.65
	不冻	0.65	0.65
水下区	无水头作用	0.65	0.65
	受水头作用 最大作用水头与混凝土壁厚之比<5	0.60	
	受水头作用 最大作用水头与混凝土壁厚之比 5~10	0.55	
	受水头作用 最大作用水头与混凝土壁厚之比>10	0.50	

为同时满足强度、耐久性要求,水胶比取以上两种方法求得的水胶比中的较小值。

(3) 确定每立方米混凝土用水量(m_{w0})

每立方米混凝土用水量反映混凝土中胶浆与集料之间的比例关系。在混凝土拌合物中,胶浆的多少显著影响混凝土的和易性,同时也影响其强度和耐久性。其确定原则是在达到流动性要求的前提下取较小值。

塑性混凝土用水量的确定,可根据所用的砂石情况和确定的坍落度值按经验确定,或按表4.5.6、表4.5.7选择用水量。

水运工程混凝土施工规范推荐的用水量选用值(kg/m³) 表4.5.6

坍落度(mm)	碎石最大粒径(mm)			
	20	40	63	80
10~30	185	170	160	150
30~50	195	180	170	160
50~70	210	195	185	175

注:1. 采用卵石时,用水量可减少 10~15kg/m³。
2. 采用粗砂时,用水量可减少10kg/m³;采用细砂时可增加10kg/m³。
3. 掺外加剂后的用水量按外加剂的减水率进行计算调整。

普通混凝土配合比设计规程推荐的用水量选用值(kg/m³) 表4.5.7

拌合物稠度		卵石最大公称粒径(mm)				碎石最大公称粒径(mm)			
项目	指标	10.0	20.0	31.5	40.0	16.0	20.0	31.50	40.0
坍落度(mm)	10~30	190	170	160	150	200	185	175	165
	35~50	200	180	170	160	210	195	185	175
	55~70	210	190	180	170	220	205	195	185
	75~90	215	195	185	175	230	215	205	195

注:1. 采用粗砂时,用水量可减少5~10kg/m³;采用细砂时可增加5~10kg/m³。
2. 掺外加剂后的用水量应相应调整。

掺外加剂时,每立方米流动性或大流动性混凝土的用水量可按下式计算:

$$m_{WO} = m'_{WO}(1-\beta) \tag{4.5.7}$$

式中：m_{WO}——计算配合比每立方米混凝土的用水量，kg/m³；

m'_{WO}——未掺外加剂时推定的满足实际坍落度要求每立方米混凝土的用水量，kg/m³；以表4.5.7中坍落度90mm的用水量为基础，按每增大20mm坍落度相应增加5kg/m³用水量来计算，当坍落度增大到180mm以上时，随坍落度相应增加的用水量可减少；

β——外加剂的减水率，应根据混凝土试验确定，%。

每立方米混凝土的外加剂用量可按下式计算：

$$m_{AO} = m_{BO} \times \beta_a \tag{4.5.8}$$

式中：m_{AO}——计算配合比每立方米混凝土中外加剂用量，kg/m³；

m_{BO}——计算配合比每立方米混凝土中胶凝材料用量，kg/m³；

β_a——外加剂的掺量，应根据混凝土试验确定，%。

(4) 计算每立方米混凝土中胶凝材料近似用量（m_{BO}）

根据已选定的单位用水量（m_{WO}）和水胶比（W/B）值，可由下式求出胶凝材料用量：

$$m_{BO} = \frac{m_{WO}}{W/B} \tag{4.5.9}$$

每立方米混凝土中矿物掺和料用量（m_{FO}）按下式计算：

$$m_{FO} = m_{BO}\beta_i \tag{4.5.10}$$

式中：m_{FO}——每立方米混凝土中矿物掺合料用量；

β_i——矿物掺合料掺量（%），根据28d水泥胶砂抗压强度和胶凝材料胶砂抗压强度f_B或参考表4.5.3确定；最大掺量不超过《海港工程混凝土结构防腐蚀技术规范（附条文说明）》（JTJ 275—2000）等规范的规定。

每立方米混凝土中水泥用量（m_{CO}）按下式计算：

$$m_{CO} = m_{BO} - m_{FO} \tag{4.5.11}$$

式中：m_{CO}——每立方米混凝土中水泥用量，kg。

对于在海水环境有耐久性要求的混凝土，胶凝材料用量不低于表4.5.8规定的限值。

海水环境按耐久性要求的最低胶凝材料用量（kg/m³）　　　表4.5.8

环境条件		钢筋混凝土、预应力混凝土		素混凝土	
		北方	南方	北方	南方
大气区		320	360	280	280
浪溅区		400	400	280	280
水位变动区	F350	400	360	400	280
	F300	360		360	
	F250	330		330	
	F200	300		300	
水下区		320	320	280	280

(5)确定砂率(γ)

砂率是砂的体积占砂石总体积的百分率。砂率是影响混凝土拌合物和易性的重要指标。根据施工单位对所用材料的使用经验选用砂率,或按集料种类、规格及近似胶凝材料用量,查表4.5.9、表4.5.10选取数种不同的砂率,拌制混凝土,确定最佳砂率。在保持胶凝材料用量和其他条件相同的情况下,坍落度最大的拌合物所对应的砂率应为最佳砂率。

水运工程混凝土施工规范推荐的砂率选用值(%)　　　表4.5.9

碎石最大粒径(mm)	胶凝材料近似用量(kg/m³)							
	200	225	250	275	300	350	400	450
20	38~44	37~43	36~42	35~41	34~40	32~38	30~36	28~34
40	36~42	35~41	34~40	33~39	32~38	30~36	28~34	26~32
63	33~39	32~38	31~37	30~36	29~35	27~33	26~32	25~31
80	32~38	31~37	30~36	29~35	28~34	26~32	25~31	24~30

注:1. 采用卵石时,砂率可减少2%~4%。
    2. 采用引气剂时,空气含量每增1%,砂率可减少0.5%~1.0%。
    3. 采用细砂时,砂率可减少3%;采用粗砂时,砂率可增加3%。

普通混凝土配合比设计规程中砂率选用值(kg/m³)　　　表4.5.10

水 胶 比	卵石最大公称粒径(mm)			碎石最大公称粒径(mm)		
	10.0	20.0	40.0	16.0	20.0	40.0
0.40	26~32	25~31	24~30	30~35	29~34	27~32
0.50	30~35	29~34	28~33	33~38	32~37	30~35
0.60	33~38	32~37	31~36	36~41	35~40	33~38
0.70	36~41	35~40	34~39	39~44	38~43	36~41

注:1. 采用细砂或粗砂时,砂率可相应减少或增大。
    2. 采用人工砂配置混凝土时,砂率可适当增大。
    3. 坍落度大于60mm的混凝土,其砂率可经试验确定,也可在上表基础上按坍落度每增大20mm砂率增加1%的幅度予以调整。

(6)计算每立方米混凝土中的砂、石用量(m_{SO}、m_{GO})

每立方米混凝土中的砂石用量计算有质量法和绝对体积法,水运工程混凝土配合比计算砂石用量采用绝对体积法。

假定混凝土拌合物的体积等于各组成材料绝对体积及拌合物中所含空气的体积之和,用下式计算1m³混凝土拌合物的各材料用量:

$$V = 1000(1 - 0.01A) - \frac{m_{W0}}{\rho_W} - \frac{m_{B0}}{\rho_B} \quad (4.5.12)$$

$$m_{SO} = V\gamma\rho_S \quad (4.5.13)$$

$$m_{GO} = V(1-\gamma)\rho_G \quad (4.5.14)$$

式中:ρ_B、ρ_W——胶凝材料、水的密度,kg/L;

m_{B0}——每立方米混凝土中胶凝材料的质量,kg;

m_{W0}——每立方米混凝土中水的质量,kg;

ρ_S——砂的表观密度,kg/L;

ρ_G——石的表观密度,kg/L。

m_{S0}——每立方米混凝土中砂的质量,kg;

m_{G0}——每立方米混凝土中石子的质量,kg;

γ——砂率(按体积计);

V——混凝土中砂石料的绝对体积,L;

A——混凝土拌合物中的空气含量,以占混凝土体积的百分数表示,对于普通混凝土取1。

3) 试配、调整,确定基准配合比

采用工程上应用的原材料及搅拌方法,按初步配合比计算出配制25~30L混凝土的材料用量,拌制成混凝土拌合物。首先通过试验测定坍落度,同时观察黏聚性和保水性。若不符合要求,应进行调整。调整原则如下:若流动性太大,可在砂率不变的条件下,适当增加砂、石用量;若流动性太小,应在保持水胶比不变的条件下,增加适量的水和胶凝材料;黏聚性和保水性不良时,实质上是混凝土拌合物中砂浆不足,可适当增大砂率。调整到和易性满足要求时为止,然后修正计算配合比,提出试拌配合比,即为供混凝土强度试验用的基准配合比。当试拌调整工作完成后,应测出混凝土拌合物的表观密度(ρ'_{ct})。

经过和易性调整试验得出的混凝土基准配合比,满足了和易性的要求,但其水胶比不一定选用恰当,混凝土的强度不一定符合要求,故应对混凝土强度进行复核。

4) 强度复核,确定实验室配合比

采用三个不同水胶比的配合比,其中一个是基准配合比,另两个配合比的水胶比分别比基准配合比增加或减少0.05,但不大于耐久性要求的水胶比最大允许值,其用水量与基准配合比相同,砂率值可分别增加或减少1%。每种配合比至少制作一组(三块)试件,每一组都应检验相应配合比拌合物的和易性及测定表观密度,其结果代表这一配合比的混凝土拌合物的性能,将试件标准养护至28d时试压,得出相应强度。

由试验所测得混凝土强度与相应的胶水比(水胶比的倒数)作图或计算,求出与混凝土配制强度($f_{cu,o}$)相对应的胶水比。最后按以下原则确定1m³混凝土拌合物的各材料用量(m_W、m_B、m_S、m_G),即为试验室配合比。

(1) 用水量。取基准配合比中用水量,并根据制作强度试件时测得的坍落度或维勃稠度值,进行调整确定。

(2) 胶凝材料用量。以用水量乘以通过试验确定的与配制强度相对应的胶水比值。

(3) 砂、石用量。取基准配合比中的砂、石用量,并按定出的用水量和胶凝材料用量作适当调整。

(4) 强度复核之后的配合比,还应根据实测的混凝土拌合物的静观密度(ρ_{ct})作校正,以确定1m³混凝土的各材料用量。其步骤如下:

① 计算出混凝土拌合物的计算表观密度(ρ_{cc}):

$$\rho_{cc} = m_W + m_B + m_S + m_G \quad (4.5.15)$$

式中:m_W、m_B、m_S、m_G——分别为每立方米混凝土中水、胶凝材料(水泥、掺和料)、砂、石材料用量,kg/m³。

② 计算出校正系数(δ):

$$\delta = \frac{\rho_{ct}}{\rho_{cc}} \tag{4.5.16}$$

用各项材料用量乘以 δ 得到实验室配合比。当混凝土拌合物的计算体积密度与实测值之差的绝对值不超过计算值的 2% 时,可不作校正。

5) 耐久性复核

对耐久性有设计要求的混凝土,按上述配合比制作试件,进行相关耐久性试验验证。

6) 混凝土施工配合比的确定

混凝土的实验室配合比所用砂、石是以干燥状态为标准计量的,且不含有超、逊径。但施工时,实际工地上存放的砂、石都含有一定的水分,并常存在一定数量的超、逊径。所以,在施工现场,应根据集料的实际情况进行调整,将实验室配合比换算为施工配合比。

(1) 集料含水率的调整。依据现场实测砂、石含水率(砂、石以干燥状态为基准),在配料时,从加水量中扣除集料含水量,并相应增加砂、石用量。假定工地测出砂的含水率为 $a\%$,石子的含水率为 $b\%$,设施工配合比 $1m^3$ 混凝土各材料用量为 m'_W、m'_B、m'_S、m'_G,则:

$$m'_B = m_B \tag{4.5.17}$$

$$m'_S = m_S(1 + a\%) \tag{4.5.18}$$

$$m'_G = m_G(1 + b\%) \tag{4.5.19}$$

$$m'_W = m_W - m_S \times a\% - m_G \times b\% \tag{4.5.20}$$

(2) 集料超、逊径调整。根据施工现场实测某级集料超、逊径颗粒含量,将该级集料中超径含量计入上一级集料中,逊径含量计入下一级集料中,则该级集料调整为:

调整量 = (该级超径量 + 该级逊径量) - (下级超径量 + 上级逊径量)

4.5.2 有特殊要求的混凝土配合比设计

1) 抗冻混凝土配合比设计

抗冻混凝土配合比设计应符合下列规定:

(1) 抗冻混凝土应掺用引气剂。引气剂的掺量应通过试验确定,混凝土的含气量应符合表 4.5.11 规定。

混凝土含气量选择范围　　　　表 4.5.11

集料最大粒径(mm)	含气量(%)	集料最大粒径(mm)	含气量(%)
10.0	5.0~8.0	31.5	3.5~6.5
20.0	4.0~7.0	40.0	3.0~6.0
25.0	3.5~7.0	63.0	3.0~5.0

(2) 抗冻混凝土水胶比应符合耐久性要求的水胶比规定。

(3) 海水环境抗冻混凝土最低胶凝材料用量应符合耐久性要求的最低胶凝材料用量规定。

(4) 抗冻混凝土配合比计算方法应采用绝对体积法进行计算,并应计入混凝土拌合物的含气量。

(5)对确定的配合比制作试件,应根据抗冻融性能及其他要求,进行试验校核。

2)高性能混凝土配合比设计

高性能混凝土配合比设计应符合下列规定:

(1)配制高性能混凝土的原材料质量应符合现行行业标准《海港工程高性能混凝土质量控制标准》(JTS 257-2—2012)的有关规定。

(2)海水环境钢筋混凝土、预应力混凝土抗氯离子渗透性能指标最高限值应符合表4.5.12的规定。

高性能混凝土氯离子渗透性最高限值 表4.5.12

混凝土氯离子渗透性	钢筋混凝土	预应力混凝土
电通量法(C)	1000	800
扩散系数法($10^{-12}m^2/s$)	4.5	4.0

注:对掺加粉煤灰或粒化高炉矿渣粉的混凝土,应按标准养护条件下56d龄期的试验结果评定,其他混凝土应按标准养护条件下28d龄期的结果评定,试验应在35d完成。

(3)高性能混凝土除应满足设计要求的强度等级、耐久性及稠度等指标外,尚应符合表4.5.13的规定。

高性能混凝土的技术指标 表4.5.13

	混凝土拌和物			硬化混凝土
	水 胶 比	胶凝材料总量(kg/m³)	坍落度(mm)	强度等级
浪溅区	≤0.35	≥400	≥100	≥C45
水位变动区、大气区等其他区	≤0.40	≥380		≥C40

(4)高性能混凝土掺合料掺量应满足下列要求:

①单掺一种掺合料的掺量按表4.5.14确定。

高性能混凝土的掺合料掺量(%) 表4.5.14

组成胶凝材料的水泥品种	掺合料品种		
	粒化高炉矿渣粉	粉 煤 灰	硅 灰
PⅠ或PⅡ型硅酸盐水泥	50~80	25~40	3~8
PO型硅酸盐水泥	40~70	20~35	3~8

注:高性能混凝土的掺合料掺量以占胶凝材料质量计。

②同时掺入粉煤灰、粒化高炉矿渣粉时,其总量不超过胶凝材料总量的70%,其中粉煤灰掺入量不超过25%。

(5)配制高性能混凝土的粗集料,最大粒径不应大于25mm。

(6)拌合物中胶凝材料浆体体积不宜大于混凝土体积的35%。

(7)高性能混凝土配合比设计应采用计算-试配法。

(8)对确定的配合比,制作试件,根据抗氯离子渗透性能及其他要求进行试验校核。

3)抗渗混凝土配合比设计

抗渗混凝土配合比设计应符合下列规定:

(1)配制抗渗混凝土所用原材料除应符合前述的有关规定外,还应满足下列要求:

①选用连续级配的粗集料,其最大粒径不大于40mm,含泥量不大于1.0%,其中泥块含量不大于0.5%。

②细集料总含泥量不大于3.0%,其中泥块含量不大于1.0%。

③细集料中云母含量不大于1%。

(2)抗渗混凝土配合比设计还应满足下列要求:

①胶凝材料总量不小于320kg/m³。

②外加剂采用减水剂、引气剂等外加剂。

③掺用矿物掺合料。

④砂率为35%～45%。

⑤掺用引气剂的抗渗混凝土,其含气量控制在3%～5%的范围内。

(3)对确定的配合比制作试件,应根据抗渗性能及其他要求进行试验校核。

4)泵送混凝土配合比设计

泵送混凝土配合比设计应符合下列规定。

(1)泵送混凝土所用原材料除应符合前述的有关规定外,尚应符合下列规定:

①选用连续级配的粗集料,其针片状颗粒含量不大于10%;粗集料最大粒径与输送管径之比符合表4.5.15的规定。

粗集料最大粒径与输送管径之比 表4.5.15

粗集料品种	泵送高度(m)	粗集料最大粒径与输送管径比	粗集料品种	泵送高度(m)	粗集料最大粒径与输送管径比
碎石	<50	≤1:3.0	卵石	<50	≤1:2.5
	50～100	≤1:4.0		50～100	≤1:3.0
	>100	≤1:5.0		>100	≤1:4.0

②细集料细度模数宜为2.4～2.9,其通过0.315mm筛孔的颗粒含量不少于15%。

③掺用的泵送剂或减水剂及掺用的活性矿物掺合料,其质量符合国家现行有关标准的规定。

(2)泵送混凝土配合比设计还应满足下列要求:

①拌合物坍落度的选用,应考虑泵送高度、水平距离和气候等因素的影响,取100～200mm,对不同泵送高度按表4.5.16选用。

混凝土拌合物的坍落度选用值 表4.5.16

泵送高度(m)	坍落度(mm)	泵送高度(m)	坍落度(mm)
<30	100～140	60～100	160～180
30～60	140～160	>100	180～200

②泵送混凝土最小胶凝材料用量根据管径、距离、坍落度、集料种类、气候条件等因素确定,无抗冻要求的混凝土不小于300kg/m³;有抗冻要求的混凝土不小于340kg/m³。

③泵送混凝土水胶比不大于0.60。

④砂率根据集料粒径、胶凝材料用量和拌合物的和易性等综合分析确定,在38%～45%的范围内。

⑤有抗冻要求的泵送混凝土,含气量控制在5%～7%的范围内。

(3)对确定的配合比,制作试件,根据要求性能进行试验校核。

4.5.3 混凝土配合比设计实例

【例4.5.1】 华南地区某海港码头第三期工程水工结构为重力式沉箱结构,沉箱设计图纸要求混凝土强度等级C40,预制沉箱采用泵送混凝土,坍落度要求160～180mm,预制沉箱安装后位于水下区和水位变动区。沉箱预制方对当地建材市场进行调查后初步选择了水泥品种、掺和料品种、砂、石、外加剂,并提供了各种材料样品,试对沉箱混凝土进行实验室配合比设计。

解:(1)明确设计所要求的技术指标。

本例中,混凝土强度等级C40,坍落度要求160～180mm,混凝土位于水下区和水位变动区,无明确耐久性要求,海水环境。

(2)选择原材料,并预先检验。

预制方初步选择了水泥品种为金羊牌PO普通硅酸盐水泥,强度等级为42.5R;当地河砂,最大粒径为31.5mm碎石;某公司生产的Ⅱ级粉煤灰;混凝土拌和用水为自来水。

经检验,水泥胶砂强度、安定性、凝结时间、细度、标准稠度用水量等技术指标满足规范要求;粉煤灰的烧失量、三氧化硫、需水量比、细度等技术指标满足规范要求;河砂细度模数2.3,Ⅲ级配区,表观密度2650kg/m³,堆积密度1520kg/m³,含泥量和氯离子含量等符合规范要求;碎石为5～16mm连续粒级和16～31.5mm单粒级混合使用,5～16mm连续粒级的表观密度2610kg/m³,堆积密度1440kg/m³,16～31.5mm单粒级的表观密度2640kg/m³,堆积密度1460kg/m³,含泥量、针片状颗粒含量、压碎指标等符合规范要求。外加剂采用聚羧酸系缓凝型减水剂,减水率28%。

(3)初步配合比设计。

①确定混凝土配制强度($f_{cu,o}$)。根据$f_{cu,o} \geq f_{cu,k} + 1.645\sigma$,混凝土强度等级C40,查表4.5.1得,$\sigma = 4.5$MPa,则:

$$f_{cu,o} = f_{cu,k} + 1.645\sigma = 47.4(\text{MPa})$$

②确定水胶比(W/B)。

a. 强度要求的水胶比。

强度要求的水胶比按$\dfrac{W}{B} = \dfrac{\alpha_a f_B}{f_{cu,o} + \alpha_a \alpha_b f_B}$计算,查表4.5.2,$\alpha_a = 0.53$,$\alpha_b = 0.20$,$f_{ce} = \gamma_c f_{ce,g} = 1.16 \times 42.5 = 49.3$(MPa),按等代法掺入粉煤灰,初步确定掺入的粉煤灰量占胶凝材料用量20%,$f_B = \gamma_f \gamma_s f_{ce} = 0.80 \times 1.00 \times 49.3 = 39.44$(MPa),则:

$$\dfrac{W}{B} = \dfrac{\alpha_a f_B}{f_{cu,o} + \alpha_a \alpha_b f_B} = 0.40$$

b. 按耐久性要求的水胶比。

混凝土位于水下区和水位变动区,无明确耐久性要求。查表4.5.4 海水环境下按耐久性要求的水胶比最大允许值,水位变动区为0.55,水下区最大作用水头与混凝土壁厚之比>10时为0.45。所以满足耐久性共同要求得出的水胶比为0.45。

同时满足强度及耐久性要求的水胶比为0.40。

③确定每立方米混凝土用水量(m_{WO})。

按坍落度 160~180mm,碎石的最大粒径 31.5mm,根据以往经验选用,也可查表 4.5.7 及考虑减水剂减水率计算,得到:

$$m_{WO} = (205 + 4 \times 5) \times (1 - 28\%) = 162(\text{kg})$$

取 $m_{WO} = 160\text{kg}$。

④计算每立方米混凝土中胶凝材料近似用量(m_{BO})。

根据已选定的每立方米混凝土用水量(W_{WO})和水胶比(W/B)值,可求出胶凝材料用量:

$$m_{BO} = \frac{m_{WO}}{W/B} = \frac{160}{0.40} = 400(\text{kg})$$

查表 4.5.8 海水环境按耐久性要求的最低胶凝材料用量,水下区和水位变动区分别为 320kg 和 360kg。因此,初步选用胶凝材料用量 400kg。

每立方米混凝土中矿物掺和料用量(m_{FO})计算,按等代法掺入粉煤灰,初步确定掺入的粉煤灰量占胶凝材料用量 20%,则:

$$m_{FO} = m_{BO}\beta_i = 400 \times 20\% = 80(\text{kg})$$

每立方米混凝土中水泥用量(m_{CO})按下式计算:

$$m_{CO} = m_{BO} - m_{FO} = 400 - 80 = 320(\text{kg})$$

⑤计算每立方米混凝土的外加剂用量(m_{AO})。

根据采用的聚羧酸系缓凝型减水剂产品建议的 0.7%~1.5% 掺量和以往经验,本例掺量选为 1.4%。

$$m_{AO} = m_{BO} \times \beta_a = 400 \times 1.4\% = 5.6(\text{kg})$$

⑥选择砂率 γ。

泵送混凝土砂率为 38%~45%,根据碎石的最大粒径 31.5mm 及水胶比 0.40,取砂率为 40%;也可直接根据工程经验选定砂率。

⑦计算每立方米混凝土中的砂、石用量(m_{SO}、m_{GO})。

用体积法计算:

$$V = 1000(1 - 0.01A) - \frac{m_{WO}}{\rho_W} - \frac{m_{BO}}{\rho_B} = 1000(1 - 0.01 \times 1.0) - \frac{160}{1} - \frac{400}{3.1} = 701(\text{L})$$

$$m_{SO} = V\gamma\rho_S = 701 \times 40\% \times 2.65 = 743(\text{kg})$$

$$m_{GO} = V(1 - \gamma)\rho_G = 701 \times (1 - 40\%) \times 2.63 = 1106(\text{kg})$$

采用体积法计算的结果,每立方米混凝土各组成材料用量为:水 160kg,水泥 320kg,粉煤灰 80kg,砂 743kg,碎石 1106kg(5~16mm 连续粒级占 10%,16~31.5mm 单粒级占 90%),聚羧酸系缓凝型减水剂 5.6kg。初步配合比 $m_{CO}:m_{SO}:m_{GO}:m_{FO}:m_{WO}:m_{AO} = 1:2.32:3.46:0.25:0.50:0.0175$。

(4)试拌调整,确定基准配合比。

按计算出的初步配合比,称 25~30L 混凝土所用材料进行混凝土试拌,本例为方便计算及称量,试拌用量为:水泥 8.0kg,砂 18.61kg,石 27.7kg(5~16mm 为 2.8kg,16~31.5mm 为 24.9kg),粉煤灰 2.0kg,水 4.0kg,减水剂 0.14kg。

经试拌测得混凝土拌合物的坍落度为 170mm,黏聚性和保水性良好,满足混凝土和易性要求,不作调整。混凝土基准配合比 $m_{CJ}:m_{SJ}:m_{GJ}:m_{FJ}:m_{WJ}:m_{AJ} = 1:2.32:3.46:0.25:0.50:$

0.0175。

(5)检查强度及耐久性,确定实验室配合比。

以基准配合比拌制的混凝土拌合物,制成二组混凝土试件,进行7d、28d抗压强度试验。再采用水胶比为0.35、用水量与基准配合比相同的配合比进行试拌(计算过程略),制成两组混凝土试件,进行7d、28d抗压强度试验。基准配合比7d试件的抗压强度代表值为46.1MPa;28d试件的抗压强度代表值为52.6MPa,大于配制强度47.4MPa,满足强度要求。另一个配合比的7d、28d抗压强度也满足要求。考虑到经济性,选用基准配合比。混凝土实验室配合比 $m_C:m_S:m_G:m_F:m_W:m_A = 1:2.32:3.46:0.25:0.50:0.0175$。

水运工程混凝土施工对原材料质量控制严格,粗集料的超逊径现象较少,施工过程中重点控制集料的含水量,应根据集料含水量调整拌和用水量。

4.6 混凝土的质量控制

质量合格的混凝土,应能满足设计要求的技术性质,具有良好均匀性,且达到规定的保证率。但由于受多种因素的影响,混凝土的质量是不均匀的、波动的。

4.6.1 混凝土的质量检查及波动分析

1)混凝土的质量检查

混凝土的质量检查是对混凝土的质量均匀性进行有目的的抽样测试及评价。包括对原材料、混凝土拌合物和硬化后混凝土的质量检查。

混凝土拌合物的质量检查主要是对拌合物的和易性、水胶比和含气量的检查。硬化后混凝土的质量检查,是在施工现场按规范规定的方法抽取有代表性的试样在规定龄期进行强度和耐久性检测。

2)混凝土质量的波动原因

造成混凝土质量波动的原因有:原材料质量(如水泥的强度、集料的级配及含水率等)的波动;施工工艺(如配料、拌和、运输、浇筑及养护等)的不稳定性;施工条件和气温的变化;试验方法及操作所造成的试验误差;施工人员的素质等。在正常施工条件下,这些影响因素都是随机的,因此,混凝土的质量也是随机变化的。

混凝土质量控制的目的就是分析掌握质量波动规律,控制正常波动因素,发现并排除异常波动因素,使混凝土质量波动控制在规定范围内,以达到既保证混凝土质量又节约用料的目的。

4.6.2 混凝土的质量评定

水运工程混凝土的质量评定,主要评定混凝土的强度、抗渗性、抗冻性、抗氯离子渗透性等。

在混凝土浇筑点,按照《水运工程混凝土施工规范》(JTS 202—2011)、《水运工程混凝土试验规程》(JTJ 270—1998)、《海港工程混凝土结构防腐蚀技术规范》(JTJ 275—2000)的规定,随机留置取样一定量的混凝土拌合物,制作试件,作为该批或该项目混凝土样本,养护到规定龄期,进行强度、抗渗性、抗冻性、抗氯离子渗透性试验,根据样本试验结果,用数理统计的方法评定该批或该项目混凝土的各项技术性能。

用留置混凝土拌合物制作的试件,以3个试件为1组。混凝土抗压强度标准试件的留置,应满足下列要求:

(1)连续浇筑超过1000m³时,同一配合比的混凝土每200m³取样不少于一组,不足200m³者取一组。

(2)连续浇筑不超过1000m³时,同一配合比的混凝土每100m³取样不少于一组,不足100m³者取一组。

(3)当混凝土配合比有变化时,每一配合比均留置试件。

有抗渗要求的混凝土分项工程,留置试件不少于3组;当混凝土技术条件变化时,至少增加1组。每一有抗冻要求的单位工程,留置试件不少于3组;跨年度施工或混凝土技术条件变化时,至少增加1组。混凝土抗氯离子渗透性试件的留置,同一配合比的混凝土每浇筑1000m³留置1组,每个混凝土分项工程至少留置3组。

1)混凝土的抗渗性、抗冻性、抗氯离子渗透性评定

混凝土的抗渗性、抗冻性、抗氯离子渗透性评定应满足下列要求:

(1)混凝土各组抗渗试件的抗渗等级达到设计抗渗等级。

(2)混凝土抗冻性试件,当试件组数为3组时,至少有2组达到设计抗冻等级;当试件组数大于3组时,达到设计等级的组数不低于总组数的75%。当设计抗冻等级不大于F250时,最低1组的抗冻等级最多比设计抗冻等级低50次循环;当设计抗冻等级大于F300时,最低1组的抗冻等级最多比设计抗冻等级低100次循环。

(3)混凝土抗氯离子渗透性试件,试件组数为3组时,任何一组的平均值不大于设计或规范规定的数值;试件组数为4~10组时,总的平均值不大于设计或规范规定的数值,其中任何一组的平均值不大于限值的10%;试件组数大于10组时,总的平均值不大于设计或规范规定的数值,其中任何一组的平均值不大于限值的15%。

2)混凝土的强度评定

(1)混凝土抗压强度的评定

留置的每组抗压强度试件应由3个立方体试块组成,试样应取自同一罐混凝土,并应以3个试件强度的平均值作为该组试件强度的代表值。当3个试件强度中的最大值或最小值之一,与中间值之差超过中间值的15%时,代表值应取中间值;当3个试件强度中的最大值和最小值,与中间值之差均超过中间值的15%时,该组试件不应作为强度评定的依据。

混凝土强度的评定验收应分批进行。同一验收批的混凝土应由强度等级相同、配合比和生产工艺基本相同的混凝土组成。对现浇混凝土结构构件,宜按分项工程划分验收批;对预制混凝土构件,宜按月划分验收批。对同一验收批的混凝土强度,应以该批内按规定留置的所有标准试件组数强度代表值,作为统计数据进行评定,除非查明确系试验失误,否则不得抛弃任一强度代表值。

当验收批内混凝土试件组数大于等于5时,混凝土强度的统计数据应同时满足式(4.6.1)和式(4.6.2)的要求,如只有强度最小值不能满足式(4.6.2)的要求,可将混凝土试件的强度代表值按时间顺序排列,并结合生产过程管理图表,分析低强度数据出现的原因和规律,将验收批适当划小,再行评定。

$$m_{f_{cu}} - S_{f_{cu}} \geq f_{cu,k} \quad (4.6.1)$$

$$f_{cu,min} \geq f_{cu,k} - C\sigma_0 \quad (4.6.2)$$

式中：$f_{cu,k}$——验收批混凝土立方体抗压强度标准值，MPa；

$S_{f_{cu}}$——n 组混凝土立方体抗压强度的标准差(MPa)，按下式计算：

$$S_{f_{cu}} = \sqrt{\frac{\sum_{i=1}^{n}(f_{cu,i} - m_{f_{cu}})^2}{n-1}} \quad (4.6.3)$$

且

$$S_{f_{cu}} \geq \sigma_0 - 2.0$$

式中：$m_{f_{cu}}$——n 组混凝土立方体抗压强度平均值，MPa；

$f_{cu,i}$——第 i 组混凝土的立方体抗压强度值，MPa；

$f_{cu,min}$——n 组混凝土立方体抗压强度中的最小值，MPa；

n——混凝土立方体抗压强度试件组数；

C——系数，n = 5～9 时为 0.7，n = 10～19 时为 0.9，n≥20 时为 1.0；

σ_0——混凝土抗压强度标准差的平均水平，混凝土强度等级小于 C20 时为 3.5MPa，C20～C40 时为 4.5MPa，大于 C40 时为 5.5MPa。

当验收批内混凝土试件组数 n = 2～4 时，混凝土强度统计数据应同时满足式(4.6.4)和式(4.6.5)的要求：

$$m_{f_{cu}} \geq f_{cu,k} + D \quad (4.6.4)$$

$$f_{cu,min} \geq f_{cu,k} - 0.5D \quad (4.6.5)$$

式中：D——常数，混凝土强度等级小于 C20 时为 3.5MPa，C20～C40 时为 4.5MPa，大于 C40 时为 5.5MPa。

（2）混凝土抗折强度的评定

混凝土抗折强度试件的留置应与抗压强度试件的留置规定相同。混凝土抗折强度的评定验收应满足下列要求。

①当试件组数为 6～25 组时，混凝土平均抗折强度符合下式的规定：

$$f_{mn} = f_{cm} + K\sigma \quad (4.6.6)$$

式中：f_{mn}——混凝土平均抗折强度，MPa；

f_{cm}——混凝土设计抗折强度，MPa；

K——合格判断系数，按表 4.6.1 选取；

σ——混凝土抗折强度实际标准差，MPa。

合　格　判　断　系　数　　　　　　　表 4.6.1

n	5～9	10～14	15～24	≥25
K	0.35	0.45	0.55	0.65

②当试件组数大于 25 组时，每 25 组允许有 1 组小于 $0.85f_{cm}$，但不小于 $0.75f_{cm}$。

③当试件组数小于或等于 5 组时，其平均抗折强度不小于 $1.05f_{cm}$。任意一组最低强度不小于 $0.85f_{cm}$。

4.6.3 混凝土质量控制

1)原材料质量检验

原材料是决定混凝土性能的主要因素,材料的变化将导致混凝土性能的波动。因此,施工现场必须对所用材料及时检验。检验的内容主要有水泥的强度等级、凝结时间、体积安定性等;集料的含泥量和泥块含量、含水率、颗粒级配、砂的氯离子含量、石子的针片状颗粒含量等;粉煤灰的细度、烧失量、需水量比和三氧化硫等。

水泥以同一生产厂家同期出厂的同品种、同强度等级、同一出厂编号的水泥为一验收批。但一验收批的总量:袋装水泥不超过 200t,散装水泥不超过 500t。

粉煤灰、磨细矿渣粉以连续供应相同等级的数量不大于 200t 为一验收批。

硅灰以连续供应相同等级的数量不大于 20t 为一验收批。

集料以同一产地、同一规格、每 400m^3 或 600t 为一验收批,不足 400m^3 或 600t 也按一批计。

为保证混凝土配合比,原材料称量必须正确,称量视值检查每一工作班检查次数应满足下列要求:

(1)水泥、掺合料至少检查 4 次。
(2)粗、细集料至少检查 2 次。
(3)拌和用水、外加剂至少检查 4 次。

施工过程中应检查集料含水率,每一工作班至少测定 2 次。当含水率有显著变化时,应及时测定并调整。混凝土拌合物的坍落度和含气量,应在浇筑地点取样检测,每一工作班对坍落度至少检测二次,引气混凝土的含气量至少测定一次,当混凝土拌合物从搅拌机出料至浇筑入模的时间不超过 15min 时,可在拌制地点取样检测。

2)混凝土质量控制图

为了掌握分析混凝土质量波动情况,及时分析出现的问题,将混凝土强度等检验结果绘制成质量控制图。

质量控制图的横坐标为按时间测得的质量指标子样编号,纵坐标为质量指标的特征值,中间一条横线为中心控制线,上、下两条线为控制界线,如图 4.6.1 所示。图中横坐标表示混凝土浇筑时间或试件编号,纵坐标表示强度测定值,各点表示连续测得的强度,中心线表示配制强度 $f_{cu,o}$,上、下控制线为 $f_{cu,o} \pm \sigma$。

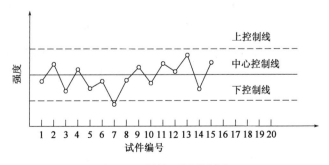

图 4.6.1 混凝土强度控制图

从质量控制图的变动趋势,可以判断施工是否正常。如果测得的各点在中心线附近的较多,即为施工正常。如果各点显著偏离中心线或分布在一侧,尤其是有些点超出上下控制线,说明混凝土质量均匀性已下降,应立即查明原因,加以解决。

4.7 其他品种水泥混凝土

4.7.1 自密实混凝土

自密实混凝土(简称 SCC)是指在自身重力作用下,能够流动、密实,即使存在密集钢筋也能完全填充模板,同时获得很好均质性,并且不需要附加振动的混凝土。

SCC 的硬化性能与普通混凝土相似,而新拌混凝土性能则与普通混凝土有较大不同点。自密实混凝土的自密实性能主要包括流动性、抗离析性和填充性。工作性能可采用坍落扩展度、T500、L 形仪、V 形仪和 U 形仪试验等一种以上方法检测。

自密实混凝土拥有众多优点:

(1)保证混凝土良好地密实。

(2)提高生产效率。由于不需要振捣,混凝土浇筑需要的时间大幅度缩短,工人劳动强度大幅度降低,需要工人数量减少。

(3)改善工作环境和安全性。没有振捣噪声,避免工人长时间手持振动器导致的"手臂振动综合症"。

(4)改善混凝土的表面质量。不会出现表面气泡或蜂窝麻面,不需要进行表面修补;能够逼真呈现模板表面的纹理或造型。

(5)增加了结构设计的自由度。不需要振捣,可以浇筑成型形状复杂、薄壁和密集配筋的结构。以前,这类结构往往因为混凝土浇筑施工的困难而限制采用。

(6)避免了振捣对模板产生的磨损。

(7)减少混凝土对搅拌机的磨损。

(8)可能降低工程整体造价。从提高施工速度、环境对噪声限制、减少人工和保证质量等诸多方面降低成本。

自密实混凝土的配合比设计,需要充分考虑自密实混凝土流动性、抗离析性、自填充性、浆体用量和体积稳定性之间的相互关系及其矛盾。自密实混凝土对工作性和耐久性的要求较高,因此自密实混凝土配合比设计应该主要在这两方面下功夫。配制自密实混凝土的原理是通过外加剂、胶凝材料和粗细集料的选择与搭配以及精心的配合比设计,使混凝土流动性增大,同时又具有足够的塑性黏度,令集料悬浮于水泥浆中,不出现离析和泌水问题,能自由流淌并充分填充模板内的空间,形成密实且均匀的胶凝结构。在配制中主要应采取以下措施。

(1)掺入高效减水剂,可对水泥粒子产生强烈的分散作用,并阻止分散粒子凝聚,高效减水剂的减水率应≥25%,并应具有一定的保塑功能。掺入的减水剂的主要要求有:与水泥的相容性好,减水率大,缓凝、保塑。

(2)掺加适量矿物掺合料能调节混凝土的流变性能,提高塑性黏度,同时提高拌合物中的浆固比,改善混凝土和易性,使混凝土匀质性得到改善,并减少粗细集料颗粒之间的摩擦力,提高混凝土的通阻能力。

(3)掺入适量混凝土膨胀剂,可提高混凝土的自密实性及防止混凝土硬化后产生收缩裂缝,提高混凝土抗裂能力,同时提高混凝土黏聚性,改善混凝土外观质量。

(4)适当增加砂率和控制粗集料粒径≤20mm,以减少遇到阻力时浆骨分离的可能,增加拌合物的抗离析稳定性。

(5)在配制强度等级较低的自密实混凝土时,可适当使用增黏剂以增加拌合物的黏度。

(6)按结构耐久性及施工工艺要求,选择掺合料品种,取代水泥用量和引气剂品种及用量。

配制自密实混凝土应首先确定混凝土配制强度、水胶比、用水量、砂率、粉煤灰、膨胀剂等主要参数,再经过混凝土性能试验、强度检验,反复调整各原材料参数来确定混凝土的配合比。自密实混凝土配合比的突出特点是高砂率、低水胶比、高矿物掺合料掺量。从国内自密实混凝土研究的文献来看,自密实混凝土配合比设计一般采用全计算法和固定砂石体积含量法。

全计算法的基本观点为:①混凝土各组成材料包括固、气、液三相,有体积加和性;②石子的空隙由干砂浆填充;③干砂浆的空隙由水填充;④干砂浆由胶凝材料、细掺料、砂和空隙组成。

固定砂石体积含量计算法是根据高流动自密实混凝土流动性及抗离析性和配合比因素之间的平衡关系,在试验研究的基础上得到的一种能较好适应高流动自密实混凝土的特点和要求的配合比计算方法。

4.7.2 水下不分散混凝土

水下不分散混凝土是在普通混凝土中加入具有特定性能的抗分散剂——絮凝剂和高效减水剂,使之与水泥颗粒发生反应,提高其黏聚力,在水中不分散、自流平、自密实、不泌水的混凝土。可广泛用于水下混凝土施工和建筑物的水下修补。

水下不分散混凝土具有以下特点:

(1)抗分散性。混凝土拌合物在水中浇筑时不分散,不离析,混凝土的配合比基本保持不变,即使受水流冲刷作用仍具有优良的抗分散性。

(2)优良的流动性。混凝土拌合物既富有黏稠性,使其富于塑性,又显示出与普通混凝土不同的流动性,具有优良的流动性,以保证混凝土灌入水下后能自流平、自密实。

(3)泌水、浮浆少。掺入絮凝剂后,可提高混凝土的保水性,基本不会出现泌水现象。

(4)采用纤维素系列絮凝剂的混凝土缓凝;采用丙烯系列絮凝剂的混凝土,其凝结时间不变。

(5)混凝土泵送阻力增大。水下不分散混凝土富有黏稠性,与普通混凝土比较,其泵送阻力将增大1~2倍左右,因此管内压力变高,但由于抗分散性较好,水泥浆与集料离析引起的堵管现象较少。

(6)无污染。由于水下不分散混凝土具有良好的抗水洗能力,水泥流失很少,不污染施工水域,为环保型产品。

(7)安全性。两种系列的絮凝剂(纤维素系列、丙烯系列)为无毒产品,可用于一切水下工程。

4.7.3 喷射混凝土

喷射混凝土是用压缩空气喷射施工的混凝土。喷射方法有干式喷射法、湿式喷射法、半湿喷射法及水泥裹砂喷射法等。

干式喷射混凝土施工时,将水泥、砂、石子及速凝剂按比例加入喷射机中,经喷射机拌匀,以一定压力送至喷嘴处加水后喷至受喷射部位形成混凝土。

湿式喷射混凝土时,将预先配好的水泥、砂、石子、水和一定数量的外加剂,装入喷射机,利用高压空气将其送到喷头和速凝剂混合后,以很高的速度喷向岩石或混凝土的表面而形成混凝土。施工时宜用随拌随喷的办法,以减少稠度变化。

在喷射过程中,水泥与集料被剧烈搅拌,在高压下被反复冲击和击实,所采用的水胶比又较小(常为 0.40~0.45),因此混凝土较密实,强度也较高。同时,混凝土与岩石、砖、钢材及老混凝土等具有很高的黏结强度,可以在黏结面上传递一定的拉应力和剪应力,使与被加固材料一起承担荷载。

喷射混凝土所用水泥要求快凝、早强、保水性好,不得有受潮结块现象,多采用强度等级 32.5MPa 以上的新鲜普通水泥,并需加入速凝剂。也可再加入减水剂,以改善混凝土性能。所用集料要求质地坚硬,石子最大粒径一般不大于 20mm。砂子宜采用中、粗砂,并含有适量的粉细颗粒。

喷射混凝土的配合比,装入喷射机时一般采用水泥:砂:石子 = 1:(2.0~2.5):(2.0~2.5);经过回弹脱落后,混凝土实际配合比接近于 1:1.9:1.5。喷射砂浆时胶砂比可采用 1:(3~4);经回弹脱落后,所得砂浆实际胶砂比接近于 1:(2~3)。干式喷射法的混凝土加水量,由操作人员凭经验进行控制,喷射正常时,水胶比常在 0.4~0.5 范围内波动。

喷射混凝土强度及密实性均较高,一般 28d 抗压强度均在 20MPa 以上,抗拉强度在 1.5MPa 以上,抗渗等级在 P8 以上。

将适量钢纤维加入喷射混凝土内,即为钢纤维喷射混凝土。它引入了纤维混凝土的优点,进一步改善了混凝土的性能。

喷射混凝土广泛应用于薄壁结构、地下工程、边坡及基坑的加固、结构物维修、耐热工程、防护工程等。在高空或施工场所狭小的工程中,喷射混凝土更有明显的优越性。

4.7.4 纤维增强混凝土(纤维混凝土)

纤维混凝土是以混凝土为基材,外掺各种纤维材料而成的水泥基复合材料。纤维一般可分为两类:一类为高弹性模量的纤维,包括玻璃纤维、钢纤维和碳纤维等;另一类为低弹性模量的纤维,如尼龙、聚丙烯、人造丝以及植物纤维等。目前,实际工程中使用的纤维混凝土有钢纤维混凝土、玻璃纤维混凝土、聚丙烯纤维混凝土等。本节仅对钢纤维混凝土、碳纤维混凝土、玻璃纤维混凝土作简单介绍。

1) 钢纤维混凝土

普通钢纤维混凝土主要用低碳钢钢纤维,耐热钢纤维混凝土等则用不锈钢钢纤维。

钢纤维的外形有长直形圆截面、扁平截面两端带弯钩、两端断面较大的哑铃形及方截面螺旋形等多种。长直形圆截面钢纤维的直径一般为 0.25~0.75mm,长度为 20~60mm。扁平截面两端有钩的钢纤维,厚为 0.15~0.4mm,宽为 0.5~0.9mm,长度为 20~60mm。钢纤维掺量以体积率表示,一般为 0.5%~2%。

钢纤维混凝土物理力学性能显著优于素混凝土。如适当纤维掺量的钢纤维混凝土抗压强度可提高 15%~25%,抗拉强度可提高 30%~50%,抗弯强度可提高 50%~100%,韧性可提高10~50倍,抗冲击强度可提高2~9倍,耐磨性、耐疲劳性等也有明显增加。

钢纤维混凝土广泛应用于道路工程、机场地坪及跑道、防爆及防振结构以及要求抗裂、抗冲刷和抗气蚀的水运工程、水利工程、地下洞室的衬砌、建筑物的维修等。施工方法除普通的浇筑法外,还可用泵送灌注法、喷射法及作预制构件。

2) 聚丙烯纤维混凝土及碳纤维增强混凝土

聚丙烯纤维(也称丙纶纤维),可单丝或以捻丝形状掺于水泥混凝土中,纤维长度10~100mm者较好,通常掺入量为0.40%~0.45%(体积比)。聚丙烯纤维的价格便宜,但其弹性模量仅为普通混凝土的1/4,对混凝土增强效果并不显著,但可显著提高混凝土的抗冲击能力和疲劳强度。

碳纤维是由石油沥青或合成高分子材料经氧化、碳化等工艺生产出的。碳纤维属高强度、高弹性模量的纤维,作为一种新材料广泛应用于国防、航天、造船、机械工业等尖端工程。碳纤维增强混凝土具有高强、高抗裂、高抗冲击韧性、高耐磨等多种优越性能。

在飞机场跑道等工程中应用获得了很好的效果。然而碳纤维成本高,推广应用受到限制。

3) 玻璃纤维混凝土

普通玻璃纤维易受水泥中碱性物质的腐蚀,不能用于配制玻璃纤维混凝土。因此,玻璃纤维混凝土是采用抗碱玻璃纤维和低碱水泥配制而成。

抗碱玻璃纤维是由含一定量氧化铝的玻璃制成的。国产抗碱玻璃纤维有无捻粗纱和网格布两种形式。无捻粗纱可切割成任意长度的短纤维单丝,其直径为0.012~0.014mm,掺入纤维体积率为2%~5%。把它与水泥浆等拌和后可浇筑混凝土构件,也可用喷射法成型;网格布可用铺网喷浆法施工,纤维体积率为2%~3%。

玻璃纤维混凝土的抗冲击性、耐热性、抗裂性等十分优越,但长期耐久性有待进一步考查。故现阶段主要用于非承重结构或次要承重结构,如屋面瓦、天花板、下水道管、渡槽、粮仓等。

4.7.5 防辐射混凝土

随着原子能工业的发展,在国防和国民经济各部门,对射线的防护问题已成了一个重要课题。

防辐射混凝土也称为防护混凝土、屏蔽混凝土或重混凝土。它能屏蔽α、β、γ、X射线和中子流的辐射,是常用的防护材料。各种射线的穿透能力不同,α、β射线和质子穿透能力弱,在很多场合下利用铅板即可屏蔽。γ射线和中子流有很强的穿透力,防护问题比较复杂。对于γ射线,物质的密度越大,屏蔽性能越好;防护中子流,以含有轻质原子的材料,特别是含有氢原子的水为最有效。而中子与水作用又产生强烈的γ射线,又需要密度大的物质来防护。因此,防护中子流的材料要求更为严格,不仅要有大量轻质原子,而且还要有较高的密度。

混凝土是一种很好的防护材料,选择密度大的集料和胶凝材料,可以提高混凝土的密度。加入某些特殊材料又可提高氢原子或轻质原子的含量。做到同时防护射线及中子流辐射。

配制防辐射混凝土所用的胶凝材料,以采用凝胶性好、水化热低、水化结合水量高的水泥为宜,一般可用硅酸盐水泥,最好用高铝水泥或其他特种水泥(如钡水泥)。所用集料应为密度大的重集料,并应注意其结合水含量。常用的重集料有重晶石、赤铁矿、磁铁矿及金属碎块(圆钢、扁钢及铸铁块等)。加入附加剂以增加含氢化合物的成分(即含水物质)或原子量较轻元素的成分,如硼、硼盐等。

防辐射混凝土要求表观密度大、结合水多、质量均匀、收缩小,不允许存在空隙、裂缝等缺陷,同时要有一定的强度和耐久性。

4.7.6 碾压混凝土

碾压混凝土是20世纪70年代末发展起来的一种混凝土,由于使用碾压方式施工而得名。近20年来,碾压混凝土筑坝由于可加快工程建设速度和具有巨大经济效益而得到迅速发展。碾压混凝土材料也在研究和应用过程中得到不断改善。

以适宜干稠的混凝土拌合物,薄层铺筑,用振动碾碾压密实的混凝土,称为碾压混凝土。筑坝用碾压混凝土有三种主要的类型。

(1)超贫碾压混凝土(也称水泥固结砂、石碾压混凝土)。这类碾压混凝土中,胶凝材料总量不大于110kg/m^3,其中粉煤灰或其他掺合料用量大多不超过胶凝材料总量的30%。

此类混凝土胶凝材料用量少,水胶比大(一般达到0.90~1.50),混凝土孔隙率大,强度低,多用于建筑物的基础或坝体的内部,而坝体的防渗则由其他混凝土或防渗材料承担。

(2)干贫碾压混凝土。该类混凝土中胶凝材料用量120~130kg/m^3,其中掺合料占胶凝材料总量的25%~30%,水胶比一般为0.70~0.90。

(3)高掺合料碾压混凝土。这类碾压混凝土中胶凝材料用量为140~250kg/m^3,其中掺合料占胶凝材料质量的50%~75%。这类混凝土具有较好的密实性及较高抗压强度和抗渗性,水胶比为0.45~0.70。

碾压混凝土是由水泥、掺合料、水、砂、石子及外加剂等6种材料组成。筑坝用碾压混凝土的配合比参数是水胶比、掺合料比例、砂率及浆砂比。配合比设计时,除应考虑混凝土的强度、耐久性、可碾性及经济性外,还应使混凝土拌合物具有较好的抗粗集料分离的能力以及使混凝土具有较低的发热量。碾压混凝土中一般应掺缓凝型减水剂,必要时还掺入引气剂。实验室确定的碾压混凝土配合比一般需经过现场试碾压,经调整后才用于正式施工。

近二十年来,我国已建成数十座碾压混凝土土坝,取得了良好的技术经济和社会效益。另外,碾压混凝土材料还用于交通、市政、港口码头、堤坝加固与改造工程。

4.7.7 耐热混凝土(耐火混凝土)

耐热混凝土是在长期高温下能保持所需物理力学性能的特种混凝土。它是由适当的胶凝材料、耐热粗细集料和水按一定比例配制而成的。水泥石中的氢氧化钙及集料中的石灰岩在长期高温作用下会分解,石英晶体受高温后体积膨胀,它们是使混凝土不耐热的根源。因此,耐热混凝土的集料可采用重矿渣、红砖及耐火砖碎块、安山岩、玄武岩、烧结镁砂、铬铁矿等。根据所用胶凝材料的不同,耐热混凝土可划分如下:

(1)黏土耐热混凝土。胶凝材料为软质黏土。使用温度为1300~1450℃,强度较低。

(2)硅酸盐水泥耐热混凝土。以硅酸盐水泥或矿渣水泥为胶凝材料,为结合其Ca(OH)$_2$,需掺入磨细黏土熟料、粉煤灰及硅藻土等掺合料。最高使用温度为1200℃。

(3)铝酸盐水泥耐热混凝土。以矾土水泥或纯铝酸钙水泥等为胶凝材料。使用温度为1300~1650℃。

(4)水玻璃耐热混凝土。以水玻璃为胶凝材料,并以氟硅酸钠为促硬剂。最高使用温度为1000℃。

(5)磷酸盐耐热混凝土。以工业磷酸或磷酸铝为胶凝材料,并采用高耐热性的集料及掺合料。使用温度为1450~1600℃。

耐热混凝土多用于冶金、化工、建材、发电等工业窑炉及热工设备。

4.7.8 耐酸混凝土

耐酸混凝土是由水玻璃作胶凝材料,氟硅酸钠为固化剂,与耐酸集料及掺料按一定比例配制而成的。它能抵抗各种酸(如硫酸、盐酸、硝酸、醋酸、蚁酸及草酸等)和大部分侵蚀气体(Cl_2、SO_2、H_2S等),但不耐氢氟酸、300℃以上的热磷酸、高级脂肪酸和油酸。

常用的水玻璃有钾水玻璃和钠水玻璃。耐酸集料和掺料有石英砂粉、瓷粉、辉绿岩铸石集料及铸石粉、安山岩集料及石粉等。

水玻璃耐酸混凝土一般要在温暖(10℃以上)和干燥环境中硬化(禁止浇水)。其3d抗压强度约为11~12MPa,28d抗压强度不小于15MPa。

4.7.9 轻混凝土

轻混凝土是指干密度小于1950kg/m^3的混凝土,有轻集料混凝土、多孔混凝土和大孔混凝土。轻集料混凝土采用浮石、陶粒、煤渣、膨胀珍珠岩等轻集料制成。多孔混凝土是一种内部均匀分布细小气孔而无集料的混凝土,是以水泥、混合材料、水及适量的发泡剂(铝粉等)或泡沫剂为原料配制而成的。大孔混凝土是以粒径相近的粗集料、水泥、水,有时加入外加剂配制而成的。

轻混凝土的特点是表观密度小、自重轻、强度较高,具有保温、耐火、抗震、耐化学侵蚀等多种性能。主要用于非承重的墙体及保温、隔音材料。轻集料混凝土还可用于承重结构,以达到减轻自重的目的。如房屋建筑,各种要求质量较轻的混凝土预制构件等。

4.7.10 聚合物混凝土

凡在混凝土组成材料中掺入聚合物的混凝土,统称为聚合物混凝土。

聚合物混凝土一般可分为聚合物水泥混凝土、聚合物胶结混凝土、聚合物浸渍混凝土三种。聚合物水泥混凝土是以水溶性聚合物(如天然或合成橡胶乳液、热塑性树脂乳液等)和水泥共同为胶凝材料,并掺入砂或其他集料而制成的。聚合物胶结混凝土又称树脂混凝土,是以合成树脂为胶结材料,以砂石为集料的一种聚合物混凝土。聚合物浸渍混凝土是以混凝土为基材(被浸渍的材料),而将有机单体渗入混凝土中,然后再用加热或放射线照射的方法使其聚合,使混凝土与聚合物形成一个整体。

聚合物混凝土强度高、抗渗、耐磨、耐侵蚀,多用于有这些特殊要求的混凝土工程。

4.7.11 干硬性混凝土

干硬性混凝土在强有力振实的施工条件下制成,其密实度大、硬化快、强度高、养护时间短,具有较高的抗渗性及抗冻性。但抗拉强度较低,极限拉伸值较小,脆性较大。适用于配制快硬、高强混凝土,混凝土浇筑后即可脱模,施工速度快,在预制构件中被广泛应用。

4.7.12 补偿收缩混凝土

普通水泥混凝土在硬化过程中特别是在干燥过程中产生体积收缩,一般砂浆收缩率为0.1%~0.2%,混凝土收缩率为0.04%~0.06%。收缩使混凝土产生裂缝,降低强度及耐久性。补偿收缩混凝土由膨胀水泥(或低热微膨胀水泥)和砂、石料及水组成,或由普通水泥、砂、石、水及膨胀剂组成。其特性是体积不收缩,或有适当的膨胀量。可用于防水结构、抗裂结构或其他需要大面积浇筑且不能设收缩缝的结构。

复习思考题

1. 名词解释:
①混凝土;②普通混凝土;③高性能混凝土;④自密实混凝土;⑤颗粒级配;⑥碱集料反应;⑦和易性;⑧合理砂率;⑨立方体抗压强度标准值;⑩混凝土配制强度;⑪混凝土碳化;⑫干缩变形。

2. 普通混凝土是由哪些材料组成的?它们在硬化前后各起什么作用?

3. 为什么要限制粗、细集料中泥、泥块及有害物质(硫化物、硫酸盐、有机物、云母等)的含量?

4. 为什么要考虑集料的颗粒粗细和级配?

5. 粗集料的强度和坚固性如何评定?

6. 混凝土拌合物和易性的含义是什么?如何评定?影响和易性的因素有哪些?

7. "合理砂率"大小与哪些因素有关?

8. 由混凝土强度公式表明决定混凝土强度的主要因素是什么?该公式有哪些用途?适用于何种条件?

9. 提高混凝土强度的主要措施有哪些?

10. 混凝土的变形性质包括哪些方面?它们受哪些因素影响?

11. 说明混凝土抗冻性和抗渗性的表示方法及其影响因素。

12. 在测定混凝土拌合物和易性时,可能会出现以下四种情况:①流动性比要求的小;②流动性比要求的大;③流动性比要求的小,而且黏聚性较差;④流动性比要求的大,而黏聚性、保水性也较差。试问对这四种情况应分别采取哪些措施来调整?

13. 华南地区某海港码头第三期工程水工结构为重力式码头,码头胸墙设计图纸要求混凝土强度等级C30,现浇胸墙采用泵送混凝土,坍落度要求160~180mm,胸墙位于水上区和水位变动区。施工方对当地建材市场进行调查后初步选择了水泥品种、掺合料品种、砂、石、外加剂,并提供了各种材料样品,各材料品种、牌号及试样检验结果同【例4.5.1】,试对胸墙混凝土进行实验室配合比设计。

14. 某混凝土的试验室配合比为1:2.0:4.1(水泥:砂:石子),$W/C = 0.55$。已知水泥密度为$3.1 g/cm^3$,砂、石子的表观密度分别为$2.60 g/cm^3$及$2.65 g/cm^3$。试计算$1 m^3$混凝土中各项材料用量。

15. 混凝土拌合物经试拌调整后,和易性满足要求,试拌材料用量为:水泥4.7kg,水

2.8kg,砂 8.9kg,碎石 18.5kg。实测混凝土拌合物表观密度为2380kg/m³。

(1)试计算 1m³ 混凝土各项材料用量为多少?

(2)假定上述配合比可以作为试验室配合比,如施工现场砂的含水率为4%,石子含水率为1%,求施工配合比。

(3)如果不进行配合比换算,直接把试验室配合比在现场施工使用,则实际的配合比如何?对混凝土强度将产生多大影响。

第5章 建筑砂浆

建筑砂浆是由胶凝材料(主要有水泥、石灰和矿物掺合料)、细集料、外加剂、添加剂和水,按一定比例混合而成的建筑工程材料。在建筑工程中,主要用做砌筑、抹灰、灌缝和粘贴饰面的材料。

建筑砂浆的种类很多,按用途可分为砌筑砂浆、普通抹面砂浆、装饰砂浆、防水砂浆以及防辐射砂浆、绝热砂浆、吸声砂浆、耐酸砂浆、修补砂浆等;按胶凝材料可分为水泥砂浆、石灰砂浆、混合砂浆、聚合物水泥砂浆等。按砂浆制备地点分现场配制砂浆和预拌砂浆,预拌砂浆由专业生产厂拌制并运至施工现场,又分湿拌砂浆和到施工现场再按比例加水拌和的干混砂浆。

5.1 建筑砂浆的组成材料

建筑砂浆的组成材料主要是水泥基胶凝材料、细集料(砂)、水和外加剂。

5.1.1 胶凝材料

常用的胶凝材料有水泥、石灰、粉煤灰等活性矿物掺合料。胶凝材料主要是根据使用环境及用途来合理选择。如干燥环境中使用的砂浆可选用气硬性胶凝材料,也可选用水硬性胶凝材料;而处于潮湿环境或水中使用的砂浆必须使用水硬性胶凝材料。

(1)水泥

水泥宜采用通用硅酸盐水泥(硅酸盐水泥、普通水泥、矿渣水泥、火山灰水泥、粉煤灰水泥)或砌筑水泥。砂浆中水泥品种的选择与混凝土相同。水泥的强度等级应该根据设计要求进行选择。砌筑砂浆一般要求:砂浆强度等级 M15 及以下时,水泥宜选用 32.5;砂浆强度等级 M15 以上时,水泥宜选用 42.5 级。$1m^3$ 水泥砂浆中水泥的用量不低于 200kg,$1m^3$ 水泥混合砂浆中水泥与石灰膏、电石膏的材料总量为不低于 350kg。

(2)掺合料

常用的掺合料有石灰膏、磨细的生石灰粉、黏土膏、粉煤灰、电石膏、沸石粉等无机材料,以改善砂浆的和易性,节约水泥,且利用工业废渣后还有利于环境保护。

生石灰熟化成石灰膏时,应用孔径不大于 3mm×3mm 的网过滤,熟化时间不得少于 7d;磨细生石灰粉的熟化时间不得少于 2d。严禁使用已经干燥、冻结、污染及脱水硬化的石灰膏。消石灰粉因未充分熟化,颗粒太粗,起不到保水增稠、改善和易性的作用,因此不得直接用于砌筑砂浆中。

粉煤灰、粒化高炉矿渣粉、硅灰应符合混凝土中掺合料的品质要求。

5.1.2 砂

拌制砂浆时应选用洁净的河砂或符合要求的山砂、海砂、人工砂,并且应过 4.75mm 筛。砂中不得含有草根、树叶、泥土和泥块等杂质。砂的质量要求与普通混凝土用砂要求相同,宜选用中砂。

5.1.3 水

宜采用饮用水,不得使用影响水泥正常凝结、硬化的水。水的质量应符合《混凝土用水标准(附条文说明)》(JGJ 63—2006)的规定。

5.1.4 外加剂

外加剂是指在拌制砂浆的过程中掺入用以改善砂浆拌合物施工时的和易性、提高砂浆强度以及其他物理力学性能的一种或多种材料的总称。如减水剂、防水剂、膨胀剂等。外加剂的品种应根据工程设计和施工要求选择。应通过使用工程原材料进行试验及技术经济比较后确定。几种外加剂复合使用时,应注意不同品种外加剂之间的相容性及对砂浆性能的影响。

5.2 砂浆的主要技术性质

砂浆的技术性质,包括新拌砂浆的和易性、硬化后砂浆的强度和对基面的黏结强度、变形性以及抗冻性等指标。

5.2.1 新拌砂浆的和易性

和易性是指新拌制的砂浆拌合物的工作性,即在施工中易于操作而且能保证工程质量的性质,包括流动性和保水性两方面。和易性好的砂浆,在运输和操作时,不会出现分层、泌水等现象,而且容易在粗糙的砖、石、砌块表面上铺成均匀的薄层,保证灰缝既饱满又密实,能够将砖、砌块、石块很好地黏结成整体。而且可操作的时间较长,有利于施工操作。

(1)砂浆的流动性

砂浆的流动性用稠度表示,是指新拌制的砂浆在自重或外力作用下流动的性能,由砂浆稠度仪测定。其大小用沉入度(mm)表示,沉入度越大,砂浆流动性越大。

沉入度的大小与许多因素有关,如水泥的品种和用量、用水量、砂子的粗细程度及级配状态、搅拌时间、塑化剂和外加剂的掺加量等,其影响机理与混凝土流动性基本相同。沉入度的大小应根据砌体的种类、施工条件和气候条件,从表 5.2.1 中选择。流动性太大,不能保证砂浆层的厚度和黏结强度,同时砂浆层的收缩过大,易出现收缩裂缝;但流动性太小,砂浆不容易铺抹开,同样不能保证砂浆层的厚度和强度。流动性选择合适,也有利于提高施工效率,减轻劳动强度。

(2)砂浆的保水性

砂浆的保水性是指砂浆能够保持水分不容易析出的能力,砌筑砂浆的保水性用保水率表示。保水性越差,砂浆可操作性变差,即运输、存放时,砂浆混合物容易分层而不均匀,上层变稀,下层变得干稠。而且砂浆的保水性太差,会造成砂浆中水分容易被砖、石等吸收,不能保证水泥水化所需的水分,影响水泥的正常水化,降低砂浆的本身强度和黏结强度。为了提高砂浆的保水性,可以加入掺合料(石灰膏等),配成混合砂浆。砌筑砂浆的保水率要求见表5.2.2。

砌筑砂浆的施工稠度　　　　　　　　　　　　　　　　　　表5.2.1

砌体种类	施工稠度(mm)
烧结普通砖砌体、粉煤灰砖砌体	70~90
混凝土砖砌体、普通混凝土小型空心砌块砌体、灰砂砖砌体	50~70
烧结多孔砖砌体、烧结空心砖砌体、轻集料混凝土小型空心砌块砌体、蒸压加气混凝土砌块砌体	60~80
石砌体	30~50

砌筑砂浆的保水率　　　　　　　　　　　　　　　　　　表5.2.2

砂浆种类	保水率	砂浆种类	保水率
水泥砂浆	≥80%	预拌砌筑砂浆	≥88%
水泥混合砂浆	≥84%		

5.2.2　硬化砂浆的技术性质

(1)砂浆的强度

砂浆的强度等级是以70.7mm×70.7mm×70.7mm的立方体标准试件,在标准条件(温度为20℃±2℃,相对湿度为90%以上)的标准养护室中养护,混合砂浆、湿拌砂浆试件上面应覆盖,防止有水滴在试件上,养护28d,用标准试验方法测得的抗压强度来确定的。水泥砂浆及预拌砂浆按抗压强度可分为M5、M7.5、M10、M15、M20、M25、M307个强度等级。符号M10表示标准养护28d的立方体试件抗压强度平均值不低于10MPa。

影响砂浆抗压强度的因素很多,其中主要影响因素是原材料的性能和用量以及砌筑层(砖、石、砌块)吸水性,最主要的是水泥性能。用于黏结吸水性较大的底面材料(如砖、砌块)的砂浆,砂浆中一部分水分会被底面吸收,由于砂浆必须具有良好的和易性,因此,不论拌和时用多少水,经底层吸水后,留在砂浆中的水分大致相同,可视为常量。在这种情况下,砂浆的强度取决于水泥强度和水泥用量,可用下面经验公式计算砂浆的强度:

$$f_m = \frac{\alpha \cdot f_{ce} \cdot m_c}{1000} + \beta \tag{5.2.1}$$

式中:f_m——砂浆的强度,MPa;

m_c——每立方米砂浆的水泥用量,kg;

f_{ce}——水泥28d时的实测强度值,MPa,其中$f_{ce} = \gamma_c \cdot f_{ce,g}$;

γ_c——水泥强度等级的富余系数,应按统计资料确定,无统计资料时可取1.0;

$f_{ce,g}$——水泥的强度等级值,MPa;

$\alpha、\beta$——经验系数,按$\alpha = 3.03$、$\beta = -15.09$选取,各地也可以使用本地区试验资料确定,统计用的试验组数不得少于30组。

(2)砂浆的黏结强度

砂浆必须具有足够的黏结力,才能将砌筑材料黏结成一个整体。黏结力的大小,会影响整个砌体的强度、耐久性、稳定性和抗震性能。砂浆的黏结力由其本身的抗压强度决定。一般来说,砂浆的抗压强度越大,黏结力越大;另外,与基面的清洁程度、含水状态、表面状态、养护条件等有关。砂浆的黏结强度由砂浆拉伸黏结强度试验测定。

(3)砂浆的变形性

砂浆在承受荷载、温度、湿度变化时均会发生变形,如果变形量太大,会引起开裂而降低砌体质量。掺太多轻集料或混合材料(如粉煤灰、轻质砂等)的砂浆,其收缩变形较大,应采取一些措施防止开裂,如在抹面砂浆中掺入一定量的麻刀、纸筋等。

(4)砂浆的抗冻性

砂浆在水饱和状态下受冻融循环作用,强度逐渐降低,甚至破坏。砂浆的抗冻性是指在水饱和状态下经受多次冻融循环作用,强度不显著降低的性能。砌筑砂浆的抗冻性应符合表5.2.3规定。

砌筑砂浆的抗冻性　　　　　　　　表5.2.3

使用条件	抗冻指标	质量损失率(%)	强度损失率(%)
夏热冬暖地区	F15	≤5	≤25
夏热冬冷地区	F25		
寒冷地区	F35		
严寒地区	F50		

5.3 砌筑砂浆及其配合比设计

将砖、石块、砌块等块材经砌筑成为砌体,起黏结、衬垫和传力作用的砂浆称为砌筑砂浆。砌筑砂浆一般分为现场配制砂浆和预拌砂浆。

砌筑砂浆配合比设计的基本要求是:满足砂浆设计的强度等级;满足施工所要求的和易性;具有较高的黏结强度和较小的变形。

砌筑砂浆的配合比用每立方米砂浆中各种材料的用量来表示。可以从砂浆配合比速查手册查得,也可以按《砌筑砂浆配合比设计规程》(JGJ/T 98—2010)中的设计方法进行计算。但都必须经试验验证其技术性能,并应达到设计要求。

5.3.1 现场配制砌筑砂浆初步配合比的确定

(1)现场配制水泥混合砂浆初步配合比的确定

①计算砂浆的试配强度($f_{m,o}$)。

$$f_{m,o} = kf_2 \tag{5.3.1}$$

式中:$f_{m,o}$——砂浆的配制强度,MPa;

f_2——砂浆的强度等级值,MPa;

k——系数,与施工水平有关,按表5.3.1选用。

②计算每立方米砂浆中水泥的用量(Q_c)。

根据式(5.2.1)可得:

$$Q_c = \frac{1000(f_{m,o} - \beta)}{\alpha \cdot f_{ce}} \quad (5.3.2)$$

砂浆强度标准差 σ 和 k 值　　　　　　　　　　　　　　　表5.3.1

施工水平＼强度等级	强度标准差 σ(MPa)							k
	M5	M7.5	M10	M15	M20	M25	M30	
优良	1.00	1.50	2.00	3.00	4.00	5.00	6.00	1.15
一般	1.25	1.88	2.50	3.75	5.00	6.25	7.50	1.20
较差	1.50	2.25	3.00	4.50	6.00	7.50	9.00	1.25

当计算的水泥用量不足200kg时,应取200kg。

③计算每立方米砂浆中石灰膏的用量(Q_D)。

$$Q_D = Q_A - Q_c \quad (5.3.3)$$

式中:Q_D——每立方米砂浆中石灰膏用量,精确到1kg,石灰膏使用时的稠度宜为120mm±5mm;

Q_A——经验数据,每立方米砂浆中水泥和石灰膏总量,精确到1kg,可为350kg。

④确定每立方米砂浆中用砂量。

以砂子干燥状态(含水率小于0.5%)时的堆积密度值作为每立方米砂浆中用砂量。

⑤选定每立方米砂浆中用水量。

根据砂浆的稠度及施工现场的气候条件,用水量在210~310kg间选用。混合砂浆中的用水量,不包括石灰膏中的水。当采用细砂或粗砂时,用水量分别取上限或下限。稠度小于70mm时,用水量可小于下限。施工现场气候炎热或干燥季节,可酌量增加用水量。

(2)现场配制水泥砂浆初步配合比的确定

水泥砂浆的试配强度按式(5.3.1)计算,各材料用量可按表5.3.2选用。

每立方米水泥砂浆材料用量(kg/m³)　　　　　　　　　　　表5.3.2

砂浆强度等级	水泥	砂	用水量
M5	200~230	砂的堆积密度值	270~330
M7.5	230~260		
M10	260~290		
M15	290~330		
M20	340~400		
M25	360~410		
M30	430~480		

水泥粉煤灰砂浆的试配强度按式(5.3.1)计算,各材料用量可按表5.3.3选用。

每立方米水泥粉煤灰砂浆材料用量(kg/m³)　　　　　　　　表5.3.3

砂浆强度等级	水泥和粉煤灰总量	粉煤灰	砂	用水量
M5	210~240	粉煤灰掺量可占胶凝材料总量的15%~25%	砂的堆积密度值	270~330
M7.5	240~270			
M10	270~300			
M15	300~330			

5.3.2 预拌砂浆初步配合比要求

试配强度按式(5.3.1)计算,在确定湿拌砌筑砂浆稠度时,应考虑运输和储存过程中的稠度损失;考虑到砂浆的运输和储存时间,应选用合适的外加剂和掺量。干混砌筑砂浆应明确拌制时的加水量范围。

预拌砌筑砂浆中可掺入保水增稠材料、外加剂等,掺量应经试配后确定。

5.3.3 配合比试配、调整和确定

(1)根据计算或选定的砂浆初步配合比进行试拌,按《建筑砂浆基本性能试验方法标准》(JGJ/T 70—2009)测定建筑砂浆拌合物的稠度和保水率,当拌合物的稠度和保水率不能满足要求时,应调整各材料用量,直到符合要求为止。然后确定为试配时的基准配合比。

(2)采用与工程实际相同的材料和搅拌方法试拌砂浆,选用基准配合比及基准配合比中水泥用量分别增减10%的三个配合比,分别试拌,砂浆的稠度要满足施工要求,测定砂浆表观密度,分别制作强度试件,标准养护到28d,测定砂浆的抗压强度,选用符合设计强度要求且水泥用量最少的砂浆配合比作为砂浆试配配合比。

(3)根据拌合物的表观密度,校正材料的用量,保证每立方米砂浆中的用量准确。砂浆理论表观密度 ρ_1 为:

$$\rho_1 = Q_c + Q_D + Q_s + Q_w \tag{5.3.4}$$

式中:ρ_1——砂浆理论表观密度,kg/m^3,精确至 $10kg/m^3$;

Q_s——每立方米砂浆砂的用量,kg;

Q_w——每立方米砂浆水的用量,kg。

砂浆配合比校正系数 δ 按下式计算:

$$\delta = \frac{\rho_c}{\rho_1} \tag{5.3.5}$$

式中:ρ_c——砂浆实测表观密度值,kg/m^3,精确至 $10kg/m^3$。

当砂浆实测表观密度值与理论表观密度值之差的绝对值超过理论值的2%时,应将试配配合比中各材料用量乘以校正系数后,确定砂浆设计配合比。不超过理论值的2%时,可不作调整。

5.3.4 配合比设计实例

某砌筑工程用水泥石灰混合砂浆,现场配制,要求砂浆的设计强度等级为M10,稠度为70~100mm。采用32.5级的矿渣水泥,28d实测强度值为 $f_{ce}=37MPa$;中砂,含水率为3%,堆积密度为 $1360kg/m^3$;施工水平一般,试进行砂浆配合比设计。

设计步骤:

(1)计算砂浆的试配强度($f_{m,o}$)。

$$f_{m,o} = kf_2 = 1.20 \times 10 = 12(MPa)$$

(2)计算 $1m^3$ 砂浆中水泥的用量(Q_c)。

$$Q_c = \frac{1000(f_{m,o} - \beta)}{\alpha \cdot f_{ce}} = \frac{1000(12 + 15.09)}{3.03 \times 37} = 242(kg)$$

(3) 计算 $1m^3$ 砂浆中石灰膏的用量(Q_D)。
$$Q_D = Q_A - Q_c = 350 - 242 = 108(kg)$$
(4) 确定 $1m^3$ 砂浆中用砂量(Q_s)。
$$Q_s = 1360(kg)$$
(5) 确定 $1m^3$ 砂浆中用水量(Q_w)。
$$Q_w = 300(kg)$$
(6) 初步配合比。
$1m^3$ 水泥石灰混合砂浆的初步配合比:水泥242kg,石灰膏108kg,砂1360kg,水300kg。
(7) 试配调整。
此配合比符合设计要求时一般不需调整,仅根据稠度调整用水量。
(8) 施工配合比。
砂的实际用量:$1360 \times (1 + 3\%) = 1401(kg)$。
水的实际用量:$300 - (1401 - 1360) = 259(kg)$。
$1m^3$ 水泥石灰混合砂浆的施工配合比:水泥242kg,石灰膏108kg,砂1401kg,水259kg。

5.4 其他建筑砂浆

抹面砂浆是涂抹在建筑物或构筑物的表面,既能保护墙体,又具有一定装饰性的建筑材料。根据砂浆的使用功能可将抹面砂浆分为普通抹面砂浆、装饰砂浆、防水砂浆和特种砂浆(如绝热砂浆、防辐射砂浆、吸声砂浆、耐酸砂浆)等。对抹面砂浆要求具有良好的工作性,即易于抹成很薄的一层,便于施工,还要有较好的黏结力,保证基层和砂浆层良好黏结,并且不能出现开裂,因此有时加入一些纤维材料(如麻刀、纸筋、有机纤维等),有时加入特殊的集料(如膨胀珍珠岩等)以强化其功能。

5.4.1 普通抹面砂浆

抹面砂浆以薄层涂抹于建筑物表面,既可保护建筑物,又增加了美观。为了便于施工涂抹,要求比砌筑砂浆有更好的和易性。此外,还要求在涂抹时和硬化后都能与底面很好地黏结。砂浆配合比可以从砂浆配合比速查手册中查得。

为了使砂浆层表面平整,不容易脱落,一般分两层或三层施工。抹面砂浆层的总厚度不宜太厚,否则,容易产生两张皮而出现空鼓、脱落。

底层砂浆是为了增加抹灰层与基层的黏结力,砂浆的工作性和保水性较好,以防水分被基层吸收,影响砂浆的硬化;中层主要起找平作用,一般采用混合砂浆或石灰砂浆,找平层的稠度要合适,应能很容易地抹平;砂浆层的厚度以表面抹平为宜,有时可省略;面层起装饰作用,多用细砂配制的混合砂浆、麻刀石灰砂浆或纸筋石灰砂浆,可加强表面的光滑程度及质感。在容易受碰撞的部位(如窗台、窗口、踢脚板等)应采用水泥砂浆。

5.4.2 防水砂浆

防水砂浆是一种制作防水层用的抗渗性高的砂浆,具有显著的防水、防潮性能。一般依靠特定的施工工艺或在普通水泥砂浆中加入防水剂、膨胀剂、聚合物等配制而成,适用于不受振动或埋置深度不大、具有一定刚度的防水工程,不适用于易受振动或发生不均匀沉降的部位,多采用多层施工。而且在涂抹前在湿润的基层表面刮树脂水泥浆,同时加强养护防止干裂,以保证防水层的完整,达到良好的防水效果。

5.4.3 装饰砂浆

装饰砂浆是一种涂抹在建筑物内外墙表面,具有特殊美观装饰效果的抹面砂浆。底层和中层的做法与普通抹面基本相同,面层通常采用不同的施工工艺,选用特殊的材料,使表面呈现出不同的质感、颜色、花纹和图案效果。常用胶凝材料有石膏、彩色水泥、白水泥或普通水泥,集料有大理石、花岗岩等带颜色的碎石渣或玻璃、陶瓷碎粒等,常见的装饰砂浆的工艺做法有拉毛、拉条、甩毛、水刷石、干粘石、斩假石、弹涂、喷涂等。

5.4.4 绝热砂浆

采用石灰、水泥、石膏等胶凝材料与膨胀珍珠岩、膨胀蛭石、人造陶粒、陶砂等轻质多孔集料,按一定比例配合的砂浆,称为绝热砂浆。绝热砂浆具有轻质和绝热性能的特点,可用于屋面、墙壁或工业窑炉管道的绝热层等。

复习思考题

1. 新拌砂浆的和易性包括哪两方面含义?如何测定?
2. 影响砂浆抗压强度的主要因素有哪些?
3. 某工程砌砖砂浆设计强度等级为 M10、要求稠度为 80~100mm 的水泥石灰砂浆,现有砌筑水泥的强度等级为 32.5MPa,细集料为堆积密度 1450kg/m^3 的中砂,含水率为 2%,已有石灰膏的稠度为 100mm,施工水平一般,试计算此砂浆的配合比。
4. 普通抹面砂浆的主要性能要求是什么?
5. 何谓防水砂浆?如何配制防水砂浆?

第6章 建筑钢材

6.1 概 述

建筑钢材是指用于钢筋混凝土结构中的各种钢筋、钢丝和钢结构中的各种型钢(角钢、圆钢、槽钢、工字钢等)、钢管、钢板等。

建筑钢材材质均匀密实,具有较高的强度,良好的塑性和韧性,易于加工(切割、焊接、铆接等)和装配,在水运工程中应用广泛,是一种重要的建筑结构材料。建筑钢材的主要缺点是容易锈蚀、耐火性差,维修费用大。

6.1.1 建筑钢材的分类

建筑钢材的品种繁多,分类方法也比较多,在工程应用中常有以下几种分类方法。

(1)按冶炼方法分类

根据冶炼炉不同,钢材可分为平炉钢、转炉钢和电炉钢三种。

根据脱氧程度不同,钢材可分为沸腾钢、镇静钢、半镇静钢和特殊镇静钢四种。

①沸腾钢。沸腾钢是一种脱氧不完全的钢,只用一定量的弱脱氧剂对钢液脱氧,钢液含氧量较高,当钢水注入钢锭模后,钢水中残留的 FeO 与 C 化合生成大量 CO 气体,造成钢液沸腾,沸腾钢由此而得名。沸腾钢含碳量低,由于不用硅铁脱氧,钢中含硅量也低($Si<0.07\%$)。沸腾钢组织内部杂质较多,偏析较严重,组织不致密,力学性能不均匀,同时由于钢中气体含量较多,故韧性低,冷脆和时效敏感性较大,焊接性能也较差;表层纯净、致密,表面质量好,有很好的塑性和冲压性能,没有大的集中缩孔,切头少,成材率高。沸腾钢可广泛应用于一般的建筑工程。

②镇静钢。镇静钢脱氧完全,炼钢时采用锰铁、硅铁和铝锭等作为脱氧剂,钢液铸锭时能平静地充满锭模并冷却凝固,基本无气泡产生,故称为镇静钢,代号为"Z"。镇静钢内部组织致密,成分均匀,含硫量较少,性能稳定,质量好,但成本较高。适用于预应力混凝土等重要结构工程。

③半镇静钢。半镇静钢脱氧程度介于镇静钢和沸腾钢之间,具有沸腾钢和镇静钢的某些优点,质量较好,代号为"b"。

④特殊镇静钢。特殊镇静钢比镇静钢脱氧程度更充分彻底,代号为"TZ",质量最好。适用于特别重要的结构工程。

(2)按化学成分分类

根据《钢分类 第1部分:按化学成分分类》(GB/T 13304.1—2008),钢材可分为非合金钢、低合金钢和合金钢。

①非合金钢。也称为碳素钢,以铁为主要元素,合金元素含量低于规定含量界限值。按其

含碳量又可分为低碳钢(含碳量<0.25%)、中碳钢(含碳量0.25%~0.60%)和高碳钢(含碳量>0.60%)。

②低合金钢。合金钢是指为得到或改进钢的某些性能而在钢中加入一种或多种合金元素。低合金钢中合金元素总含量不大于5%。

③合金钢。合金钢中合金元素的总含量大于5%。

(3)按品质分类

①普通钢。普通钢含硫(S)量≤0.050%,含磷(P)量≤0.045%。

②优质钢。优质钢含硫(S)量≤0.035%,含磷(P)量≤0.035%。

(4)按用途分类

根据用途不同,钢材可分为结构钢、工具钢和特殊钢三类。

①结构钢。主要用作工程结构构件及机械零件。

②工具钢。主要用作各种刀具、模具及量具。

③特殊钢。具有特殊物理、化学或机械性能,常见的有不锈钢、耐酸钢及耐热钢等。

水运工程中常用的是结构钢。

6.1.2 钢材的化学成分

钢是铁碳合金,除铁(Fe)、碳(C)外,由于原料、燃料、冶炼过程等因素使钢材中存在大量的其他元素,如硅(Si)、硫(S)、磷(P)、氧(O)、氮(N)等,合金钢中还含有人为加入的其他元素,如硅(Si)、锰(Mn)、钒(V)、铌(Nb)、钛(Ti)等,目的是改善其某方面的性能。

(1)碳(C)

碳是决定钢材性质的主要元素,与铁形成化合物渗碳体(Fe_3C)。随着含碳量的增加,钢的强度和硬度相应提高,但塑性和韧性降低;当含碳量大于1.0%时,随着含碳量的继续增加,钢的硬度不断提高,但强度不增反降。钢的焊接性能随着含碳的增加变差,特别是当含碳量大于0.3%时,钢的焊接性能显著降低。

(2)硅(Si)

硅通常作为脱氧剂加入钢中,也可作为合金元素。当硅含量小于1.0%时,可使钢的强度、硬度、疲劳极限、耐腐蚀性和抗氧化性提高,对塑性和韧性影响较小,对可焊性和冷加工性能有一定影响。

(3)锰(Mn)、钒(V)、铌(Nb)、钛(Ti)

锰、钒、铌、钛都是常用的合金元素,适量加入钢材中,可改善钢材内部组织,提高钢材的强度、硬度并改善其韧性;同时,也可作为炼钢时的脱氧剂。

(4)硫(S)

硫是钢材中的有害杂质,由生铁及燃料带入。含硫较多的钢具有"热脆性",导致钢材的各种机械性能、可焊性和抗腐蚀性降低,在钢中要严格限制硫的含量。

(5)磷(P)

磷是钢材中的有害杂质,由生铁带入。含磷较多的钢具有"冷脆性",可提高钢材的强度、硬度、耐磨性和耐腐蚀性,但导致钢材的塑性、韧性和可焊性显著降低,在钢中要严格限制磷的含量。

(6)氧(O)

氧是以气体形态在钢材冶炼过程中由空气带入,钢材含氧量增加,可导致其强度、塑性、韧性和可焊性降低,热脆性增加,并能促进时效,在钢中要严格限制氧的含量。

(7)氮(N)

氮也是以气体形态由空气带入钢中,可使钢材的强度提高,但导致钢材的塑性尤其是韧性显著下降;氮可引起钢材的"冷脆性"并加剧钢材的时效敏感性,导致可焊性变差;氮还可作为合金元素加入钢中,与其他元素配合细化钢材组织内部晶粒,改善钢材性能。钢中氮的含量也应严格限制。

6.2 建筑钢材主要技术性能

建筑钢材主要技术性能包括力学性能和工艺性能。力学性能是钢材本身固有的性质,决定了钢材可普遍应用于各种建筑工程;工艺性能是钢材在应用过程中便于加工,满足施工工艺要求的性质。

6.2.1 力学性能

建筑钢材力学性能是建筑材料研究钢材性能的主要指标之一,又称机械性能,主要包括拉伸性能、冲击韧性、疲劳强度和硬度等。

(1)拉伸性能

拉伸是建筑钢材在工程应用中的主要受力形式。拉伸性能的主要指标包括屈服强度、抗拉强度和伸长率等,拉伸性能是表示建筑钢材技术性能的重要指标,也是工程设计中选用钢材的重要标准。下面通过低碳钢拉伸试验介绍钢材的拉伸性能。

拉伸试验按照《金属材料 拉伸试验 第1部分:室温试验方法》(GB/T 228.1—2010)进行,低碳钢拉伸过程可形象地分为弹性阶段(O-A)、屈服阶段(A-$B_上$-$B_下$)、强化阶段($B_下$-C)和颈缩阶段(C-D),其应力—延伸率曲线图如图 6.2.1 所示。

弹性阶段,钢材的应力(R)与延伸率(e)成正比,当荷载卸掉后,延伸率恢复到零,钢材表现为弹性,因此称为弹性阶段。在弹性阶段,应力与延伸率的比值称为弹性模量,即 $E = \dfrac{R}{e}$,单位为 MPa。

屈服阶段,弹性阶段过后,钢材的应力与延伸率不再成正比关系,钢材在荷载持续作用下,开始丧失对变形的抵抗能力,并产生明显的塑性变形。屈服阶段应力的增长落后于延伸率的增长,应力—延伸率曲线出现锯齿形。当钢材呈现屈服现象时,在试验期间达到塑性变形发生而力不增加的应力点,称为屈服强度。屈服强度是确定结构容许应力的主要依据,分为上屈服强度(R_{eH})和下屈服强度(R_{eL}),如图 6.2.2 所示。上屈服强度(R_{eH})是指试样发生屈服而力首次出现下降前的最大应力;下屈服强度(R_{eL})是指在屈服期间不计初始瞬时效应(a)时的最小应力。

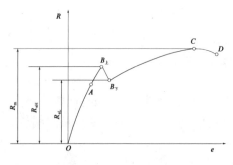

图 6.2.1 应力—延伸率曲线

强化阶段,应力超过屈服强度后,钢材内部组织得到强化,抵抗塑性变形的能力得到提高,延伸率随应力的增加而继续增加。强化阶段最大应力称为抗拉强度(R_m),也称为强度极限。屈服强度与抗拉强度的比值 R_{eL}/R_m 称为屈强比,在工程应用中具有重要意义,屈强比越小,表明结构的可靠性越高,即防止结构破坏的潜力越大,但此值太小时,钢材强度的有效利用率低,经济性差。建筑结构用钢合理的屈强比一般为 0.60~0.75。

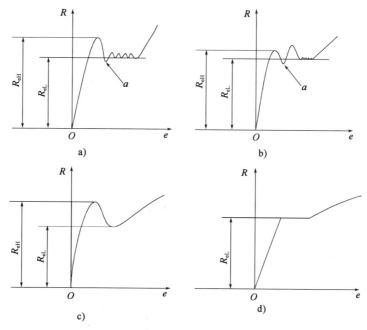

图 6.2.2　不同类型应力—延伸率曲线的上屈服强度和下屈服强度

劲缩阶段,试件应力达到最大值 R_m 后,其抵抗变形的能力明显降低,钢材的延伸速度明显加快,而承载能力明显下降。此时在试件的某一部位截面急剧缩小,出现颈缩现象,钢材将在此处断裂,因此称为颈缩阶段。

钢材的塑性也是钢材的一个重要指标,是指钢材在外力作用下发生变形而不破坏的能力。钢材塑性用断后伸长率和断面收缩率表示,通过钢材拉伸试验测定,试样如图 6.2.3 所示。

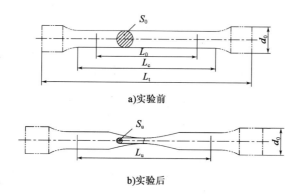

图 6.2.3　圆形横截面机加工试样

断面收缩率 Z 是指钢材试样断裂后横截面积的最大缩减量(S_0-S_u)与原始横截面积(S_0)之比的百分率,按式(6.2.1)计算。

$$Z = \frac{S_0 - S_u}{S_0} \times 100\% \tag{6.2.1}$$

式中:S_0——试样原始横截面积,mm^2;
S_u——试样断裂处横截面积,mm^2;
Z——断面收缩率。

断后伸长率 A 是指钢材试样断后标距的残余伸长(L_u-L_0)与原始标距(L_0)之比的百分率。对于比例试样(原始标距与横截面积有 $L_0 = k\sqrt{S_0}$ 关系的试样),若原始标距不为 $5.65\sqrt{S_0}$,符号 A 应附脚注说明所使用的比例系数,例如,原始标距为 $11.3\sqrt{S_0}$ 的断后伸长率用 $A_{11.3}$ 表示;对于非比例试样,符号 A 应附脚注说明所使用的原始标距,以毫米(mm)表示,例如,原始标距为 80mm 的断后伸长率用 A_{80mm} 表示。

断后伸长率 A 按式(6.2.2)计算。

$$A = \frac{L_u - L_0}{L_0} \times 100\% \qquad (6.2.2)$$

式中:L_0——试样原始标距,mm;
L_u——试样断后标距,mm;
A——断后伸长率。

断后伸长率是衡量钢材塑性的重要指标,和断面收缩率一样都是表示钢材断裂前经受塑性变形的能力,断后伸长率 A 越大或者断面收缩率 Z 越高,则钢材的塑性越好。钢材具有一定的塑性变形能力,可以保证钢材内部应力重新分布,从而不致产生突然脆性破坏,为钢材在建筑工程中的普遍应用提供了条件。

(2)冲击韧性

冲击韧性是指钢材抵抗冲击荷载作用而不破坏的能力,按照《金属材料夏比摆锤冲击试验方法》(GB/T 229—2007)进行测定,以标准试件在冲击试验机的摆锤作用下破坏后缺口处单位面积所消耗的功来表示,符号 a_k,单位 J/cm^2。试样及试验装置如图 6.2.4 所示。

冲击韧性值 a_k 越大,冲断试样所消耗的功越多,或者说钢材断裂前吸收的能量越多,说明钢材的韧性越好,不容易产生脆性断裂。

值得注意的是,环境温度对钢材的冲击韧性影响非常大。试验表明,冲击韧性随温度的降低而下降,如图 6.2.5 所示,开始时下降缓慢,当达到一定温度范围时,突然下降很快而呈脆性。这种性质称为钢材的冷脆性,这时的温度称为脆性转变温度。脆性转变温度越低,钢材的低温冲击韧性越好。因此,在负温下使用的结构,应当选用脆性转变温度低于使用环境温度的钢材。

图 6.2.4 钢材冲击试验装置

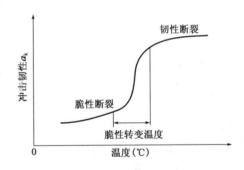

图 6.2.5 冲击韧性与温度曲线

(3)疲劳强度

钢材在交变荷载反复作用下,可在远小于抗拉强度的情况下突然破坏,这种破坏称为疲劳破坏。钢材的疲劳破坏指标用疲劳强度(或称疲劳极限)来表示,它是指试件在交变应力下,作用 $10^6 \sim 10^7$ 次,不发生疲劳破坏的最大应力值。钢材的疲劳破坏是拉应力引起。首先在局部开始形成微细裂纹,其后由于裂纹尖端处产生应力集中而使裂纹迅速扩展直至钢材断裂。因此,钢材的内部成分的偏析和夹杂物的多少以及最大应力处的表面光洁程度、加工损伤等,都是影响钢材疲劳强度的因素。

疲劳破坏经常突然发生,因而有很大的危险性,往往造成严重事故。在设计承受反复荷载且须进行疲劳验算的结构时,应当了解所用钢材的疲劳强度。

(4)硬度

钢材的硬度是指其表面抵抗硬物压入产生局部变形的能力。测定钢材硬度的方法有布氏法、洛氏法和维氏法等,建筑钢材常用布氏硬度表示,其代号为 HB。

布氏法的测定原理是利用直径为 $D(mm)$ 的淬火钢球,以荷载 $P(N)$ 将其压入试件表面,经规定的持续时间后卸去荷载,得直径为 $d(mm)$ 的压痕,荷载 P 与压痕表面积 $A(mm^2)$ 之比,即得布氏硬度(HB)值,此值无量纲。如图 6.2.6 是布氏硬度测定示意。

材料的硬度是材料弹性、塑性、强度等性能的综合反映。实验证明,碳素钢的 HB 值与其抗拉强度 R_m 之间存在较好的相关关系,当 HB < 175 时,$R_m \approx 0.36HB$;当 HB > 175 时,$R_m \approx 0.35HB$。根据这些关系,可以在钢结构原位上测出钢材的 HB 值,来估算钢材的抗拉强度。

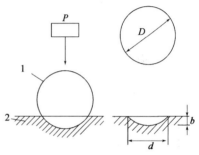

图 6.2.6 布氏硬度测定示意图
1-淬火钢球;2-试件

6.2.2 工艺性能

钢材应具有良好的工艺性能,可以保证钢材顺利通过各种加工,满足施工工艺的要求。冷弯、冷拉、冷拔及焊接性能是建筑钢材的重要工艺性能。

(1)冷弯性能

冷弯性能是指钢材在常温下,以一定的弯心直径和弯曲角度对钢材进行弯曲,钢材能够承受弯曲变形的能力。

钢材的冷弯,一般以弯曲角度 α、弯心直径 d 与钢材厚度(或直径) a 的比值 d/a 来表示弯曲的程度,如图 6.2.7 所示。弯曲角度越大,d/a 越小,表示钢材的冷弯性能越好。

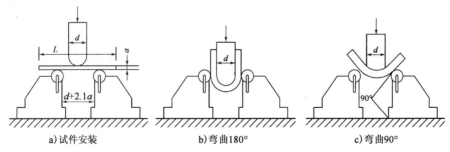

图 6.2.7 钢材冷弯试验示意图

在常温下,以规定弯心直径和弯曲角度(90°或180°)对钢材进行弯曲,在弯曲处外表面受拉区或侧面无裂纹、起层、鳞落或断裂等现象,则钢材冷弯合格。如有一种以上的现象出现,则钢材的冷弯性能不合格。

伸长率较大的钢材,其冷弯性能也必然较好。但冷弯试验是对钢材塑性更严格检验,有利于暴露钢材内部存在的缺陷,如气孔、杂质、裂纹、严重偏析等;同时在焊接时,局部脆性及焊接接头质量的缺陷也可通过冷弯试验而发现。因此钢材的冷弯性能也是评定焊接质量的重要指标。钢材的冷弯性能必须合格。

(2)焊接性能

建筑工程中,钢材间的连接90%以上采用焊接方式。因此,要求钢材应有良好的焊接性能。在焊接中,由于高温作用和焊接后急剧冷却作用,焊缝及其附近的过热区将发生晶体组织及结构变化,产生局部变形及内应力,使焊缝周围的钢材产生硬脆倾向,降低了焊接的质量。可焊性良好的钢材,焊缝处性质应尽可能与母材相同,焊接才牢固可靠。

钢材的化学成分、冶炼质量、冷加工、焊接工艺及焊条材料等都会影响焊接性能。含碳量小于0.25%的碳素钢具有良好的可焊性,含碳量大于0.3%时可焊性变差;硫、磷及气体杂质会使可焊性降低;加入过多的合金元素,也会降低可焊性。对于高碳钢和合金钢,为改善焊接质量,一般需要采用预热和焊后处理,以保证质量。

钢材焊接后必须取样进行焊接质量检验,一般包括拉伸试验,有些焊接种类还包括了弯曲试验,要求试验时试件的断裂不能发生在焊接处。同时还要检查焊缝处有无裂纹、砂眼、咬肉和变形等缺陷。

(3)冷加工与时效处理

将钢材于常温下进行冷拉、冷拔或冷轧,使之产生塑性变形,从而提高强度,但钢材的塑性和韧性会降低,这个过程称为冷加工强化处理。

钢材经冷加工后,随着时间的延长,钢的屈服强度和抗拉强度逐渐提高,而塑性和韧性逐渐降低的现象,称为应变时效,简称时效。经过冷拉的钢筋在常温下存放15~20d,或加热到100~200℃并保持一定时间,这个过程称为时效处理,前者称为自然时效,后者称为人工时效。

冷拉以后再经时效处理的钢筋,其屈服点进一步提高,抗拉极限强度稍有增长,塑性继续降低。由于时效过程中内应力消减,故弹性模量可基本恢复。

(4)钢材的热处理

热处理是将钢材按一定温度加热、保温和冷却,从而获得所需性能的一种工艺过程。钢材的热处理通常在生产厂家进行。在施工现场,有时需对焊接件进行热处理。

钢材热处理的方法有以下几种。

①淬火。将钢材加热到一定温度(900℃以上),保持一定时间,即放入水或油等冷却介质中快速冷却的一种热处理操作。淬火可提高钢材的强度和硬度,但钢材的塑性和韧性显著降低。

②回火。将钢材加热到某一温度(150~650℃),保温后在空气中冷却的一种热处理工艺,通常和淬火是两道相连的热处理过程。回火可消除淬火产生的内应力,使钢材硬度降低,塑性和韧性得到一定提高。

③退火。将钢材加热到一定温度(723℃以上),保温后缓慢冷却(随炉冷却)的一种热处理工艺。退火能消除内应力,降低硬度,提高塑性,防止变形、开裂。

④正火。是退火工艺的一种特殊形式,正火是在空气中冷却,两者仅冷却速度不同。与退

火相比,正火后钢材的硬度、强度较高,而塑性减小。

6.3 钢材在水运工程中的应用

6.3.1 钢结构用钢材

在建筑工程中应用最广泛的钢品种主要有普通碳素结构钢、优质碳素结构钢和低合金高强度结构钢。

(1)普通碳素结构钢

普通碳素结构钢简称碳素结构钢,在各类钢中产量最大,用途最广泛,多轧制成型材、异型型钢和钢板等,可供焊接、铆接和螺栓连接。

①牌号及表示方法。根据《碳素结构钢》(GB/T 700—2006)规定,钢的牌号由代表屈服强度的字母、屈服强度数值、质量等级符号、脱氧方法符号等四个部分按顺序组成。例如:Q235AF,其中,Q 表示钢材屈服强度"屈"字汉语拼音首位字母;A、B、C、D 表示钢材的质量等级;F 表示沸腾钢"沸"字汉语拼音首位字母;Z 表示镇静钢"镇"字汉语拼音首位字母;TZ 表示特殊镇静钢"特镇"两字汉语拼音首位字母。在牌号组成表示方法中,"Z"与"TZ"符号可以省略。

普通碳素结构钢按屈服强度的大小分为 Q195、Q215、Q235、Q275 四个不同强度级别的牌号。

②化学成分。碳素结构钢的化学成分(熔炼分析)应符合表 6.3.1 的规定。

碳素结构钢的化学成分 表 6.3.1

牌号	统一数字代号①	等级	厚度或直径(mm)	脱氧方法	化学成分(质量分数)(%)不大于				
					C	Si	Mn	P	S
Q195	U11952	—	—	F、Z	0.12	0.30	0.50	0.035	0.040
Q215	U12152	A	—	F、Z	0.15	0.35	1.20	0.045	0.050
	U12155	B							0.045
Q235	U12352	A	—	F、Z	0.22	0.35	1.40	0.045	0.050
	U12355	B			0.20②				0.045
	U12358	C		Z	0.17			0.040	0.040
	U12359	D		TZ				0.035	0.035
Q275	U12752	A	—	F、Z	0.24	0.35	1.50	0.045	0.050
	U12755	B	≤40	Z	0.21			0.045	0.045
			>40		0.22				
	U12758	C		Z	0.20			0.040	0.040
	U12759	D		TZ				0.035	0.035

注:①表中为镇静钢、特殊镇静钢的统一数字代号,沸腾钢牌号的统一数字代号如下:
Q195F——U11950;Q215AF——U12150;Q215BF——U12153;
Q235AF——U12350;Q235BF——U12353;Q275AF——U12750。
②经需方同意,Q235B 的碳含量可不大于 0.22%。

③力学性能。碳素结构钢的力学性能通过拉伸试验、冲击试验和弯曲试验进行测定。拉伸试验和冲击试验的结果应符合表6.3.2的规定,弯曲试验的结果应符合表6.3.3的规定。

碳素结构钢拉伸和冲击试验指标 表6.3.2

牌号	等级	屈服强度① R_{eH} (N/mm²),不小于						抗拉强度② R_m (N/mm²)	断后伸长率 A(%),不小于					冲击试验(V形缺口)	
		厚度或直径(mm)							厚度或直径(mm)					温度(℃)	冲击吸收功(纵向)(J),不小于
		≤16	>16~40	>40~60	>60~100	>100~150	>150~200		≤40	>40~60	>60~100	>100~150	>150~200		
Q195	—	195	185	—	—	—	—	315~430	33	—	—	—	—	—	—
Q215	A	215	205	195	185	175	165	335~450	31	30	29	27	26	—	—
	B													+20	27
Q235	A	235	225	215	215	195	185	370~500	26	25	24	22	21	—	—
	B													+20	27③
	C													0	
	D													−20	
Q275	A	275	265	255	245	225	215	410~540	22	21	20	18	17	—	—
	B													+20	27
	C													0	
	D													−20	

注:①Q195的屈服强度值仅供参考,不作交货条件。
②厚度大于100mm的钢材,抗拉强度下限允许降低20N/mm²。宽带钢(包括剪切钢板)抗拉强度上限不作交货条件。
③厚度小于25mm的Q235B级钢材,如供方能保证冲击吸收功值合格,经需方同意,可不作检验。

碳素结构钢弯曲试验指标 表6.3.3

牌号	试样方向	冷弯试验180° $B=2a$①	
		钢材厚度或直径②(mm)	
		≤60	>60~100
		弯心直径 d	
Q195	纵	0	—
	横	0.5a	
Q215	纵	0.5a	1.5a
	横	a	2a
Q235	纵	a	2a
	横	1.5a	2.5a
Q275	纵	1.5a	2.5a
	横	2a	3a

注:①B为试样宽度,a为试样厚度(或直径)。
②钢材厚度或直径大于100mm时,弯曲试验由双方协商确定。

④碳素结构钢的应用:

Q195、Q215含碳量低,强度不高,塑性、韧性、加工性能和焊接性能好,主要用于轧制薄板和盘条、制造铆钉、地脚螺栓等。

Q235含碳量适中,综合性能好,强度、塑性和焊接等性能得到很好配合,用途最为广泛。常轧制成盘条或钢筋,以及圆钢、方钢、扁钢、角钢、工字钢、槽钢等型钢,广泛地应用于建筑工程中。

Q275强度、硬度较高,耐磨性较好,塑性和可焊性能有所降低,主要用作铆接与螺栓连接的结构及加工机械零件。

(2)优质碳素结构钢

国家标准《优质碳素结构钢》(GB/T 699—1999),将优质碳素结构钢划分为31个牌号,分为低含锰量(0.25~0.50)、普通含锰量(0.35~0.80)和较高含锰量(0.70~1.20)三组。牌号由平均含碳量的万分数、含锰量标识和脱氧程度三个部分构成。

31个牌号是08F、10F、15F、08、10、15、20、25、30、35、40、45、50、55、60、65、70、75、80、85、15Mn、20Mn、25Mn、30Mn、35Mn、40Mn、45Mn、50Mn、60Mn、65Mn、70Mn。如"10F"表示平均含碳量为0.10%,低含锰量的沸腾钢;"45"表示平均含碳量为0.45%,普通含锰量的镇静钢;"30Mn"表示平均含碳量为0.30%,较高含锰量的镇静钢。以上31个牌号为优质钢,如果是高级优质钢在牌号后面加"A",如果是特级优质钢,在牌号后面加"E"。

优质碳素结构钢对有害杂质含量控制严格,质量稳定,综合性能好,但成本较高。其性能主要取决于含碳量的多少,含碳量高,则强度高,塑性和韧性差。在建筑工程中,30~45号钢主要用于重要结构的钢铸件和高强度螺栓等,45号钢用做预应力混凝土锚具,65~80号钢用于生产预应力混凝土用钢丝和钢绞线。

(3)低合金高强度结构钢

低合金高强度结构钢是一种在碳素结构钢的基础上添加总量不小于5%合金元素的钢材。所加合金元素主要有锰(Mn)、硅(Si)、钒(V)、钛(Ti)、铌(Nb)、铬(Cr)、镍(Ni)及稀土元素,均为镇静钢。

①牌号及其表示方法。国家标准《低合金高强度结构钢》(GB/T 1591—2008)将低合金高强度结构钢分为八个牌号,分别是Q345、Q390、Q420、Q460、Q500、Q550、Q620和Q690,牌号是由代表屈服强度"屈"字汉语拼音首位字母Q、屈服强度值、质量等级(划分为A、B、C、D、E五个等级)符号三个部分按顺序组成。Q345D表示屈服强度345MPa,质量等级为D级的低合金高强度结构钢。

②力学性能。根据国家标准《低合金高强度结构钢》(GB/T 1591—2008)的规定,低合金高强度结构钢屈服强度指标应符合表6.3.4的规定;抗拉强度和伸长率指标应符合表6.3.5的规定;冲击试验指标应符合表6.3.6的规定;弯曲试验指标应符合表6.3.7的规定。

低合金高强度结构钢屈服强度指标 表6.3.4

牌号	等级	下屈服强度 R_{eL} (MPa)									
		公称厚度(直径、边长)(mm)									
		≤16	>16~40	>40~63	>63~80	>80~100	>100~150	>150~200	>200~250	>250~400
Q345	A	≥345	≥335	≥325	≥315	≥305	≥285	≥275	≥265	—
	B									
	C									
	D									≥265
	E									

续上表

牌号	等级	下屈服强度 R_{eL}(MPa)								
		公称厚度(直径、边长)(mm)								
		≤16	>16~40	>40~63	>63~80	>80~100	>100~150	>150~200	>200~250	>250~400
Q390	A	≥390	≥370	≥350	≥330	≥330	≥310	—	—	—
	B									
	C									
	D									
	E									
Q420	A	≥420	≥400	≥380	≥360	≥360	≥340	—	—	—
	B									
	C									
	D									
	E									
Q460	C	≥460	≥440	≥420	≥400	≥400	≥380	—	—	—
	D									
	E									
Q500	C	≥500	≥480	≥470	≥450	≥440	—	—	—	—
	D									
	E									
Q550	C	≥550	≥530	≥420	≥500	≥490	—	—	—	—
	D									
	E									
Q620	C	≥620	≥600	≥590	≥570	—	—	—	—	—
	D									
	E									
Q690	C	≥690	≥670	≥660	≥640	—	—	—	—	—
	D									
	E									

低合金高强度结构钢抗拉强度、伸长率指标　　表6.3.5

牌号	等级	抗拉强度 R_m(MPa)							断后伸长率 A(%)					
		公称厚度(直径、边长)(mm)							公称厚度(直径、边长)(mm)					
		≤40	>40~63	>63~80	>80~100	>100~150	>150~250	>250~400	≤40	>40~63	>63~100	>100~150	>150~250	>250~400
Q345	A	470~630	470~630	470~630	470~630	450~600	450~600	—	≥20	≥19	≥19	≥18	≥17	—
	B													
	C													
	D								450~600	≥21	≥20	≥20	≥19	≥18	≥17
	E													

续上表

牌号	等级	抗拉强度 R_m(MPa)							断后伸长率 A(%)					
		公称厚度（直径、边长）(mm)							公称厚度（直径、边长）(mm)					
		≤40	>40~63	>63~80	>80~100	>100~150	>150~250	>250~400	≤40	>40~63	>63~100	>100~150	>150~250	>250~400
Q390	A	490~650	490~650	490~650	490~650	470~620	—	—	≥20	≥19	≥19	≥18	—	—
	B													
	C													
	D													
	E													
Q420	A	520~680	520~680	520~680	520~680	500~650	—	—	≥19	≥18	≥18	≥18	—	—
	B													
	C													
	D													
	E													
Q460	C	550~720	550~720	550~720	550~720	530~700	—	—	≥17	≥16	≥16	≥16	—	—
	D													
	E													
Q500	C	610~770	600~760	590~750	540~730	—	—	—	≥17	≥17	≥17	—	—	—
	D													
	E													
Q550	C	670~830	620~810	600~790	590~780	—	—	—	≥16	≥16	≥16	—	—	—
	D													
	E													
Q620	C	710~880	690~880	670~860	—	—	—	—	≥15	≥15	≥15	—	—	—
	D													
	E													
Q690	C	770~940	750~920	730~900	—	—	—	—	≥14	≥14	≥14	—	—	—
	D													
	E													

低合金高强度结构钢夏比（V形）冲击试验指标　　表6.3.6

牌号	等级	试验温度(℃)	冲击吸收能量 KV_2(J)		
			公称厚度（直径、边长）(mm)		
			12~150	>150~250	>250~400
Q345	B	20	≥34	≥27	—
	C	0			
	D	−20			≥27
	E	−40			

续上表

牌号	等级	试验温度(℃)	冲击吸收能量 KV_2(J)		
			公称厚度(直径、边长)(mm)		
			12~150	>150~250	>250~400
Q390	B	20	≥34	—	—
	C	0			
	D	-20			
	E	-40			
Q420	B	20	≥34	—	—
	C	0			
	D	-20			
	E	-40			
Q460	C	0	≥34	—	—
	D	-20			
	E	-40			
Q500、Q550、Q620、Q690	C	0	≥55	—	—
	D	-20	≥47		
	E	-40	≥31		

低合金高强度结构钢弯曲试验指标 表6.3.7

牌号	试样方向	180°弯曲试验 [d=弯心直径,a=试样厚度(直径a)]	
		钢材厚度(直径、边长)(mm)	
		≤16	>16~100
Q345 Q390 Q420 Q460	宽度不小于600mm扁平材,拉伸试验取横向试样。宽度小于600mm的扁平材、型材及棒材取纵向试样	2a	3a

③特性及应用。低合金高强度结构钢与碳素结构钢相比,具有较高的强度,有良好的塑性、低温冲击韧性、可焊性和耐蚀性等特点,是一种综合性能良好的建筑钢材。

Q345级钢是钢结构的常用牌号,Q390也是推荐使用的牌号。与碳素结构钢Q235相比,低合金高强度结构钢Q345的强度更高,等强度代换时可以节省钢材15%~25%,并减轻结构自重。另外,Q345具有良好的承受动荷载的能力和耐疲劳性。低合金高强度结构钢广泛应用于钢结构和钢筋混凝土结构中,特别是大型结构、重型结构、大跨度结构、高层建筑、桥梁工程、承受动荷载和冲击荷载的结构。

6.3.2 钢筋混凝土用钢材

钢筋是用于钢筋混凝土结构中的线材。按照生产方法、外形、用途等不同,工程中常用的钢筋主要有热轧光圆钢筋、热轧带肋钢筋、低碳钢热轧圆盘条、预应力钢丝、冷轧带肋钢筋、热处理钢筋等品种。钢筋具有强度较高、塑性较好,易于加工等特点,广泛地应用于钢筋混凝土结构中。

(1) 热轧光圆钢筋

热轧光圆钢筋是指经热轧成型,横截面通常为圆形,表面光滑的成品钢筋。国标《钢筋混凝土用钢 第一部分:热轧光圆钢筋》(GB 1499.1—2008)规定,热轧光圆钢筋等级按屈服强度特征值分为235、300两个级别,钢筋牌号的构成及含义见表6.3.8。

热轧光圆钢筋牌号构成   表6.3.8

产品名称	牌 号	牌号构成	英文字母含义
热轧光圆钢筋	HPB235	由 HPB + 屈服强度特征值构成	HPB——热轧光圆钢筋的英文(Hot rolled Plain Bars)缩写
	HPB300		

热轧光圆钢筋的公称直径范围为 6~22mm,推荐公称直径为 6mm、8mm、10mm、12mm、16mm、20mm。

热轧光圆钢筋的力学性能和工艺性能包括钢筋的屈服强度、抗拉强度、断后伸长率和最大力总伸长率(最大力时原始标距的总延伸与引伸计标距之比的百分率)等指标,各项指标应符合表6.3.9的规定。

热轧光圆钢筋力学性能与工艺性能指标   表6.3.9

牌 号	R_{eL}(MPa)	R_m(MPa)	A(%)	A_g(%)	冷弯试验180° d——弯心直径 a——钢筋公称直径
	不小于				
HPB235	235	370	25.0	10.0	$d = a$
HPB300	300	420			

HPB235 的光圆钢筋的强度低,但塑性和焊接性能好,便于各种冷加工,因而广泛用作小型钢筋混凝土结构中的主要受力钢筋以及各种钢筋混凝土结构中的构造筋。

(2) 热轧带肋钢筋

热轧带肋钢筋横截面通常为圆形,且表面有两条纵肋和沿长度方向均匀分布的月牙形横肋。热轧带肋钢筋牌号构成见表6.3.10,力学性能与工艺性能指标见表6.3.11。带肋钢筋外形如图 6.3.1 所示。

热轧带肋钢筋牌号构成   表6.3.10

类 别	牌 号	牌号构成	英文字母含义
普通热轧钢筋	HRBF335	由 HRB + 屈服强度特征值构成	HRB——热轧带肋钢筋的英文(Hot rolled Ribbed Bars)缩写
	HRBF400		
	HRBF500		
细粒晶热轧钢筋	HRBF335	由 HRBF + 屈服强度特征值构成	HRBF——热轧带肋钢筋的英文缩写后加"细"的英文首位字母
	HRBF400		
	HRBF500		

(3) 冷轧带肋钢筋

冷轧带肋钢筋是指由热轧圆盘条经冷轧后,在其表面带有沿长度方向均匀分布三面或两面横肋的钢筋。三面肋钢筋表面及截面形状如图6.3.2所示;两面肋钢筋表面及截面形状如图 6.3.3 所示。

热轧带肋钢筋力学性能与工艺性能指标　　　　表6.3.11

牌　　号	R_{eL}(MPa)	R_m(MPa)	A(%)	A_{gt}(%)
	不小于			
HRB335 HRBF335	335	455	17	7.5
HRB400 HRBF400	400	540	16	
HRB500 HRBF500	500	630	15	

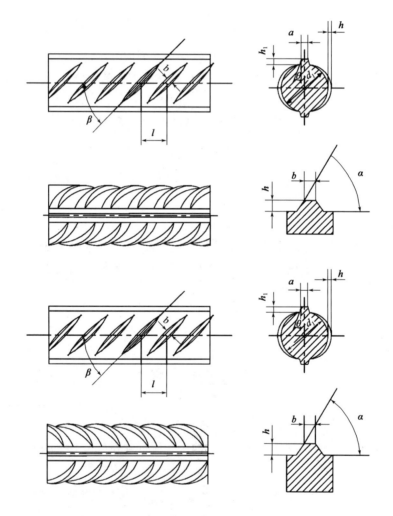

图6.3.1　月牙肋钢筋(带纵肋)表面及截面形状

国标《冷轧带肋钢筋》(GB 13788—2008)规定,冷轧带肋钢筋的牌号由CRB和钢筋的抗拉强度最小值构成。C、R、B分别为冷轧(Cold rolled)、带肋(Ribbed)、钢筋(Bar)三个词的英文首位字母。冷轧带肋钢筋分为CRB550、CRB650、CRB800、CRB970四个牌号。CRB550为普通钢筋混凝土用钢筋,其他牌号为预应力混凝土用钢筋。

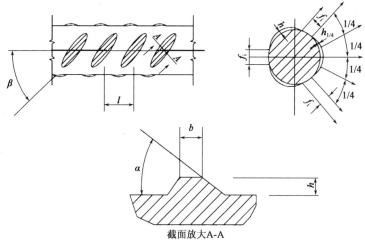

图 6.3.2 三面肋钢筋表面及截面形状

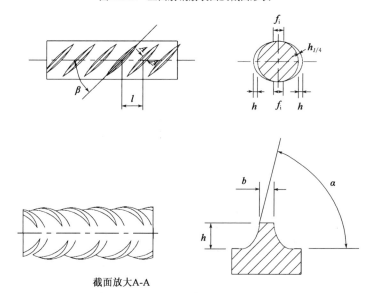

截面放大A-A

图 6.3.3 两面肋钢筋表面及截面形状

CRB550 钢筋的公称直径范围为 4～12mm,CRB650 及以上牌号钢筋的公称直径为 4mm、5mm、6mm。

冷轧带肋钢筋的力学性能和工艺性能应符合表 6.3.12 的规定;当进行弯曲试验时,受弯曲部位表面不得产生裂纹,反复弯曲试验的弯曲半径应符合表 6.3.12 的规定。

冷轧带肋钢筋力学性能与工艺性能指标   表 6.3.12

牌号	$R_{p0.2}$(MPa) 不小于	R_m(MPa) 不小于	伸长率(%)不小于		弯曲试验 180°	反复弯曲次数	应力松弛初始应力应相当于公称抗拉强度的70%
			$A_{11.3}$	A_{100}			
CRB550	500	550	8.0	—	$D=3d$	—	—
CRB650	585	650	—	4.0	—	3	8
CRB800	720	800	—	4.0	—	3	8
CRB970	875	970	—	4.0	—	3	8

注:表中 D 为弯心直径,d 为钢筋公称直径。

冷轧带肋钢筋用于非预应力构件,与热轧圆盘条相比,强度提高17%左右,可节约钢材30%左右;用于预应力构件,与低碳冷拔丝钢比,伸长率高,钢筋与混凝土之间的黏结力较大,适用于中、小预应力混凝土结构构件,也适用于焊接钢筋网。

(4) 预应力混凝土用钢棒

预应力混凝土用钢棒是由低合金钢热轧圆盘条经冷加工后(或不经冷加工)淬火和回火所得。成品钢棒不得存在电接头,在生产时为了连续作业而焊接的电接头应切除掉。

按照钢棒表面形状,预应力混凝土用钢棒可分为光圆钢棒、螺旋槽钢棒、螺旋肋钢棒和带肋钢棒四种,代号如下:预应力混凝土用钢棒——PCB、光圆钢棒——P、螺旋槽钢棒——HG、螺旋肋钢棒——HR、带肋钢棒——R、普通松弛——N、低松弛——L。各种钢棒外形如图6.3.4所示。

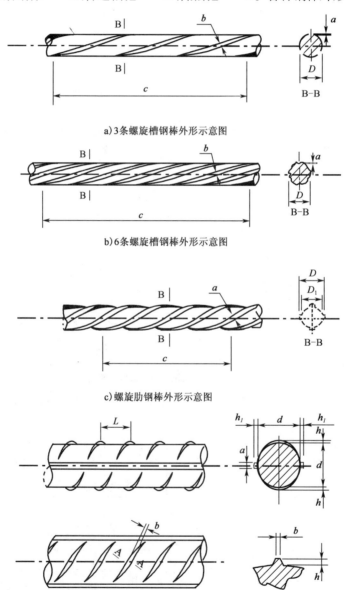

a) 3条螺旋槽钢棒外形示意图

b) 6条螺旋槽钢棒外形示意图

c) 螺旋肋钢棒外形示意图

d) 有纵肋带肋钢棒外形示意图

图 6.3.4

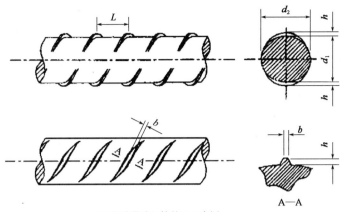

e)无纵肋带肋钢棒外形示意图

图6.3.4 钢棒外形

《预应力混凝土用钢棒》(GB/T 5223.3—2005)规定,钢棒的公称直径、横截面积、重量及性能应符合表6.3.13的规定。

钢棒的公称直径、横截面积、重量及性能指标　　　表6.3.13

形状类型	公称直径 D_n (mm)	公称横截面积 S_n (mm²)	横截面积 S(mm²) 最小	横截面积 S(mm²) 最大	每米参考重量 (g/m)	抗拉强度 R_m 不小于 (MPa)	规定非比例延伸强度 $R_{p0.2}$ 不小于(MPa)	弯曲性能 性能要求	弯曲性能 弯曲半径 (mm)
光圆	6	28.3	26.8	29.0	222	对所有规格钢棒 1080 1230 1420 1570	对所有规格钢棒 930 1080 1280 1420	反复弯曲不小于4次/180°	15
光圆	7	38.5	36.3	39.5	302			反复弯曲不小于4次/180°	20
光圆	8	50.3	47.5	51.5	394			反复弯曲不小于4次/180°	20
光圆	10	78.5	74.1	80.4	616			反复弯曲不小于4次/180°	25
光圆	11	95.0	93.1	97.4	746				
光圆	12	113	106.8	115.8	887			弯曲160°~180°后弯曲处无裂纹	弯心直径为钢棒公称直径的10倍
光圆	13	133	130.3	136.3	1044			弯曲160°~180°后弯曲处无裂纹	弯心直径为钢棒公称直径的10倍
光圆	14	154	145.6	157.8	1209			弯曲160°~180°后弯曲处无裂纹	弯心直径为钢棒公称直径的10倍
光圆	16	201	190.2	206.0	1578			弯曲160°~180°后弯曲处无裂纹	弯心直径为钢棒公称直径的10倍
螺旋槽	7.1	40	39.0	41.7	314			—	
螺旋槽	9	64	62.4	66.5	502			—	
螺旋槽	10.7	90	87.5	93.6	707			—	
螺旋槽	12.6	125	121.5	129.9	981			—	
螺旋肋	6	28.3	26.8	29.0	222			反复弯曲不小于4次/180°	15
螺旋肋	7	38.5	36.3	39.5	302			反复弯曲不小于4次/180°	20
螺旋肋	8	50.3	47.5	51.5	394			反复弯曲不小于4次/180°	20
螺旋肋	10	78.5	74.1	80.4	616			反复弯曲不小于4次/180°	25
螺旋肋	12	113	106.8	115.8	888			弯曲160°~180°后弯曲处无裂纹	弯心直径为钢棒公称直径的10倍
螺旋肋	14	154	145.6	157.8	1209			弯曲160°~180°后弯曲处无裂纹	弯心直径为钢棒公称直径的10倍

续上表

形状类型	公称直径 D_n (mm)	公称横截面积 S_n (mm²)	横截面积 S(mm²) 最小	横截面积 S(mm²) 最大	每米参考重量 (g/m)	抗拉强度 R_m 不小于 (MPa)	规定非比例延伸强度 $R_{p0.2}$ 不小于 (MPa)	弯曲性能 性能要求	弯曲性能 弯曲半径 (mm)
带肋	6	28.3	26.8	29.0	222				
带肋	8	50.3	47.5	51.5	394				
带肋	10	78.5	74.1	80.4	616			—	
带肋	12	113	106.8	115.8	887				
带肋	14	154	145.6	157.8	1209				
带肋	16	201	190.2	206.0	1578				

预应力混凝土用钢棒是预应力混凝土管桩(主要用于工程基础)中的主要钢材,具有强度高、省材料、使用方便、产品质量容易保证等优点,在建筑行业中使用相当广泛。

(5) 预应力混凝土用钢丝

钢丝按加工状态分为冷拉钢丝和消除应力钢丝两种,消除应力钢丝按松弛性能又分为低松弛级钢丝和普通松弛级钢丝,代号如下:冷拉钢丝——WCD、低松弛钢丝——WLR、普通松弛级钢丝——WNR。国家标准《预应力混凝土用钢丝》(GB/T 5223—2002)不推荐使用普通松弛级钢丝。

钢丝按外形分为光圆、螺旋肋和刻痕三种,代号如下:光圆钢丝——P、螺旋肋钢丝——H、刻痕钢丝——I。

钢丝的尺寸、允许偏差和力学性能等指标应符合《预应力混凝土用钢丝》(GB/T 5223—2002)的相关规定。

(6) 预应力混凝土用钢绞线

预应力混凝土用钢绞线是由冷拉光圆钢丝或刻痕钢丝捻制而成,用于预应力钢筋结构。捻制后,钢绞线应进行连续的稳定化处理,即为减少应用时的应力松弛,钢绞线在一定张力下进行的短时热处理。成品钢绞线应用砂轮机切割,切断后应不松散,如离开原来位置,可以用手复原到原位。

预应力混凝土用钢绞线按原料和加工工艺可分为标准型钢绞线、刻痕钢绞线和模拔型钢绞线。标准型钢绞线是由冷拉光圆钢丝捻制而成;刻痕钢绞线是由刻痕钢丝捻制而成;模拔型钢绞线是指捻制后再经冷拔成的钢绞线。

预应力混凝土用钢绞线按结构分为5类,其代号如下:

用两根钢丝捻制的钢绞线——1×2;

用三根钢丝捻制的钢绞线——1×3;

用三根刻痕钢丝捻制的钢绞线——1×3I;

用七根钢丝捻制的标准型钢绞线——1×7;

用七根钢丝捻制又经模拔的钢绞线——(1×7)C。

预应力混凝土用钢绞线尺寸、外形、质量、允许偏差及力学性能等指标应符合国家标准《预应力混凝土用钢绞线》(GB/T 5224—2003)的相关规定。

钢绞线与其他配筋材料相比,具有强度高、柔性好、质量稳定、成盘供应不需接头等优点。

适用于大型建筑、公路或铁路桥梁、吊车梁等大跨度预应力混凝土构件的预应力钢筋,广泛地应用于大跨度、重荷载的结构工程中。

6.3.3 钢材在使用中应注意的问题

(1)钢材的锈蚀及防止

①钢材的锈蚀。钢材的锈蚀是指钢材表面与周围介质发生作用而引起破坏的现象。根据钢材与环境介质作用的机理,锈蚀可分为化学锈蚀和电化学锈蚀两类。

化学锈蚀是指钢材与氧气、二氧化碳、二氧化硫、水等周围介质发生化学反应,生成疏松的氧化物而产生的锈蚀。一般情况下,是钢材表面 FeO 保护膜被氧化成黑色的 Fe_3O_4。在常温下,钢材表面能形成 FeO 保护膜,可以防止钢材进一步锈蚀。所以,在干燥环境中化学锈蚀速度缓慢,但在温度和湿度较大的情况下,这种锈蚀进展加快。

电化学锈蚀是指钢材与电解质溶液接触而产生电流,形成微电池而引起的锈蚀。电化学锈蚀是建筑钢材在存放和使用中发生锈蚀的主要形式。钢材本身含有铁、碳等多种成分,在表面介质作用下,各成分的电极电位不同,形成许多微电池,Fe 元素失去电子成为 Fe^{2+} 进入介质溶液,与溶液中 OH^- 离子结合生成不溶于水的 $Fe(OH)_2$,并进一步氧化成为疏松易剥落的红棕色铁锈 $Fe(OH)_3$,使钢材遭到锈蚀。

由此可知,钢材发生电化学锈蚀的必要条件是水和氧的存在。

钢材锈蚀后,受力面积减小,承载能力下降。在钢筋混凝土中,因锈蚀钢筋混凝土顺筋开裂。

②钢筋混凝土中钢筋锈蚀。普通混凝土为强碱性环境,pH 值为 12.5 左右,进入混凝土中的钢筋处于碱性介质条件,而形成碱性钢筋保护膜,只要混凝土表面没有缺陷,里面的钢筋是不会锈蚀的。但应注意,如果制作的混凝土构件不密实,环境中的水和空气能进入混凝土内部,或者混凝土厚度小或发生严重的碳化,使混凝土失去了碱性保护作用,特别是混凝土内氯离子含量过大,使钢筋表面的保护膜被氧化,也会发生钢筋锈蚀现象。

加气混凝土碱性较低,混凝土多孔,外界的水和空气易深入内部,电化学腐蚀严重,故加气混凝土中的钢筋在使用前必须进行防腐处理。轻集料混凝土和粉煤灰混凝土的护筋性能良好,钢筋不会发生锈蚀。

综上所述,对于普通混凝土、轻集料混凝土和粉煤灰混凝土,为了防止钢筋锈蚀,施工中应确保混凝土的密实度以及钢筋保护层的厚度。在二氧化碳浓度高的工业区采用硅酸盐水泥或普通水泥,限制含氯盐外加剂的掺量,并使用钢筋防锈剂(如亚硝酸钠);预应力混凝土应禁止用含氯盐的集料和外加剂;对于加气混凝土等可以在钢筋表面涂环氧树脂或镀锌等方法来防止。

③钢材锈蚀的防止。防止钢材锈蚀的主要措施有采用耐候钢、表面镀金属、表面刷漆等。

耐候钢即耐大气腐蚀钢,是在碳素钢和低合金钢中加入少量的铜、铬、镍、钼等合金元素而制成。耐候钢既有致密的表面防腐保护,又有良好的焊接性能,其强度级别与常用碳素钢和低合金钢一致,技术指标接近。

表面镀金属是用耐腐蚀性好的金属,以电镀或喷镀的方法覆盖在钢材的表面,提高钢材的耐腐蚀能力。常用的方法有镀锌(如白铁皮)、镀锡(如马口铁)、镀铜和镀铬等。

表面刷漆是钢结构防止锈蚀最常用的方法。刷漆通常有底漆、中间漆和面漆三道。底漆要求有较好的附着力和防锈能力,常用的有红丹、环氧富锌漆、云母氧化铁和铁红环氧底漆等。中间漆为防锈漆,常用的有红丹、铁红等。面漆要求有较好的牢度和耐候性能,保护底漆不受损伤和风化,常用的有灰铅、醇酸磁漆和酚醛磁漆等。

（2）防火保护

钢结构具有良好的力学性能,但在高温时却会发生很大的变化。裸露的、未做表面防火处理的钢结构,一旦受到火灾作用就会迅速变软,钢结构遇火烧15～20min,就会失去支持能力。随着局部的破坏,使结构整体失去稳定而破坏,而且破坏的钢结构无法修复再用。为了克服钢结构耐火性差的特点,可采用下列保护方法,以确保钢结构遇火后安全。

①涂覆钢结构防火涂料。防火涂料按受热时的变化情况可分为膨胀性(薄形)和非膨胀性(厚形)两种。膨胀性防火涂料厚度一般为2～7mm,由于其内部含有膨胀成分,遇火后会膨胀5～10倍,形成多孔结构,从而起到良好的隔热防火作用。非膨胀性防火涂料的涂层厚度一般为8～50mm,呈粒面状,密度小,强度低,喷涂后需要用装饰面层隔护。

②包封法处理。包封法处理,即用耐火的保温材料将钢结构包封起来。常用的包封材料有石膏板、硅酸钙板、蛭石岩板、珍珠岩板、矿棉板等,可通过胶黏剂或钢钉、钢箍等固定在钢板上。

③水冷却法。水冷却法,即对空心钢柱,可在其内部充水保证钢结构冷却,也可给钢柱加做箱形外套,在套内注入水,火灾时,由于钢柱受水的保护而升温减慢。

复习思考题

1. 钢材按脱氧程度如何分类?
2. 钢材中的化学成分对其性能有哪些影响?
3. 低碳钢拉伸试验分为几个阶段?如何理解上屈服强度和下屈服强度?
4. 什么是屈强比?屈强比有什么意义?
5. 什么是钢材的冷加工强化和时效处理?采取该措施对工程有什么意义?
6. 钢结构用钢材有哪几种?分别具有哪些性能?
7. 钢筋混凝土用钢材有哪几种?如何选用?
8. 如何防止钢材锈蚀?

第7章 合成高分子材料

7.1 概 述

合成高分子材料是以不饱和的低分子碳氢化合物(单体)为主要成分,含少量氧、氮、硫,经人工加聚而成的分子量很大的物质,常称为高分子聚合物。高分子聚合物具有密度小、比强度高、耐水性及耐化学腐蚀性强、抗渗性及防水性好、耐磨性强、绝缘性好、易加工等特点,但在环境影响下易发生老化,且具有可燃性。合成高分子材料在土木工程中得到了越来越广泛的应用,已经成为继水泥、钢材、木材之后发展最为迅速的第四类建筑材料,产品包括塑料、合成橡胶、涂料、胶黏剂、高分子防水材料等。

7.1.1 高分子聚合物的分类

1) 按聚合物合成方法的不同分类

高分子聚合物可以分为加聚聚合物和缩聚聚合物两类。

加聚聚合物是一种或几种含有双键的单体在引发剂或光、热、辐射等作用下,经聚合反应合成的聚合物。其中,用一种单体聚合成的称为均聚物,如聚乙烯、聚苯乙烯;由两种或两种以上的单体聚合成的称为共聚物,如丁二烯苯乙烯共聚物、醋酸乙烯氯乙烯共聚物等。

缩聚聚合物是由含有两种或两种以上官能团的单体,在催化作用下经化学反应而合成的聚合物。其品种很多,常以参与反应的单体名称后加"树脂"两字来命名,如酚醛树脂、脲醛树脂等。

2) 按聚合物在热作用下表现出来的性质分类

高分子聚合物分为热塑性聚合物和热固性聚合物。

热塑性聚合物是指反复受热软化、冷却硬化的聚合物,一般是线形分子结构,如聚乙烯、聚氯乙烯等。

热固性聚合物是指经一次受热软化(或熔化)后,在热和催化剂或热和压力作用下发生化学反应而变成坚硬的体型结构,之后再受热也不软化,在强热作用下即分解破坏的聚合物。如环氧树脂、不饱和聚酯树脂、酚醛树脂等。

3) 按聚合物所表现的性能和用途不同分类

高分子聚合物分为塑料类、合成橡胶类及合成纤维类等。

7.1.2 高分子聚合物在土木工程中的应用

高分子聚合物主要用于制成塑料、橡胶、合成纤维,还广泛用于制成胶黏剂、涂料及各种功能材料。塑料、橡胶和合成纤维称为三大合成材料。一般地说,分子链之间吸引力大,链节空间对称性和结晶性高的高分子聚合物,适宜制成纤维和塑料;分子链之间吸引力小、链柔顺性高的高分子聚合物,适宜制成橡胶。有些高分子聚合物,例如聚乙烯、聚氯乙烯、聚乙内酰胺等,既可用于制成塑料,也可用于制成纤维;又如聚丙烯酸甲酯,则可用于制造塑料或橡胶。虽然有些高分子聚合物的化学成分相同,但通过控制生产条件,可以形成不同的结构,使其具有不同的性质,因而也可以用于制作不同的材料。

1) 塑料

塑料是一种以高分子聚合物为主要成分,并内含各种助剂,在一定条件下可塑制成一定形状,并在常温下能保持形状不变的材料。

塑料由合成树脂和助剂组成。凡作为塑料基材的高分子聚合物都称为合成树脂或树脂,占塑料总质量的40%~60%,仅有少数的塑料完全由合成树脂所组成,如有机玻璃。助剂是能在一定程度上改进合成树脂的成型加工性能和使用性能,而不明显地影响合成树脂分子结构的物质。常用的助剂主要有增塑剂、填充剂、稳定剂、润滑剂、固化剂、阻燃剂、着色剂、发泡剂等。

塑料在建筑中有着广泛的应用。塑料可作为装修材料,用于制造门窗、楼梯扶手、踢脚板、隔墙等;可以作为装饰材料,如塑料地板、塑料地砖、塑料卷材及塑料墙面材料;可作为防水工程材料,如塑料止水带、嵌缝材料、塑料防潮膜等;也可制成各种类型的水暖设备,如管道、卫生洁具及隔热隔音材料;还可作为混凝土工程材料,如塑料模板。

2) 合成橡胶

合成橡胶是一种在室温下呈高弹状态的高分子聚合物。橡胶经硫化作用后可制成橡皮,橡皮可制成各种橡皮止水材料、橡皮管及轮胎等;橡胶也可作为橡胶涂料的成膜物质,主要用于化工设备防腐及水工钢结构的防护涂料;合成橡胶的胶乳可作为混凝土的一种改性外加剂,以改善混凝土的变形性。工程中常用的橡胶有丁苯橡胶、氯丁橡胶、聚氨基甲酸酯橡胶、乙丙橡胶及三元乙丙橡胶等。

3) 合成纤维

合成纤维是将液态树脂经高压通过喷头喷入稳定液后而得到的一种纤维状产品。合成纤维的线性结构分子中有部分结晶存在,故非常坚韧,具有强度高、变形小、耐磨、耐腐蚀等特点,广泛用于工业及日常生活中,如纤维混凝土、用作护坡和反滤等的土工合成材料。工程中常用的合成纤维有尼龙、涤纶纤维、腈纶纤维、乙纶纤维、氯纶纤维等品种。

7.2 合成树脂

7.2.1 合成树脂的概念

合成树脂属于高分子化合物,高分子化合物是指分子量很高的一类化合物,亦称大分子化合物或聚合物。合成聚合物的起始原料是低分子化合物叫做单体,聚合物就是由成千上万个单体分子通过聚合物反应链接而成,其化合组成有的单体相同,有的有一些差别。环氧树脂、硅树脂、聚氯乙烯等均是以低分子化合物为主要原料由人工合成制得的。在没有加工成型前均称为合成树脂。

7.2.2 聚氯乙烯树脂(简称PVC)

聚氯乙烯是水利工程应用比较广泛的聚合物之一。在室温下为无色半透明的坚硬固体,在60~80℃软化,180~200℃熔融成液体,属热塑性树脂。聚氯乙烯易加工成各种制品,加入增塑剂后具有一定的弹韧性,但在热、光及空气作用下,容易老化。

聚氯乙烯树脂中掺入不同填料、稳定剂、增塑剂、着色剂后可以制得各种颜色的硬质、软质两种塑料。

(1)硬聚氯乙烯的优点是加工成的制品力学强度高,有极好的耐风化能力,易熔接黏合,产量大,价格低,常用作水管和配件。缺点是使用温度低(小于60℃)。

(2)软聚氯乙烯的优点是具有良好的弹韧性和抗腐蚀性,可制成薄膜作止水、护面材料;制成止水带,可用于需要防渗和较大变形的止水材料;制成软管用作混凝土大坝施工时可以拔出的冷却水管。

7.2.3 聚酯树脂(简称UP)

聚酯树脂是多元酸(一般为二元酸)与二元醇经缩聚反应而成的树脂的总称。其分子结构的主链上含有许多重复的酯基。

聚酯树脂分饱和(热塑性)与不饱和(热固性)聚酯树脂两种。工程上常使用的是不饱和聚酯树脂,以液态和低聚物形式加以利用。它能在交联单体的存在下,进一步交联固化成体型结构。

聚酯树脂的黏结力大,耐腐蚀能力强,但收缩率较大,抗碱性不够。可以制造涂料,玻璃纤维的增强塑料,又是玻璃钢的主要原料。水工上常以液态的低聚物形式制成胶黏剂用以配制聚酯砂浆或聚酯混凝土,用作水道或隧洞的护面材料。聚酯砂浆或聚酯混凝土的硬度高,耐磨性、防水性强、抗各种化学侵蚀,力学性质高于水泥混凝土,抗拉强度可达9~14MPa,抗压强度达80~160MPa,价格较水泥混凝土昂贵。因此,使用上还受到一定限制。

7.2.4 环氧树脂(简称EP)

环氧树脂是一种含有环氧基合成树脂的总称。一般所指的是应用较多的二酚基丙烷环氧树脂。环氧树脂是呈黄色或铜色的黏性液体或固体,其分子结构呈支链形,但加入固化剂固化后,属热塑性树脂。环氧树脂的主要特性有如下几个方面:

(1)具有极高的黏结强度,有"万能胶"之称,一般配方可以达50MPa以上,尤其是对钢铁、陶瓷、混凝土等具有较高的黏结强度。

(2)纯的或洁净的环氧树脂,自身不会固化,在温度高达200℃时,它的化学成分仍然稳定。因此,树脂中不加入固化剂以及水、酸等物质,长期存放也不会失效。

(3)环氧树脂固化过程没有副产物或气泡产生,所以收缩小,一般小于2%。因此对混凝土裂缝黏结后环氧浆料不会再收缩成缝。此外,它的热胀系数小,一般为6×10^{-3}/K,受温度的影响很小,尽管如此,在修复混凝土裂缝时,为了与被黏结构的热胀系数尽量相一致,可以加入部分水泥,或水泥、砂作填料。

(4)环氧树脂具有很高的稳定性,尤其是长期处于地下或水下的混凝土建筑物,不受紫外线阳光照射者,可以认为没有老化现象。

(5)一般型号的环氧树脂虽不溶于水,但遇水会发生白化,致使黏结强度降低。因此在一般混凝土补强时,要把水分吹干或用丙酮擦干。

根据不同环氧值 K,掺入适量固化剂、稀释剂、增塑剂和填充料调配成各种不同型号的环氧树脂材料。如胶黏剂,可以黏结各种金属和非金属材料。水工中常用以配制环氧砂浆或环氧混凝土,用于需要较高的抗冲磨、抗气蚀、防潮、防腐、补强等特殊部位。

7.2.5 聚乙烯(简称PE)

聚乙烯是由乙烯加聚得到的聚合物。聚乙烯塑料是以聚乙烯为基材的塑料。聚乙烯的特点是强度较高、延伸率较大、耐寒性好、韧性好、无毒、耐腐蚀,常用来作塑料管、防水工程材料及装饰材料等。聚乙烯按其密度可分为高密度聚乙烯、中密度聚乙烯及低密度聚乙烯三种。其中,高密度PE具有低温性和水锤击适应性能好的特点,但不易黏结;低密度PE具有良好的热熔连接性能,具有较大的伸长率和较好的耐久性,价格较便宜,常用于改善沥青的性质。

聚乙烯塑料可制成薄膜,半透明,可加工成建筑用的板材或管材。

7.2.6 有机硅树脂(简称SI)

有机硅树脂是用含三官能团有机硅单体进行水解缩聚或用三官能团与双官能团的有机硅单体进行共水解缩聚得到的树脂的总称。有机硅树脂具有较高的耐热和化学稳定性,优良的电绝缘性和非常好的憎水性,同时具有较高的黏结性,低温时抗脆裂性较强,但耐溶剂性较差,常制成胶黏剂、涂料、浸渍剂及耐热和绝缘性较高的塑料。硅胶就是其中的一种胶黏剂。有机硅漆即是以有机硅树脂为主要成膜物质的涂料。

7.2.7 聚醋酸乙烯酯(简称PVAC)

聚醋酸乙烯酯是指醋酸乙烯的聚合物,也称白乳胶,无色黏稠状或无色透明球状固体,具有热塑性。聚醋酸乙烯酯具有黏结力强、耐烯酸和烯碱作用的特点,但吸水性强,主要用来配制水性涂料和胶黏剂,也可用于混凝土外掺剂,配制成聚合物水泥混凝土。

7.2.8 聚丙烯酸酯(简称PAE)

聚丙烯酸酯是丙烯醋酸共聚乳液(简称丙乳),具有优良的黏结、抗裂、防水、防氯离子渗透、防腐、抗冻、耐磨、耐老化性能,并具有无毒、无污染、不燃、不爆、无腐蚀性等优点。主要用于配制丙乳砂浆,作为护面和修补材料,适用性较广。

7.3 合成高分子材料在混凝土防护和补强方面的应用

7.3.1 混凝土防护

水工码头的混凝土结构受各种侵蚀性介质的影响,极易导致混凝土结构的腐蚀破坏。近20多年来混凝土耐久性调查及研究的结果显示,水运工程混凝土结构浪溅区和水位变动区的腐蚀环境最为恶劣,大气区也属于强腐蚀环境。而处于水下区的混凝土常处于饱水状态,通氧条件差,钢筋的腐蚀较缓慢。泥下区腐蚀速率最小。此外,构造物的主要受力区腐蚀也较严重。

要满足工程对混凝土结构较长使用寿命的要求,可以通过高性能混凝土,设置适当的保护层厚度,并在施工环节采取措施最大限度减少乃至防止混凝土裂缝等措施来实现。但在实际施工过程中,由于材料品质波动、施工质量控制水平等因素的影响以及早龄期混凝土在没有足够的成熟度及密实度条件下过早暴露于腐蚀环境,导致混凝土结构的耐久性不能完全被保证。因此,在大量的水运工程中,为了保证混凝土结构耐久性,尽量延长结构的使用寿命,尚需对其采用适当的外加防护措施,使其在设计年限内的劣化速度和程度降低,弥补因混凝土施工出现的质量偏差,增加结构实际使用的安全性。

混凝土结构防护目前常用的技术有表面涂层、硅烷浸渍、阴极保护、阻锈剂以及环氧涂层钢筋、纤维增强聚合物(简称FRP)筋和透水模板等。可以根据构件所处环境,选择适宜的防护措施。此外,目前有一些较好的防护措施,但由于成本等因素,在水运工程中还未得到应用,如不锈钢钢筋和热浸镀钢筋等。本节只叙述混凝土表面防护材料与技术。

1)表面涂层

混凝土表面涂层技术,是涂料固化后在混凝土表面形成一层保护膜,将混凝土结构表面与外部环境隔绝,从而能够有效阻隔海洋环境中的氯离子渗入混凝土中,延缓钢筋周围的氯离子浓度达到其临界状态。除此之外,涂层还可明显地减少氧气、水分、二氧化碳等有害介质渗入混凝土中,从而降低钢筋的腐蚀速度,提高混凝土结构的耐久性。

混凝土表面涂层技术由于施工简便、防护效果明显、适用范围广以及成本较低等因素,成为海洋工程混凝土结构物主要防腐蚀措施之一。从20世纪80年代开始,混凝土涂层技术在我国大型海洋工程中已得到了广泛的应用,如在湛江港、盐田港、广州港以及珠海高栏港区等国家重点基础设施建筑工程中均有大规模的使用。

由于处于浪溅区及平均潮位以上的水位变动区的混凝土结构,通常表面处于潮湿状态,从而对普通涂层性能产生一定的影响,因此20世纪90年代开始,我国相关单位致力于开发一种可在潮湿混凝土表面(无流水、水珠、水迹)有效固化成膜的涂料,并取得了显著成果。《海港工程混凝土结构防腐蚀技术规范(附条文说明)》(JTJ 275—2000)将这种可在潮湿混凝土表面固化的涂料定义为表湿区涂层,并规定处于浪溅区及平均潮位以上的水位变动区的混凝土结构需采用表湿区涂层。

混凝土涂层体系一般包括底层、中间层以及面层。底漆与中间漆一般为环氧树脂类涂料,为了减少溶剂挥发对漆膜的影响,增强漆膜的致密性,近年来市场出现了无溶剂的湿固化环氧漆。面漆可以使用环氧树脂、丙烯酸树脂以及聚氨酯类等涂料。相比环氧类等面漆,聚氨酯面漆是具有较好的耐候性和防护性,适用于严酷的海洋腐蚀环境,在20世纪90年代以后逐渐取代环氧类等面漆,于水运工程中得到广泛的应用。进入21世纪,市场上又出现了性能更加优异的氟碳面漆和聚硅氧烷面漆,这两种面漆性能更优于聚氨酯类面漆,在海洋环境桥梁等钢或混凝土结构中有不少应用实例,但目前在我国水运工程混凝土结构中应用较少。

混凝土表面涂层系统中,底漆涂料应具有低黏度和高渗透能力,能渗透到混凝土内部起到封闭孔隙和提高后续涂层附着力的作用;中间漆涂料应具有较好的防腐蚀能力,能抵抗外界有害介质的侵入;面漆涂料应具有抗老化性和抗冲击性,对中间漆和底漆进行保护。各层的配套涂料应有较好的相容性,即后续涂料涂层不能对前一涂料所形成的涂层有负面影响。

表湿区涂层通常由于表湿区的构件处于浪花飞溅、潮位涨落、潮湿度比较高的状态,因此为保证和增强表湿区防腐涂层的防腐效果,选用具有湿固化性能的涂料,用于涂层配套的底层和中间层。湿固化涂层具有良好湿固化、耐磨损、耐冲击、耐碱性、耐老化以及黏附性等性能。

混凝土表面涂层的使用年限与涂膜厚度有直接的关系,应该根据要求的保护年限,设计相配套的涂层体系以及涂膜厚度。涂层设计厚度及配套参照《海港工程混凝土结构防腐蚀技术规范(附条文说明)》(JTJ 275—2000)。

2)硅烷浸渍

硅烷浸渍是采用硅烷系憎水剂浸渍混凝土表面,即使这种憎水剂渗入混凝土毛细孔中的深度只有数毫米,但由于它与已水化的水泥发生化学反应,使毛细孔壁憎水化,能达到使水分和所携带的氯化物都难以渗入混凝土的效果,从而实现达到提高混凝土结构耐久性的目的。

硅烷根据其主要化学成分可分为异丁基三乙氧基硅烷以及异辛基三乙氧基硅烷等,根据使用形态可分为液体硅烷和膏体硅烷。

硅烷浸渍的成本与涂层相当,但其喷涂后不影响混凝土外观,不会发生像涂层那样经过长时间暴露出现剥落、褪色等影响外观的情况,因此更适合于使用在对外观要求高的区域。自1998年硅烷浸渍在我国盐田港二期集装箱码头应用以来,逐渐得到了众多业主单位和设计单位的认可,在我国海洋工程中得到了广泛的应用,如湛江港石化码头、深圳大铲湾集装箱码头一期、福建LNG码头以及福建泉州泰山石化主体码头等。

膏体硅烷是为了克服液体硅烷在竖立表面易流淌导致分布不均等施工上不甚方便的缺点而开发出来的,是混凝土硅烷浸渍技术新一代的产品。膏体硅烷具有触变性、不流淌的特点,由于它能附着于混凝土表面且不流淌,从而避免了因流淌而造成的材料损失,能保证有效成分充分渗入密实的混凝土表面。相比于液体硅烷,膏体硅烷不仅具有更优良的保护性能,同时也具有显著的经济性,近年在工程中的应用越来越广泛。

硅烷浸渍在水运工程中的应用范围有一定的限制,其主要适用于水运工程浪溅区及大气区的防腐蚀保护,而不适用于浪溅区以下部分以及水位变动区的混凝土结构物。这是由于硅烷浸渍是通过毛细现象渗透到混凝土中的,水位变动区的混凝土通常是饱水状态,毛细孔吸附现象减弱,降低了硅烷保护渗透效果。另外硅烷是在混凝土内部孔隙或孔壁中形成憎水膜,并不填塞孔隙,所以不能抵抗压力水的渗透。通常混凝土表面处于表干状态以及硅烷施工完后6h内保证不被水浸泡才可达到最理想效果。

(1)硅烷浸渍的原理

硅烷小分子穿透混凝土的表面,渗透到混凝土内部几个到十几个毫米,与暴露在酸性和碱性环境中的空气及基底中的水分产生化学反应,生成羟基团。这些羟基团将与基材和其本身在毛细孔的内壁产生交联,形成牢固的保护层。

(2)硅烷性能特点

硅烷浸渍防腐的年限应不少于15年。硅烷浸渍的防腐效果,体现在使用硅烷后混凝土的吸水率、浸渍深度以及氯化物吸收量的衰减效果:

①经硅烷处理后混凝土吸水率。经处理的混凝土吸水率平均值不大于$0.01\text{mm/min}^{1/2}$;

②硅烷的浸渍深度。对强度等级不大于C45的混凝土,浸渍深度应达到3~4mm;对强度等级大于C45的混凝土,浸渍深度应达到2~3mm;

③使用硅烷后,氯化物吸收量的降低效果。氯化物吸收量的降低效果平均值不小于90%。

此外,有机硅烷浸渍混凝土可以做到透明效果,不影响混凝土的原色,具有较好的外观效果。优质的有机硅烷浸渍型涂料可以在混凝土表面潮湿的状态下施工,且防护效果良好。

7.3.2 裂缝灌浆材料

混凝土结构由于内外因素的作用不可避免地存在裂缝,而裂缝是混凝土结构物承载能力、耐久性及防水性降低的主要原因。过去对混凝土裂缝并没有很好的修补方法,随着材料科技的发展,近年来开始出现了化学灌浆法处理混凝土裂缝。

对于非锈蚀形成的裂缝,如果确定裂缝稳定不再发展,常采用化学灌浆法、填缝法和电化学沉积法对裂缝进行封闭处理,以防止水分、盐分以及空气通过裂缝使钢筋发生锈蚀。

目前最常用的化学灌浆材料可分为两大类,六个系列,上百个品牌。一是防渗止水类,有水玻璃、丙烯酸盐、水溶性聚氨酯、弹性聚氨酯和木质素浆等;二是加固补强类,有环氧树脂、甲基丙烯酸甲酯、非水溶性聚氨酯浆等,近年来应用最多的是水玻璃、聚氨酯和环氧树脂浆材。施工前对裂缝表面进行清洁,安装化学灌浆嘴,灌水试验各灌浆嘴间的裂缝是否连通,保证灌浆液能充分填充裂缝。

填缝的方法是沿浅层表面裂缝开凿 V 形槽,用高压水冲洗槽内混凝土表面,然后用触变性良好的环氧胶泥或环氧砂浆填补裂缝。环氧类材料强度高,但耐久性不足,施加环氧材料的表面通常需要用耐久性较好的涂料覆盖,防止环氧类材料粉化,一般使用较多的是聚氨酯面漆。

电化学沉积法是近年来新兴的修复钢筋混凝土裂缝的新方法之一。它充分利用钢筋混凝土自身特性及水环境条件,施加一定的弱电流,产生电解沉积作用,在混凝土结构裂缝中、表面上生长并沉积一层化合物[如 ZnO、$CaCO_3$、$Mg(OH)_2$ 等],填充、愈合混凝土裂缝,封闭混凝土表面。这些无机化合物膜层不仅提供了一种物理保护层,而且也可以有效阻止气液介质在混凝土内部的迁移、传送,特别适用于钢筋混凝土的水下裂缝修补。但该方法使用的电化学沉积液、施工装置和施工技术有待进一步研究,目前工程实际应用较少。

我国水利工程中,混凝土结构物裂缝修补应用化学灌浆方法比较早,从 20 世纪 50 年代末开始研究,60 年代研究了丙烯酰胺类浆材(丙凝),70 年代初又成功地研制了聚氨酯浆材和环氧树脂类浆材,80 年代对环氧树脂浆材改性做了大量研究工作,研究出低黏度、可灌性好的环氧浆材,还研究出能在潮湿、水下、低温条件下固化的环氧浆材。至 20 世纪 90 年代,采用互穿网络技术(IPN)研制出复合浆材,如环氧—聚氨酯、甲凝—聚氨酯、环氧—甲凝等复合浆材,发挥各自优点,大大改善了单一浆材的性能。下面介绍水利工程中应用较成熟的几种灌浆材料。

1)环氧类浆材

(1)环氧浆材成分

环氧浆材成分由环氧树脂、固化剂(间苯二胺、乙二胺)、稀释剂(丙酮、苯、甲苯、二甲苯)、增塑剂(邻苯二甲酸二丁酯、二甲苯)和改性剂组成。

(2)环氧浆材的特点

固化后的环氧浆材抗压强度、抗拉强度、黏结强度高,收缩率小(2%),化学稳定性好,但黏度较大,经改性后可配制成低黏度、潮湿或水中固化、弹性变形大的改性环氧浆材。

(3)几种环氧浆材介绍

EFN系列弹性环氧浆材是中国科学院广州化学研究所研制成功的产品,该系列有1045、1182、1713三个牌号的产品,分别适用于裂缝宽度小于0.2mm,0.2~0.4mm,大于0.4mm的补强灌浆。EFN系列弹性环氧浆材性能见表7.3.1。

EFN系列弹性环氧浆材性能　　　　　表7.3.1

牌号	黏度($\times 10^{-3}$Pa·s)			凝结时间(h)	30d抗压强度(MPa)	压缩变形($\times 10^{-2}$)	黏结强度(MPa)	耐酸耐碱	适用裂缝宽度(mm)
	起始	5min	30min						
1045	10	41	80	40~48	112	58	5.1	无变化	<0.2
1182	46	290	780	8~14	96	65	4.0	无变化	0.2~0.4
1713	123	683	1630	4~8	114	65	4.7	无变化	>0.4

此外,广州市宇华建筑特种工程公司研制的EAA环氧浆材,用嘉德牌EAA环氧浆材,掺入复合ENA改性剂和表面处理剂,使其具有黏度低、润湿性强、强度高、耐老化、无毒等特性。

长江科学院研制的CW环氧浆材,是在原环氧—糠醛—丙酮浆材基础上,采用新型环氧树脂(CYD)、稀释剂、表面活性剂等研制的双组分灌浆材料。该浆材具有可灌性好,在干燥、潮湿、水中都能固化,毒性低等特点。室内试验和工程应用表明,CW环氧浆材是处理混凝土微细裂缝和岩基泥化夹层较好的补强灌浆材料。

中国水科院岩土所研制的SK-E改性环氧浆材具有黏度低、强度高、良好的亲水性和可灌性等特点,可渗入0.001mm混凝土裂缝和微细岩石裂隙,毒性低,是较理想的补强加固灌浆材料。

2)丙烯酰胺类浆材(丙凝)

丙烯酰胺类浆材是化灌浆材中出现较早的一种,在美国商品名称为AM-9,日本称日本SS,我国简称丙凝。丙凝浆材具有黏度低、可灌性好、凝结时间可调节、抗渗性好等特点,在聚合前有一定毒性,操作人员应佩戴橡胶手套进行操作,切不可大意。

丙凝是美国于20世纪40年代为了军事目的而研制发展起来的,日本在1962年推广应用,我国于1964年研制成功。50年来,丙凝在水工建筑物裂缝防渗处理、大坝基础帷幕灌浆及矿井堵漏方面得到了广泛应用,取得了良好效果。丙凝的常用配方见表7.3.2。

丙凝的常用配方　　　　　表7.3.2

溶液	材料名称	作用	质量百分比
甲液	丙烯酰胺	主剂	9.5
	N-N'甲撑双丙烯酰胺	交联剂	0.5
	β-二甲氨基丙腈或三乙醇胺	促进剂	0.1~0.4
	铁氰化钾	阻聚剂	0~0.01
乙液	过硫酸铵	引发剂	0.5

(1)丙烯酰胺浆材性能

①黏度。丙凝的黏度很低,一般使用浓度为10%的丙凝浆液,其黏度与水相近,见表7.3.3。

不同温度下丙烯酰胺浆材黏度　　　　　表7.3.3

温度(℃)	黏度($\times 10^{-3}$Pa·s)	
	10%丙凝	水
8	1.592	1.386
10	1.528	1.308
15	1.328	1.140
20	1.192	1.005

②可灌性。丙凝属诱导型浆材,因此其浆液在一定时间(诱导期)内黏度保持不变(低黏度),而凝胶是在瞬间完成的。

③胶凝时间。丙凝的胶凝时间可由促进剂、引发剂或阻聚剂的掺量及温度在几秒至几十分钟内非常准确地控制。掺入极少量硫酸亚铁,可明显缩短凝胶时间;掺入极少量铁氰化钾,可明显延长凝胶时间;温度升高,可明显缩短凝胶时间;pH<7时,随pH值减小凝胶时间急剧增长。

(2)丙凝凝胶体性能

①抗压强度极低。

②抗渗性高,渗透系数为$10^{-10} \sim 10^{-9}$cm/s。

③高弹性,适应大变形而不开裂,伸缩缝堵漏可用。

④吸水膨胀性,凝胶长期处于通风干燥环境中,会失水而干缩,但遇水仍能吸水膨胀。

(3)丙凝与水泥复合使用

大流量漏水处理,用水泥灌浆难以奏效,单用丙凝造价高,不经济,可采用丙凝+水泥复合浆材,水泥与丙凝比例为(2~0.6):1。

3)丙烯酸盐类浆材

丙烯酸盐类浆材是20世纪40年代在美国首次试用于加固地基,日本于1953年前后开始研究,我国从1970年开始对丙烯酸盐浆材进行探索试验。

丙烯酸盐是由丙烯酸和金属结合组成的有机电解质,丙烯酸盐单体一般溶于水,聚合后可得到溶于水和不溶于水的两种聚合物。

丙烯酸钠、丙烯酸钾为一价金属盐,生成水溶性聚合物,若加入交联剂,又可生成不溶于水的聚合物。

(1)丙烯酸盐种类

一价:丙烯酸钠、钾、铵;

二价:丙烯酸钙、锌、镁、钡、锶、铅、镍;

三价:丙烯酸铝、铬。

(2)丙烯酸盐浆材组成

丙烯酸盐浆材是由一定浓度的丙烯酸盐单体、交联剂、引发剂、阻聚剂组成的水溶液。

(3)丙烯酸盐浆材性能

①可灌性。丙烯酸盐浆材黏度低,可灌性好,表面张力为$(40 \sim 60) \times 10^{-7}$N·m(水表面张力为$70 \times 10^{-7}$N·m),亲和性好,浓度小于等于25%的A-Ca、A-Zn、A-Mg黏度不超过4×10^{-3}Pa·s(25℃),见表7.3.4。

丙烯酸盐浆材的黏度 表7.3.4

丙烯酸盐	不同浓度下的黏度($\times 10^{-3}$Pa·s)			
	10%	15%	20%	25%
A-Ca(丙烯酸钙)	1.41	1.70	2.12	2.68
A-Zn(丙烯酸锌)	1.34	1.64	2.02	2.51
A-Mg(丙烯酸镁)	1.57	2.08	2.88	3.94

②黏度变化。黏度变化属诱导型,即在聚合反应之前,黏度基本保持不变,聚合反应一旦开始,黏度急剧增加,具有很快达到最终凝胶的性能。

③胶凝时间。使用氧化还原体系引发时,丙烯酸盐的胶凝时间可在数秒至数小时内控制。温度、单体浓度、引发剂浓度、浆液和介质pH值对其凝胶时间均有显著的影响。

(4)丙烯酸盐凝胶体的性能

①抗渗性。丙烯酸盐凝胶体的抗渗性见表7.3.5。

丙烯酸盐凝胶体的抗渗性 表7.3.5

丙烯酸盐	浆液浓度(%)	凝胶体渗透系数(cm/s)
A-Ca	30	2.0×10^{-8}
A-Zn	30	1.5×10^{-7}
A-Mg	30	3.0×10^{-10}
A-Na	10	2.0×10^{-10}

②强度与弹性。丙烯酸盐凝胶是一种强韧的弹性体,其中以 A-Mg 最突出,其压缩变形可达50%以上,一般固砂体的抗压强度为 0.3~1.0MPa。

③黏结性。A-Mg、A-Sr、A-Ca 黏结性都较好。

④胀缩性。A-Ca、A-Zn 的凝胶体在水中会收缩;A-Mg 的凝胶体在水中会膨胀。

长江科学院在前人研究基础上,研究了丙烯酸盐中金属离子的引力场和生物学效应,研制出了三种丙烯酸盐浆材,经毒性试验,1号丙烯酸盐溶液微毒、2号微毒、3号为无毒。

丙烯酸盐浆材黏度低,不含颗粒成分,凝胶时间可控制,抗挤能力强、抗渗性好,可灌入微细裂隙。

丙烯酸盐浆材在江西万安水电站大坝地基F33断层处理中得到应用(帷幕补强)。

4)甲基丙烯酸酯类浆材

甲基丙烯酸酯类浆材通常简称甲凝,我国在1960年开始研究,1964年在大坝上进行现场试验,在处理混凝土细裂缝方面取得了较好效果,最大黏结强度达1.68MPa,对于潮湿和有水裂缝补强灌浆,也取得成效。

甲凝的主要特点是黏度低、可灌性好、力学强度高,一般用于裂缝补强。

(1)甲凝的组成(表7.3.6)

甲凝的组成 表7.3.6

作用	材料名称	代号	性状	用量
主剂	甲基丙烯酸甲酯	MMA	无色液体	100L
引发剂	过氧化苯甲酰	BPO	白色固体	1.0~1.5kg
促进剂	二甲基苯胺		淡黄色液体	0.5~1.5L
除氧剂	对甲苯亚磺酸	TSA	白色固体	0.5~1.0kg
阻聚剂	焦性没食子酸	PA	白色固体	0~0.1kg

(2)甲凝浆液的性能

①外观。无色透明液体,具有近似醚类的特殊气味。

②密度为 0.94~1.0g/cm³。

③黏度为 $(0.69~1.0)×10^{-3}Pa·S$,能灌 0.05mm 宽的裂缝。

④表面张力约为水的 1/3。

⑤低温聚合。不仅能常温聚合,甚至在 -23~-19℃仍能聚合。

⑥适用期。在诱导期内黏度几乎不变。

⑦收缩。聚合过程中有 20% 左右的体积收缩,但聚合成型后不再收缩。

(3)甲凝聚合体的性能

①抗压强度为 60~85MPa。

②抗拉强度为 13.5~17.5MPa。

③弹性模量为 2.75~3.30GPa。

④黏结抗拉强度。室内干缝 2.0~2.8MPa,室内有水缝 1.8~2.6MPa;现场试验干缝 0.6~1.7MPa,平均为 1.2MPa,现场试验湿缝平均为 2.2MPa(改进配方)。

⑤黏结抗剪强度。混凝土试件干缝 2.4~3.6MPa,花岗岩人工干缝 4.1~8.0MPa。

⑥黏度抗折强度为 2.4~4.3MPa。

⑦强度增长速度为 7~14d 可达 28d 强度 80% 以上。

⑧耐久性。在 70~80℃的蒸馏水和饱和 $Ca(OH)_2$ 溶液中浸泡数千小时,其抗压强度与质量并无显著变化。

(4)应用

用于裂缝补强灌浆。在湖北省漳河水库陈家冲溢洪道公路桥、启闭室大梁裂缝处理,青铜峡水电站大坝裂缝处理中应用。

5)聚氨酯类浆材

聚氨酯类浆材是防渗堵漏性能较好、固结效能较高的高分子化灌材料。国内的氰凝、SK 型聚氨酯浆材、LW、HW 水溶性聚氨酯浆材,国外日本的塔克斯(TACS)、海索尔(HYSOL-OH)等都属此类浆材。

聚氨酯类浆材分非水溶性和水溶性两类,而水溶性聚氨酯又分为高强(HW)和低强(LW)两种,弹性聚氨酯属非水溶性。

聚氨酯类浆材遇水反应产生 CO_2,边膨胀边凝固。

聚氨酯类浆材凝胶时间与下列因素有关:

①催化剂。催化剂量增加而凝胶时间缩短。

②稀释剂。丙酮掺量增加而凝胶时间延长。

③温度。随温度升高而凝胶时间缩短。

④水的 pH 值。随 pH 值增大(碱性)而凝胶时间缩短。

(1)水溶性聚氨酯

水溶性聚氨酯浆液由预聚体主剂和外加剂(稀释剂、增塑性、表面活性剂、乳化剂、催化剂等)组成。

高强度水溶性聚氨酯的预聚体组成,见表 7.3.7。

高强度水溶性聚氨酯的预聚体组成　　　　表7.3.7

材料名称	备注	材料名称	备注
甲苯二异氰酸酯	主剂	邻苯二甲酸二丁酯	溶剂
环氧丙烷聚醚	主剂	二甲苯	溶剂
环氧乙烷聚醚	主剂	硫酸	阻聚

低强度水溶性聚氨酯的预聚体组成,见表7.3.8:

低强度水溶性聚氨酯的预聚体组成　　　　表7.3.8

材料名称	备注	材料名称	备注
甲苯二异氰酸酯	主剂	环氧丙烷、环氧乙烷混合聚醚	主剂

聚氨酯类浆材的工程应用：
①五强溪水电站大坝伸缩缝止水系统失效,采用氰凝灌浆处理。
②辽宁省葠窝水库大坝裂缝渗水处理,LW∶HW=4∶1。
③湖南省凌津滩水电站二期工程大坝横缝漏水处理,HW∶LW=4∶6。

（2）弹性聚氨酯浆材

弹性聚氨酯浆材的特点是断裂伸长率高,可达300%,适用于变形缝防渗处理。

弹性聚氨酯是由异氰酸酯和多羟基化合物反应而得。

（3）聚氨酯与水泥复合浆材

为了提高聚氨酯浆材固结体抗压强度,可与水泥复合使用,水泥有较高力学性能,聚氨酯与水泥复合浆材抗压强度大于等于35MPa。

①浆液组成比例(表7.3.9)。

浆液组成比例　　　　表7.3.9

材料名称	比例	材料名称	比例
聚氨酯预聚体	100	吐温-80	1
邻苯二甲酸二丁酯	10	水泥(普硅)	50~80
丙酮	10		

②浆材性能。

a.黏度。50%水泥的聚氨酯—水泥浆液,黏度为350×10^{-3}Pa·s(22℃)。

b.胶凝时间。1~2h,如加入0.3%~3%三乙醇胺,可缩短为几十分钟至十几秒钟。

c.抗压强度。空气养护16~24℃,试件尺寸为2cm×2cm×2cm不同龄期抗压强度见表7.3.10。

不同龄期抗压强度(MPa)　　　　表7.3.10

编号	1d	3d	7d	28d
1	26.7	36.6	38.0	39.1
2	34.4	42.8	40.6	63.0
3	30.8	37.4	38.1	40.1

d.黏结强度。小8字试件,3d黏结强度为3.45MPa,7d为3.55MPa;劈拉7d为1.0MPa(混凝土试件)。

7.3.3 剥蚀破坏修补材料

剥蚀破坏是指冻融破坏、钢筋锈蚀破坏及水质侵蚀等产生的剥蚀破坏,也有码头结构受船舶撞击引起的混凝土局部破损。这些混凝土损坏的维修原则和方法基本相同,钢筋混凝土结构物维修施工工艺一般包括以下内容:

(1)移除损坏区域劣化的混凝土,完全露出锈蚀的钢筋(一般要求开凿至钢筋背面2cm以上,钢筋锈蚀部位两端各露出20cm尚未锈蚀的钢筋)。

(2)对钢筋进行除锈处理,更换截面积不足的钢筋(一般钢筋剩余截面积小于80%时,需要更换)。

(3)高压淡水彻底冲洗旧混凝土和钢筋表面,清除粉尘和不牢固附着物。

(4)采取钢筋防腐蚀措施。

(5)恢复混凝土或砂浆保护层。

(6)对维修部位进行养护,对混凝土表面进行防护处理。

混凝土保护层的修复一般采用喷射混凝土、砂浆(水泥预缩砂浆、环氧水泥砂浆和聚合物水泥基砂浆)、立模浇注高流动性自密实混凝土、改性水下环氧灌浆液材料修复。外物碰撞导致的结构物水下部分破损的维修采用水下不分散混凝土。

水利工程中采用合成高分子材料修补混凝土剥蚀破坏的实例较多,应用时间也较早,其修补材料主要有聚合物水泥砂浆、环氧砂浆、聚合物水泥混凝土、环氧树脂混凝土等。

1)聚合物水泥砂浆

常用聚合物水泥砂浆为丙乳砂浆,是丙烯酸酯共聚乳液水泥砂浆的简称。水泥砂浆中掺入丙乳乳液后,在水泥水化新生结晶——凝聚结构的刚性空间骨架中聚集了丙乳有机聚合物相,使刚性无机物之间被坚固的、有弹性的和黏附性的有机聚合物点或网式膜连接,这样既提高了混凝土密实性、黏结性,又降低了混凝土的脆性,且与老混凝土的热膨胀系数相近。国外已把丙乳砂浆广泛用作混凝土修补、防水、防腐及黏结材料。丙乳砂浆与普通水泥砂浆相比,具有以下优异性能:极限拉伸提高2~3倍,抗拉强度提高1倍,抗拉弹性模量相应减小,收缩减小很多,与老砂浆潮湿面黏结强度提高2倍以上,吸水率降低约80%,抗海水氯离子渗透能力提高8倍,在紫外线碳弧灯气候老化箱中老化2160h后,抗拉强度和极限拉伸不降低,快冻300次循环基本无破坏。此外,丙乳砂浆还具有基本无毒、施工方便、成本较低等优点。因此丙乳砂浆是比较理想的新型裂缝修补材料。自1980年以来,丙乳砂浆已在万福闸公路桥、西斋堂水库溢洪道、崇青水库溢洪道、潘家口水库、南湾水库溢洪道、密云溪翁庄渡槽、沙厂水库渡槽等大量修补工程中应用。丙乳砂浆与普通水泥砂浆物理力学性能比较见表7.3.11。

丙乳砂浆与普通水泥砂浆物理力学性能比较　　　　表7.3.11

序　号	物理力学性能	普通砂浆	丙乳砂浆	比　率	备　注
1	抗压强度(MPa)	50.2	44.2	0.88	40mm×40mm×160mm试件
2	抗折强度(MPa)	12.8	16.8	1.31	
3	抗拉强度(MPa)	5.5	7.6	1.38	小"8"字模
4	与旧混凝土黏结强度(MPa)	1.4	3.0	2.14	
5	抗渗性(加压1.5MPa),恒压24h渗水高度(mm)	9.0	3.5	0.39	砂浆抗渗仪

续上表

序 号	物理力学性能	普通砂浆	丙乳砂浆	比 率	备 注
6	抗冻性	—	F300	—	—
7	抗拉弹性模量($\times 10^4$MPa)	2.60	1.65	0.63	大"8"字模
8	极限拉伸率($\times 10^{-6}$)	288	558	2.45	
9	收缩变形($\times 10^{-6}$)	1271	536	0.42	2cm×2cm×28cm
10	抗磨性(磨耗率,%)	5.38	3.97	—	双圆柱耐磨试验机
11	抗水砂冲磨失重率(%)	10.70	8.96	—	水砂枪
12	快速碳化深度(mm)	3.60	0.80	—	—
13	Cl^-渗透深度(mm)	>20	1	—	浸渍
14	吸水率(%)	12	0.8	—	—
15	老化试验强度损失(%)	13	14	—	WE-2型老化箱

2) 环氧砂浆

环氧砂浆是最早用于水工混凝土建筑物修补的材料之一。早在20世纪60年代初,新安江水电站厂房顶溢流面冲磨空蚀破坏,就采用环氧砂浆修补,修补面积达3860m²。后来又进行了大量研究工作,开发出潮湿水下环氧、弹性环氧等改性环氧修补材料。

环氧砂浆是由环氧树脂、固化剂、增塑剂、稀释剂及填料按一定比例配制而成的。配制环氧砂浆的常用组分见表7.3.12。

配制各类环氧砂浆的常用组分 表7.3.12

环氧树脂	固化剂	增塑剂	稀释剂	填料
618号E—51; 6101号E—44; 634号E—42	间苯二胺; 乙二胺; 600号聚酰胺树脂; T—31(水下); 810(水下); MA(水下); 酮亚胺(水下); CJ-915(弹性)	邻苯二甲酸二丁酯; 邻苯二甲酸二辛酯;	活性: 690号环氧丙烷苯基醚; 501号环氧丙烷丁基醚; 662号甘油环氧树脂; 669号乙二醇二缩水甘油醚 非活性: 丙酮、二甲苯	水泥; 石粉; 石棉粉; 砂

环氧砂浆典型配比见表7.3.13和表7.3.14。环氧砂浆的施工工艺流程如图7.3.1所示。

环氧砂浆配比一 表7.3.13

材料名称	比 例	备 注
634号环氧树脂	100	主剂
304号不饱和树脂	30	增塑剂
690号活性溶剂	20	稀释剂
间苯二胺	16	固化剂
石英粉	375~600	填料
砂($d<0.6$mm)	125~200	细集料

环氧砂浆配比二 表7.3.14

材料名称	比例	备注
6101号环氧树脂	100	主剂
600号聚酰胺树脂	15	固化剂
邻苯二甲酸二丁酯	10	增塑剂
690号环氧丙烷苯基醚	10	稀释剂
石棉粉	10	填料
水泥	200	填料
砂	400	细骨料

环氧砂浆具有强度高、弹性模量低、极限拉伸大等优良特性,但其热膨胀系数大[(25~30)×10⁻⁶/℃],温度剧烈变化时能使环氧砂浆与老混凝土脱开;另一个缺点是材料易老化。适用于温度变化小、日光不易照到部位的修补。环氧砂浆与水泥砂浆等修补材料的物理特性见表7.3.15。

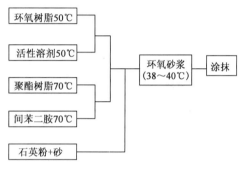

图7.3.1 环氧砂浆的施工工艺流程

环氧砂浆与水泥砂浆等修补材料的物理特性 表7.3.15

性能	环氧树脂灰浆、砂浆和混凝土	聚酯树脂灰浆、砂浆和混凝土	水泥灰浆、砂浆和混凝土	聚合物改性水泥基材料
抗压强度(MPa)	55~110	55~110	20~70	10~80
抗压弹性模量(×10³MPa)	0.5~20	2~10	20~30	1~30
抗弯强度(MPa)	25~50	25~30	2~5	6~15
抗拉强度(MPa)	9~20	8~17	1.5~3.5	2~8
极限拉伸(%)	0~15	0~2	0	0~5
线性热膨胀系数(×10⁻⁶/℃)	25~30	25~30	7~12	8~20
吸水率(25℃,7d)(%)	0~1	0.2~0.5	5~15	0.1~0.5
承载下最大允许温度(℃)	40~80	50~80	>300(与配合比设计有关)	100~300
强度发展速率(20℃)	6~48h	2~6h	1~4周	1~7d

弹性环氧砂浆有两种,一种是采用柔性固化剂(室温下固化),既保持环氧树脂的优良黏结力,又表现出类似橡胶的弹性行为,固化过程中放热量低而平缓,固化后产物弹性模量低、伸长率大;另一种是以聚硫橡胶作为改性剂,使弹性环氧砂浆的延伸率增大到25%~42%,但抗压强度大幅度降低,28d抗压强度仅为17~19MPa。

采用柔性固化剂的弹性环氧砂浆的力学性能见表7.3.16,柔性固化剂掺量按配合比2、1、

3 的顺序增加。由表 7.3.16 可以看出,随着柔性固化剂用量的增加,常温下成型材料的内聚强度减小,而变形能力增加,伸长率达 12.8%~73.4%,而一般石英粉填料环氧砂浆的伸长率仅为 1%~3%。

弹性环氧砂浆的力学性能　　　　　　　　表 7.3.16

序 号	项 目	成型条件	龄期(d)	配合比编号		
				1	2	3
1	抗压强度(MPa)	低温	28	94.8	92.8	67.0
		20℃	90	88.5	101.5	44.5
2	抗拉强度(MPa)	低温	28	6.9	19.2	19.4
		20℃	90	16.1	18.8	5.8
3	新老环氧砂浆粘结强度(MPa)	低温	28	6.1	8.9	13.6
		20℃	90	13.7	14.1	10.5
4	环氧—水泥砂浆黏结强度(MPa)	低温	28	—	6.1	5.8
		20℃	90	5.5	5.6	5.6
5	剪切强度(MPa)			23.6	23.5	12.2
6	线膨胀系数($\times 10^{-6}$/℃)			57.7	60.0	54.4
7	玻璃化温度(℃)			20	—	10
8	伸长率(%)($T=25$℃)			12.8	很小	73.4
9	残余变形(16h)(%)			—	—	17.6
10	变形恢复率(16h)(%)			—	—	82.4
11	弹性模量($\times 10^3$ MPa)			0.44	1.06	—

注:低温成型是指在 3~5℃时成型的试件,脱模后在 20℃养护。

弹性环氧砂浆已在新安江水电站厂房顶溢流面修补工程中得到应用,其配合比见表 7.3.17,效果良好。另外,在江西省溪霞水库泄洪涵管修补工程中也采用了潮湿弹性环氧砂浆。太平湾水电站 21 孔溢洪道混凝土贯穿性裂缝全部用弹性环氧砂浆处理。

弹性环氧砂浆配合比　　　　　　　　表 7.3.17

组成材料	比 例	备 注
618 号环氧树脂	100	主剂
聚硫橡胶	20	增弹剂
MA 固化剂	15	潮湿水下环氧固化剂
CJ-915 固化剂	64	柔性固化剂
石英粉	700	填料
砂	2100	细集料

环氧树脂材料用于潮湿面黏结或水下黏结时必须使用水下环氧固化剂,常用的水下固化剂有 MA、酮亚胺、T-31 等水下环氧固化剂。新安江水电站水下环氧砂浆配合比见表 7.3.18。

水下环氧砂浆配合比　　　　　　　　表 7.3.18

材 料	6101 号环氧树脂	酮亚胺	水	水泥	砂
比例	100	20	5	200	400

水下修补裂缝会遇到低温条件,因此后来又研制了低温水下环氧固化剂及低温水下环氧砂浆。在低温水下条件,低温环氧砂浆与混凝土黏结强度可达 2MPa 以上,本身抗拉强度为 16MPa 左右,常温下与混凝土黏结强度为 4.0~4.5MPa。

1972 年,美国佛罗里达州坦帕城混凝土大坝裂缝,就采用水下环氧砂浆进行了修补。我国从 1981 年开始进行用水下环氧砂浆材料修补混凝土裂缝的试验;1985 年开始,在云南省以礼河水电站毛家村水库泄洪底孔、泄洪洞防渗处理工程中,采用潮湿水下环氧砂浆进行了大面积修补,面积达 $1500m^2$。北京市海子水库泄洪洞修补也采用了潮湿水下环氧砂浆。

3) 聚合物水泥混凝土

当冻融剥蚀厚度为 10~20mm,且面积比较大时,可选用聚合物水泥混凝土修补。聚合物乳液比较贵,因此从经济角度出发,当剥蚀深度完全能满足普通水泥混凝土修补要求的条件时(大于 5~10cm),应优先选用经济的普通水泥混凝土。

聚合物水泥砂浆(或混凝土)是通过向水泥砂浆(混凝土)中掺加聚合物乳液改性而制成的一类有机与无机复合材料。这类砂浆的硬化过程是:伴随水泥水化产物刚性空间结构的同时,由于水化和水分散失,使得乳液脱水,胶粒凝聚堆积并借助毛细管力成膜,填充结晶相之间的空隙,形成聚合物空间网状结构。聚合物相的引入,提高了水泥石的密实性、黏结性,又降低了水泥石的脆性。近几年来,在我国应用比较广泛的改性聚合物乳液有乙烯—醋酸乙烯共聚乳液(EVA)、丁苯胶乳(SBR)、丙烯醋酸共聚乳液(PAE)、氯丁胶乳(CR),其中 PAE、CR 应用最广泛。聚合乳液的掺加量按固形物计约为水泥用量的 10%~15%,水灰比一般为 0.30。为防止乳液接触水泥破乳快凝和拌合物起泡,尚需加入适量的稳定剂和消泡剂。与普通水泥砂浆(混凝土)相比,视掺加聚合物乳液品种的不同,改性后砂浆(混凝土)的抗压强度约降低 0%~20%,极限拉伸提高约 1~2 倍,弹性模量降低 10%~15%,干缩变形减小 15%~40%,与老混凝土的黏结抗拉强度约提高 1~3 倍,抗裂性和抗渗性大幅度提高,抗冻等级能达到 F300 以上。因此,聚合物水泥砂浆(混凝土)是一种非常理想的薄层冻融剥蚀修补材料。北京西斋水库溢洪道底板冻融剥蚀 2~3cm,1986 年采用丙乳(PAE)砂浆修补,至今效果良好。东北镜泊湖水电站尾水渠、崇青水库溢洪道、岳城水库溢洪道底板冻融破坏的修补,均采用了丙乳砂浆。

4) 树脂混凝土

树脂混凝土是以树脂作为胶结材料的混凝土,其研究始于 1950 年。

树脂混凝土主要由有机胶结材料(树脂)、固化剂、填料、粗细集料等组成,为了改善树脂混凝土性能,必要时可加入短纤维、减缩剂、偶联剂、防老化剂等外加剂。

树脂混凝土常用的胶结材料有环氧树脂、不饱和聚酯树脂、呋喃树脂等,其中不饱和聚酯树脂的价格低,固化时间易控制。

水泥混凝土由水泥与水的水化作用而凝结固化;而树脂混凝土不加水,需使用合适的固化剂,使树脂固化。

树脂混凝土添加填料的目的是减小树脂的用量而降低成本,同时可提高黏结力、强度、硬度、耐磨性、减小收缩率及热膨胀系数等。常用的填料有水泥、石英粉、滑石粉等,其细度一般要求为 200 目左右,且是干燥的。

树脂混凝土最大集料粒径不大于 20mm,且含水率不应大于 1%。

为提高胶结材料与集料界面间黏结力,可掺用适当的偶联剂;掺入一定量短纤维是为了改善混凝土的抗冲击韧性;掺减缩剂是为了降低树脂固化过程中产生的收缩。

与普通水泥混凝土相比,树脂混凝土是一种具有极好耐久性和良好力学性能的多功能材料,其抗拉强度、抗压强度、抗弯强度均高于普通水泥混凝土,其抗冲磨性、抗冻性、抗渗性、耐化学腐蚀性都良好。各种树脂混凝土物理力学性能见表7.3.19。

各种树脂混凝土物理力学性能 表7.3.19

检测项目	树脂			沥青	水泥
	环氧	聚酯	呋喃		
密度(kg/m³)	2100~2300	2200~2400	2000~2100	2100~2400	2300~2400
吸水率(%)	0.2~1.0	0.1~1.0	0.1~1.0	1.0~3.0	4~6
抗压强度(MPa)	80~120	80~160	50~140	2~15	10~60
抗拉强度(MPa)	10~11	9~14	6~10	0.2~1.0	1~5
抗磨强度(kg/m²)	17~31	14~35	16~32	2~15	2~7
弹性模量(GPa)	15~35	15~35	20~30	1~15	20~40

由表7-3-19可以看出,与水泥混凝土相比,树脂混凝土密度稍低,吸水率低,抗压强度与抗拉强度均高。

常用各种树脂混凝土配合比为:胶结材料∶填料∶粗细集料 = 1∶(0.5~1.5)∶(4.5~14.5),几种树脂混凝土配合比见表7.3.20。

几种树脂混凝土配合比 表7.3.20

原材料		环氧树脂	聚酯树脂	呋喃树脂
胶结料	树脂	12	10	12
填料	粉料	铸石粉15	铸石粉14	铸石粉32
细集料	石英砂(<1.2mm)	18	20	12
粗集料	石英石(5~10mm)	20	20	13
	石英石(10~20mm)	35	38	31
其他材料		增韧剂适量	引发剂适量	—
		稀释剂适量	促进剂适量	—

7.4 土工合成材料

土工合成材料是近40年来发展起来的一种新材料,它以人工合成的聚合物,如塑料、化纤、合成橡胶等为原料,制成各种类型的产品,置于土体内部、表面或各层土体之间,发挥加强或保护土体的作用。土工合成材料可分为土工织物、土工膜、土工复合材料和特种土工合成材料等类型。目前已广泛应用于水利、水运、电力、公路、铁路、建筑、采矿、军工等工程的各个领域。

早期的土工合成材料分为"土工织物"和"土工膜",透水的称为"土工织物",不透水的称为"土工膜"。近年来大量的以合成聚合物为原料的其他类型的土工合成材料纷纷问世,已经超出了"织物"和"膜"的范畴,国际土工合成材料学会改用"土工合成材料"一词来概括各种类型的材料。

水运工程是最早使用土工合成材料的行业之一，土工合成材料的主要技术功能在水运工程中都有大量的应用，如替代天然砂石用作反滤材料的无纺布，集加筋、排水、护底和固滩、防冲刷于一体的软体排，替代砂井的排水板、排水软管技术等。随着国家沿海开发战略的实施，在未来将会有大量的围海造田工程建设，土工合成材料亦将发挥重要的作用。可以预见如下的技术将会有更大的应用与发展：

(1) 大型软体排技术。

(2) 大型模袋固化泥筑堤技术。

(3) 大型充灌袋筑堤技术。

(4) 大型充灌袋挤淤技术。

总体来看，目前我国土工合成材料的使用现状大体上还是仿照外国的经验居多，可以说还处于一个具有更大发展潜力的初级阶段。土工合成材料的产品产量已经很大，但对于专用的特殊的工程，一些产品还不能满足要求，同时产品的质量和均匀性等都还有待提高。现在常用的原材料（如聚乙烯、聚丙烯、聚氯乙烯、聚酯等）在性能上还有一定缺陷，应进一步研制具有良好的抗腐蚀、抗老化、低蠕变性的原材料，以适应不同环境的需要。

7.4.1 土工合成材料的主要作用

土工合成材料是由高分子聚合物制成的用于岩土工程的新材料。这些高分子聚合物是以煤、石油、天然气或石灰石等为原料，经过化学加工而合成，再进一步加工成纤维或合成材料片材，最后制成各种产品。根据我国《水运工程土工合成材料应用技术规范（附条文说明）》（JTJ 239—2005）可分为四大类：

(1) 土工织物。透水性土工合成材料，按制造方法的不同分为织造土工织物与非织造（无纺）土工织物。织造土工织物是由纤维或长丝按一定方向排列机织的布状土工织物；而非织造（无纺）土工织物亦称为无纺布，是由短纤维或长丝按随机或定向排列经机械缠合、热粘或化粘而成的絮状或布状土工织物。

(2) 土工膜。在各种塑料、橡胶和土工纤维上喷涂防水材料而制成的各种不透水膜。包括聚乙烯、聚氯乙烯、氯化聚乙烯土工膜。分为加筋土工膜和不加筋土工膜。

(3) 土工复合材料。由两种或两种以上材料复合而成的土工合成材料。包括复合土工膜、复合土工织物、复合排水材料（排水带、排水管等）。其中，土工塑料排水带比较常用，它是由芯板和透水滤布组成的复合型土工聚合物。

(4) 特种土工合成材料。包括土工格栅、土工模袋、土工带、土工网等。

土工合成材料的作用是多方面的，而且还在不断创新发展之中。一般可以分为以下几种基本功用。

1) 反滤作用

当土中水流过土工织物时，水可以顺畅穿过，而土粒却被阻留的现象称为反滤（过滤）。当土中水从细粒土流向粗粒土（碎石），或水流从土内向外流出时，在水的出逸处需要设置反滤，以防止细粒土受水流作用而被带出土体外，导致土体结构破坏。土工织物可以代替工程上传统采用的砂砾等天然反滤材料作为反滤层（或称滤层）。土工织物滤层在我国水运工程中应用最早也最为广泛，是使用土工织物数量较大的项目之一。在水运工程中往往采用1~2层土工织物，或将之与碎石共同组成土工织物滤层，用于下列项目：

(1)重力式码头沉箱、扶壁、空心方块安装缝处和墙后棱体的反滤层。

(2)高桩码头接岸结构的反滤层。

(3)板桩码头墙后排水系统的反滤层。

(4)护岸工程后方回填土的反滤层。

(5)内河航道岸坡的反滤层。

(6)各类围堤、围堰的反滤层。

(7)干船坞减压排水系统的反滤层等。

用作反滤的土工织物一般是非织造型(无纺)土工织物,有时也可以用织造型土工织物。其主要原则是应从保土性(防止管涌和保砂)、透水性和防淤堵三个方面来考虑。土工织物反滤层的应用解决了码头、护岸工程过去长期难以解决的"漏砂"问题,保证并提高了工程质量,明显地降低了工程成本。

2)加筋作用

土体一般具有一定的抗压强度,但抗剪强度很低。在土体中的一定部位铺设水平方向的加筋材料,将土压实后,土与加筋材料结合成一复合土体(加筋土),当复合土体承受荷载时,由于加筋材料与周围土之间有较大的摩阻力,限制了土的侧向变形,相当于在土体侧面上施加了约束力;在软土地基中,加筋改变了软基的位移场和应力场,均化应力分布,从而提高地基承载能力和稳定性;加筋均化了地基的沉降,保持了基底的完整连续,同时还起到隔离和排水作用,形成一个良好的排水面,可促进软土地基的固结。

海湾工程中的防波堤、护岸、围堤等,都是建筑在近海海域或海岸滩涂地域上,这些地域大多是淤泥或其他软土类地基。在软基上筑堤,由于软土强度较低,压缩性较大,容易产生过大沉降和不均匀沉降以及地基破坏。为保证堤的稳定性,利用土工合成材料做成的加筋垫层在软土地基加固处理中已成为常用的技术手段。

土工合成材料除了用在软土地基上,还大量用于加筋土挡墙,主要用于码头加筋岸壁。岸壁加筋一般由面板、加筋材料、填料等组成,其显著特点是造价省、工期短、结构简单、施工方便,对地基条件的适应性好。在内河港口码头岸壁中应用较多。加筋土挡墙的结构基本上分为包裹式加筋和条带式加筋两种形式。

3)防护作用

土工合成材料已被广泛用于河岸、湖岸、海岸的防冲、护底等防护工程中。传统的防护技术如石笼、抛石、端枕等方法虽然也能起到护坡、护岸的作用,但耐久性较差,常要不断维修,其根本的弱点是不具有反滤功能,在水流冲蚀和潮浪淘刷抽吸的作用下,被保护土颗粒容易被水流带走,导致剥蚀、坍塌。土工合成材料为岸坡防护提供了新的途径,技术也较为简单,只要在被保护土面上覆盖有良好反滤性能的土工织物,压盖上一定重量,即能有效地保护岸坡不受水流波浪的破坏。我国在水运工程中大量采用的大型软体排技术、模袋混凝土技术、大型充填袋技术等,在护岸、围堤、航道整治、建筑物的护底和固滩、防冲刷和防局部变形方面发挥了重要作用,解决了大量传统防护结构中存在的关键问题。

4)排水作用

排水是土工合成材料应用最广泛的功能之一,例如用于软土地基排水,加速土固结,提高地基承载力等,具有施工简便、缩短工期、节约工程费用等优点。其中塑料排水板真空预压处理软土地基是我国水运工程界最早开发的一项综合利用土工合成材料功能加固软土地基的新技术、新工艺,在沿海港区道路、堆场、防波堤、围海造地等工程中得到广泛的应用,基本取代了传统的砂井技术,如整体式排水板、可测深排水板、塑料盲沟、软式透水管、大型号排水板、胶黏型塑料排水板等。

5) 隔离作用

隔离是指在两种物理力学性质不同的材料之间铺设土工合成材料,使它们不互相混杂。例如将碎石和细粒土隔离、软土和填土之间隔离等。隔离有多个方面的作用,例如:隔离层起整体性作用,可以保证地基粗粒料支持层的厚度,节约建筑材料;通过隔离层,保证应力的扩散作用,使地基土的沉降量得到一定程度的均化;隔离提供排水面,加速地基土固结,使承载力提高。在地下水位较高的地基中,隔离层可以切断毛细水上升,防止盐碱化,或减弱冻胀。隔离还是防治翻浆冒泥的有效措施。

7.4.2 土工合成材料的主要技术指标

在工程应用中,不管采用何种类型的土工合成材料,有两点必须强调和严格控制,一是材料的变形和强度,二是材料的耐久性。

土工合成材料的主要技术指标包括断裂强度、伸长率、CBR 顶破强力、撕破强力、垂直渗透系数、厚度、抗腐蚀性(抗紫外线性能、抗酸碱性能、抗氧化性能、抗磨损性能)等。表 7.4.1 为长丝纺粘针刺非织造土工布技术参数表。

长丝纺粘针刺非织造土工布基本项技术要求(GB/T 17639—2008)　　表 7.4.1

	项　目	指　标								
	标准断裂强度(kN/m)	4.5	7.5	10	15	20	25	30	40	50
1	纵横向断裂强度(kN/m)≥	4.5	7.5	10.0	15.0	20.0	25.0	30.0	40.0	50.0
2	纵横向标准强度对应伸长率(%)	40~80								
3	CBR 顶破强力(kN)≥	0.8	1.6	1.9	2.9	3.9	5.3	6.4	7.9	8.5
4	纵横向撕破强力(kN)	0.14	0.21	0.28	0.42	0.56	0.70	0.82	1.10	1.25
5	等效孔径 O_{90}(mm)	0.05~0.20								
6	垂直渗透系数(cm/s)	$(1.0~9.9) \times (10^{-1} - 10^{-3})$								
7	厚度(mm)≥	0.8	1.2	1.6	2.1	2.8	3.4	4.2	5.5	6.8
8	单位面积质量偏差(%)	−5								
9	幅宽偏差(%)	−0.5								

复习思考题

1. 与传统的土木工程材料相比,合成高分子材料有什么优缺点?
2. 何谓高聚物?按其性能和用途分哪几类?

3. 环氧树脂的主要特性有哪几个方面？
4. 海洋环境中混凝土结构容易产生什么样的腐蚀破坏，防护措施有哪些？
5. 混凝土结构裂缝修补有哪些方法？
6. 简述混凝土剥蚀破坏维修施工工艺。
7. 环氧砂浆修补材料有哪些组分组成？
8. 土工合成材料分哪几类？其主要作用有哪些？

第8章 沥 青

沥青是一种憎水性的有机胶凝材料,其构造致密,与石料等能牢固地黏结在一起,沥青制品具有良好的隔潮、防水、防渗、耐腐蚀等性能,在地下防潮、防水等建筑工程及道路工程中得到广泛的应用。

沥青在水运工程中主要用于防水和道路铺筑,如果用于道路铺筑,道路建筑材料书籍中有专门的讲述,本章主要介绍沥青的技术性质以及沥青在防水功能方面的要求。

8.1 沥青的定义和分类

1)定义

沥青是一种由高分子碳氢化合物及其衍生物组成的黑色或深褐色、不溶于水而几乎全溶于二硫化碳的非晶体有机材料。其化学组成按三组分分析法可分为油分、树脂、沥青质,按四组分分析法可分为沥青质、胶质、饱和分、芳香分。沥青的胶体结构是:以沥青质为核心,胶质吸附于沥青质周围的胶团,胶团分散于芳香分和饱和分组成的分散介质中的稳定胶体结构。

2)分类

沥青的种类很多,按产源可分为地沥青和焦油沥青,地沥青主要包括石油沥青和天然沥青,焦油沥青包括煤沥青和木沥青。水运工程中主要用的是石油沥青和煤沥青。

石油沥青按主要用途可分为:道路石油沥青、建筑石油沥青、防水防潮石油沥青和天然石油沥青。石油沥青的牌号主要是根据针入度及延度和软化点指标划分的,并以针入度值表示。建筑石油沥青分为10号、30号、40号三个牌号,道路石油沥青分为10个牌号。牌号愈大,相应的针入度值愈大,黏性愈小,延度愈大,软化点愈低,使用年限愈长。

道路石油沥青指主要用于道路工程的沥青。建筑沥青指主要用于建筑防水工程的沥青,水运工程防水用沥青就是用的建筑石油沥青。

8.2 石 油 沥 青

石油沥青是由石油原油蒸馏后的残留物经加工而得,石油沥青是由多种化合物组成,其化学组成甚为复杂。目前尚难将沥青分离为纯粹的化合物单体,并且沥青具有同分异构性,为了便于研究,常将其化学组成和物理力学性质比较接近的成分归类分析,从而划分为若干组,即组分。石油沥青的主要组分有油分、树脂和地沥青质。

8.2.1 石油沥青的构成

(1)油分。油分是淡黄色至红褐色的黏性透明液体,分子量为200~700,几乎溶于所有溶剂,密度为0.6~1.0g/cm³,含量40%~60%,它使沥青具有流动性。

(2)树脂。树脂是红褐色至黑褐色的黏稠的半固体,分子量为500~3000,密度为1.0~1.1g/cm³,含量15%~30%。在沥青中绝大多数属于中性树脂,它使沥青具有良好的塑性和黏结性,另有少量(约1%)的酸性树脂,是沥青中表面活性物质,能增强沥青与矿物材料的黏结。

(3)地沥青质。地沥青质是深褐色至黑褐色粉末状固体颗粒,分子量为1000~5000,密度为1.1~1.5g/cm³,含量10%~30%。它能提高沥青的黏滞性和耐热性,但含量增多时会降低沥青的低温塑性,是决定沥青性质的主要成分。

除以上三种主要组分外,石油沥青中还有少量的沥青碳和似碳物,为无定形的黑色固体粉末,分子量最大,含量不多,一般为2%~3%。它们是在沥青加工过程中,由于过热或深度氧化脱氢而生成的,会降低沥青的黏结力。此外,石油沥青中还含有石蜡,它会降低沥青的黏性和塑性,同时增加沥青的温度敏感性,所以石蜡是石油沥青的有害成分。

8.2.2 石油沥青的技术性质

(1)黏滞性。黏滞性又称黏性,是反映材料内部阻碍其相对流动的一种特性。黏滞性表示沥青的软硬、稀稠的程度,是划分沥青牌号的主要性能指标。沥青在常温下的状态不同,黏滞性的指标也不同。对于在常温下呈固体或半固体的石油沥青,以针入度表示黏滞性的大小;对于在常温下呈液体的石油沥青,以黏滞度表示其黏滞性的大小。

黏滞度是指在规定温度(25℃或60℃)条件下,通过规定直径(35mm或10mm)的孔,流出50mL所需的时间(s),如图8.2.1所示。黏滞度越大,表示沥青的稠度越大。

针入度是指在规定温度(25℃)时,以规定质量(100g)的标准针,经规定时间(5s)贯入沥青试样的深度,以1/10mm为1个单位度。针入度的数值越小,表明黏滞性越大,沥青越硬。

沥青的黏滞性与其组分及所处的环境温度有关,当地沥青质含量较高,又有适量的树脂且油分含量较少时黏滞性较大。在一定的温度范围内,黏滞性随温度的升高而降低,反之则增大。

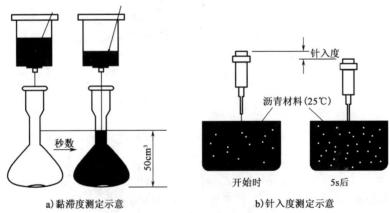

图8.2.1 石油沥青黏滞性测定示意图

(2)塑性。塑性是指石油沥青在受外力作用下产生变形而不破坏,除去外力后仍能保持变形后形状的性质。塑性用延度表示。

延度是将沥青制成"∞"形标准试件,在25℃水中以每分钟5cm的速度拉伸至试件断裂时的伸长值,以"cm"为单位,如图8.2.2所示。延度越大,塑性越好,柔性和抗裂性越好。

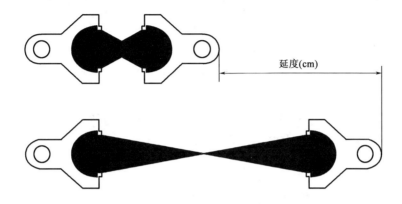

图8.2.2　石油沥青延度测定示意图

石油沥青的塑性与其组分、温度及膜层厚度有关。当树脂含量较高,且其他组分含量又适当时,则塑性较大;温度升高,则塑性增大;膜层增厚,塑性也增大。

(3)温度敏感性。温度敏感性是指石油沥青的黏滞性和塑性随温度升降而变化的性能。建筑工程要求沥青的黏滞性及塑性随温度变化较小,即温度敏感性小。工程中常通过加入滑石粉、石灰石粉等矿物掺料,来减小沥青的温度敏感性。

温度敏感性用软化点来表示,软化点通过"环球法"试验测定。将沥青试样装入规定尺寸的钢环中,上置规定尺寸和质量的钢球,再将置球的钢环放在有水或甘油的烧杯中,以5℃/min的速度加热至沥青软化下垂达25.4mm时的温度,即为沥青的软化点,如图8.2.3所示。软化点越高,沥青的耐热性越好,即温度敏感性越小,温度稳定性越好。

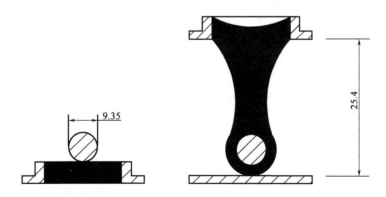

图8.2.3　石油沥青软化点测定示意图(单位:mm)

沥青的温度敏感性与其组分及含蜡量有关。沥青中如地沥青质含量较多,其温度敏感性较小;如含蜡量较多,其温度敏感性较大。

(4)大气稳定性。大气稳定性是指石油沥青在热、光、氧气和潮湿等因素长期综合作用下抵抗老化的性能。在大气因素的综合作用下,沥青中低分子组分向高分子组分转化递变,且树脂转变为地沥青质比油分转变为树脂的速度快得多,油分和树脂逐渐减少,地沥青质逐渐增多,使沥青的流动性、塑性和黏结性降低,硬脆性增大,直至脆裂,这种现象称为石油沥青的"老化",所以大气稳定性即为沥青抵抗老化的性能,也是沥青的耐久性。

石油沥青的大气稳定可以用沥青试样在加热蒸发前后的"蒸发损失百分率"和"针入度比"来表示。先测定沥青的质量及其针入度,然后将试样在160℃下加热蒸发5h,待冷却后再测定其质量和针入度。蒸发损失的质量占原质量的百分率,称为蒸发损失百分率;蒸发后针入度占原针入度的百分率,称为针入度比。蒸发损失百分率越小、针入度比越大,则沥青的大气稳定性越好,"老化"越慢。

8.2.3 石油沥青的技术标准

《建筑石油沥青》(GB/T 494—2010)规定,建筑石油沥青的技术标准必须符合表8.2.1的规定。《公路沥青路面施工技术规范》(JTG F40—2004)规定,道路石油沥青的各项技术指标必须符合表8.2.2的规定。

建筑石油沥青技术要求　　　　表8.2.1

项　目		质　量　指　标		
		10号	30号	40号
针入度(25℃,100g,5s)(1/10mm)		10~25	26~35	36~50
针入度(46℃,100g,5s)(1/10mm)		报告*	报告*	报告*
针入度(0℃,200g,5s)(1/10mm)	不小于	3	6	6
延度(25℃,5cm/min)(cm)	不小于	1.5	2.5	3.5
软化点(环球法)(℃)	不低于	95	75	60
溶解度(三氯乙烯)(%)	不小于	99.0		
蒸发后质量变化(163℃,5h)(%)	不大于	1		
蒸发后25℃针入度比(%)	不小于	65		
闪点(开口杯法)(℃)	不低于	260		

注:*报告应为实测值。

8.2.4 石油沥青的选用

一般情况下,建筑石油沥青多用于建筑屋面工程和地下防水工程;道路石油沥青多用来拌制沥青砂浆和沥青混凝土,用于路面、地坪、地下防水工程和制作油纸等;防水防潮石油沥青的技术性质与建筑石油沥青相近,而质量更好,适用于建筑屋面、防水防潮工程。

选择屋面沥青防水层的沥青牌号时,主要考虑其黏度、温度敏感性和大气稳定性。常以软化点高于当地历年来屋面温度20℃以上为主要条件,并适当考虑屋面坡度。对于夏季气温高,而坡度大的屋面,常选用10号或30号石油沥青,或者10号与30号或40号掺配调整性能的混合沥青。但在严寒地区一般不宜直接使用10号石油沥青,以防冬季出现冷脆破裂现象。

对于地下防潮、防水工程,一般对软化点要求不高,但要求其塑性好,黏结性较好,使沥青层与建筑物黏结牢固,并能适应建筑物的变形而保持防水层完整。

道路石油沥青技术要求

表 8.2.2

指 标	单位	等级	沥青标号																	试验方法①
			160号④	130号	110号			90号				70号				50号	30号④	
针入度(25℃,5s,100g)⑥	dmm		140~200	120~140	100~120			80~100				60~80				40~60	20~40	T 0604
适用的气候分区⑥			注④	注④	2-1	2-2	3-2	1-1	1-2	1-3	2-2	2-3	1-3	1-4	2-2	2-3	2-4	1-4	注④	附录A⑥
针入度指数 PI②		A							−1.5~+1.0										T 0604
		B							−1.8~+1.0										
软化点(R&B) 不小于	℃	A	38	40	43			45	45	44	43	46	45	49	55	T 0606
		B	36	39	42			43	43	42	42	44	43	46	53	
		C	35	37	41			42				43				45	50	
60℃动力黏度② 不小于	Pa·s	A	—	60	120			160	140			180	160			200	260	T 0620
10℃延度② 不小于	cm	A	50	50	40			45	30	20	20	25	20	15	15	10	T 0605
		B	30	30	30			30	20	15	15	20	15	10	10	8	
15℃延度② 不小于	cm	A、B			100															
		C	80	80	60			50				40				80	50	
蜡含量(蒸馏法) 不大于	%	A	2.2																	T 0615
		B	3.0																	
		C	4.5																	

续上表

指　　标	单位	等级	沥青标号							试验 方法①
			160号④	130号④	110号	90号	70号③	50号	30号④	
闪点 不小于	℃		230			245	260			T 0611
溶解度 不小于	%		99.5							T 0607
密度(15℃)	g/cm³		实测记录							T 0603
TFOT(或RTFOT)后⑤										T 0610 或 T 0609
质量变化 不大于	%		0.8							
残留针入度比 不小于	%	A	48	54	55	57	61	63	65	T 0604
		B	45	50	52	54	58	60	62	
		C	40	45	48	50	54	58	60	
残留延度(10℃) 不小于	cm	A	12	12	10	8	6	4	—	T 0605
		B	10	10	8	6	4	2	—	
残留延度(15℃) 不小于	cm	C	40	35	30	20	15	10	—	T 0605

注:①试验方法按照现行《公路工程沥青及沥青混合料试验规程》(JTG E20—2011)规定的方法执行。用于仲裁试验求取 PI 时的5个温度的针入度关系的相关系数不得小于0.997。
②经建设单位同意,表中 PI 值,60℃动力黏度,10℃延度可作为选择性指标,也可不作为施工质量检验指标。
③70号沥青可根据需要要求供应商提供针入度范围为 60~70 或 70~80 的沥青,50号沥青可要求提供针入度范围为 40~50 或 50~60 的沥青。
④30号沥青仅适用于沥青稳定基层。130号和160号沥青除寒冷地区可直接应用外,通常用作乳化沥青、稀释沥青、改性沥青的基质沥青。
⑤老化试验以 TFOT 为准,也可以 RTFOT 代替。
⑥气候分区请参阅《公路沥青路面施工技术规范》(JTG F40—2004)附录 A。

8.3 改性沥青

改性沥青是向沥青中掺加橡胶、树脂、高分子聚合物、磨细的橡胶粉或其他填料等外掺剂（改性剂），或采取对沥青轻度氧化加工等措施，使沥青或沥青混合料的性能得以改善制成的沥青结合料。改性沥青其机理有两种，一是改变沥青化学组成，二是使改性剂均匀分布于沥青中形成一定的空间网络结构。

1）聚合物改性

在沥青中加入一定量的合成树脂，如 SBS、APP，有时也用 PVC、PE、古马隆树脂等，形成的沥青聚合物，称为聚合物改性沥青。用聚合物改性沥青，可以提高沥青的强度、塑性、耐热性、黏滞性和抗老化性。

苯乙烯-丁二烯-苯乙烯（SBS）改性沥青。SBS 是热塑性弹性体，常温下具有橡胶的弹性，在高温下又能像橡胶那样熔融流动，成为可塑性材料。SBS 改性的沥青具有热不黏冷不脆、塑性好、抗老化性能高等特性，是目前应用最成功和用量最大的改性沥青。SBS 的掺量一般为 5%～10%，主要用于制作防水卷材，也可用于密封材料或防水涂料等。

无规聚丙烯（APP）改性沥青。APP 在常温下为白色橡胶状物质，无明显的熔点。将沥青加热熔化，再加入 APP，并强力搅拌均匀，使沥青的性能得到改善。APP 改性沥青具有良好的弹塑性、低温柔韧性、耐冲击性和抗老化等性能，主要用于防水卷材。

2）矿物填充料改性

在沥青中加入一定数量的矿物填充料，可以提高沥青的黏滞性和耐热性，减小沥青的温度敏感性，同时也可以减少沥青的用量。常用的矿物填充料有粉状和纤维状两类。粉状的有滑石粉、石灰石粉、白云石粉、磨细砂、粉煤灰和水泥等；纤维状的有石棉粉等。

粉状矿物填充料加入沥青中，由于沥青对矿物填充料表面的浸润、黏附，形成大量的"结构沥青"，从而提高了沥青的大气稳定性，降低了温度的敏感性。

纤维状的石棉粉加入沥青中，由于石棉具有弹性以及耐酸、耐碱、耐热性能，是热和电的不良导体，内部有很多微孔，吸油（沥青）量大，故可提高沥青的抗拉强度和耐热性。

一般矿物填充料的掺量为 20%～40%。

3）其他改性

再生橡胶改性沥青。再生橡胶改性沥青，是将废旧橡胶加工成直径为 1.5mm 或更小颗粒，然后与沥青混合，经加热脱硫而成。此外，也可使用丁基橡胶、丁苯橡胶、氯丁橡胶等改性材料。

再生橡胶改性沥青具有一定的弹性、塑性、良好的黏结力、气密性、低温柔韧性和抗老化等性能，而且价格低廉，可用于防水卷材、片材、密封材料、胶黏剂和涂料等。

橡胶和树脂共混改性沥青。用橡胶和树脂两种改性材料同时改善沥青的性质，使其同时具有橡胶和树脂的特性。由于橡胶和树脂的混溶性较好，故改性效果良好。

橡胶、树脂和沥青在加热熔融状态下，沥青与高分子聚合物之间发生相互侵入和扩散，沥青分子填充在聚合物大分子的间隙内，同时聚合物分子的某些连接扩散进入沥青的分子中，形成凝聚的网状混合结构，从而获得较优良的性能。

橡胶和树脂共混改性沥青的原料品种、配比、制作工艺不同,其性能也不相同。它可用于防水卷材、片材、密封材料和涂料等。

8.4 沥青防水卷材

8.4.1 石油沥青防水卷材

沥青防水卷材是指以原纸、纤维织物、纤维毡等胎体材料浸涂沥青,表面撒布粉状、粒状或片状材料制成可卷曲的片状防水材料。沥青类防水卷材有石油沥青纸胎油毡和油纸、石油沥青玻璃纤维胎油毡等品种。

1)石油沥青纸胎防水卷材

石油沥青纸胎防水卷材是采用低软化点的石油沥青浸渍原纸,用高软化点沥青涂盖油纸的两面,再撒以隔离材料而制成的一种纸胎油毡。

《石油沥青纸胎油毡》(GB 326—2007)规定:纸胎油毡幅宽为1000mm;按隔离材料分为粉毡和片毡;每卷油毡的总面积为$20m^2 \pm 0.3m^2$,按油毡的卷重和物理性能分为Ⅰ型、Ⅱ型和Ⅲ型等三个等级。

Ⅰ型、Ⅱ型油毡用于表面辅助防水、保护隔层、临时性建筑防水、防水防潮包装等,Ⅲ型油毡适用于屋面多层防水。

2)石油沥青玻璃纤维油毡(简称玻纤油毡)和玻璃布油毡

玻纤油毡是采用玻璃纤维为胎基,浸涂石油沥青,表面撒以矿物粉料或覆盖以聚乙烯薄膜等隔离材料,制成的一种防水卷材。按上表面材料分为膜面、粉面和砂面三个品种;按每$10m^2$的标准重量分为15号、25号、35号三个标号。其性能指标应符合《石油沥青玻璃纤维胎防水材料》(GB/T 14686—2008)的规定。这种油毡柔性好,耐化学微生物腐蚀、寿命长,主要适用于屋面、地下、水利等工程的多层防水。

8.4.2 高聚物改性沥青防水卷材

改性沥青卷材是以改性后的沥青为涂盖材料,以玻璃纤维或聚酯无纺布等为基胎制成的柔性卷材。它克服了传统沥青卷材温度稳定性差、延伸率低的不足,具有高温不流淌、低温不脆裂、拉伸强度高、延伸率较大等性能。下面是几种较为常用的高聚物改性沥青防水卷材。

1)SBS改性沥青防水卷材

SBS改性沥青防水卷材是用沥青或SBS改性沥青(又称改性沥青)浸渍胎基,两面涂以SBS改性沥青涂盖层,上表面撒布细砂、矿物粒料或覆盖聚乙烯膜,下表面撒布细砂或覆盖聚乙烯膜所制成的防水卷材,是弹性体改性沥青防水卷材的一种。

(1)分类。SBS改性沥青卷材按胎基分为聚酯毡(PY)、玻纤毡(G)和玻纤增强聚脂毡(PYG)三类。按上表面隔离材料分为聚乙烯膜(PE)、细砂(S)与矿物粒料(M)三种。按材料性能分为Ⅰ型和Ⅱ型。

(2)规格、标记。SBS改性沥青卷材公称宽度为1000mm;聚酯毡卷材公称厚度为3mm、4mm和5mm,玻纤毡卷材公称厚度为3mm和4mm,玻纤增强聚脂毡公称厚度为5mm;卷材公称面积分为 7.5m²、10m² 和 15m²。

卷材按下列顺序标记：名称、型号、胎基、上表面材料、厚度、面积和标准编号。如 10m² 面积、3mm 厚上表面为矿物粒料、下表面为聚乙烯膜聚脂毡Ⅰ型弹性体改性沥青防水卷材标记为：SBS Ⅰ PY M PE 3 10 GB 18242—2008。

（3）技术性质。卷重、面积及厚度应符合《弹性体改性沥青防水卷材》（GB 18242—2008）的相关规定。卷材的外观要求为：成卷卷材应卷紧卷齐，断面里进外出不得超过 10mm；成卷卷材在 4~50℃ 任一产品温度下展开，在距卷心 1000mm 长度外不应有 10mm 以上的裂纹或黏结；胎基应浸透，不应有未被浸透的条纹；卷材表面必须平整，不允许有孔洞、缺边和裂口，矿物粒料粒度应均匀一致并紧密地黏附于卷材表面；每卷接头处不应超过 1 个，较短的一端不应少于 1000mm，接头应剪切整齐，并加长 150mm。材料性能应符合《弹性体改性沥青防水卷材》（GB 18242—2008）的相关规定。

（4）特性与应用。SBS 改性沥青防水卷材最大的特点是低温柔韧性能好，同时也具有较好的耐高温性、较高的弹性及延伸率，具有较理想的耐疲劳性，适用于各类建筑防水、防潮工程，尤其适用于寒冷地区和结构变形频繁的建筑物防水。可采用热熔法、自黏法施工，也可用胶黏剂进行冷黏法施工。

2）APP 改性沥青防水卷材

APP 改性沥青防水卷材是用沥青或 APP 改性沥青（又称塑性沥青）浸渍胎基，两面涂以 APP 改性沥青涂盖层，上表面撒布细砂、矿物粒料或覆盖聚乙烯膜，下表面撒布细砂或覆盖聚乙烯膜所制成的一种改性沥青防水卷材。

APP 改性沥青防水卷材是塑性体改性沥青防水卷材的一种，其胎基有聚酯毡（PY）、玻纤毡（G）和玻纤增强聚脂毡（PYG）。APP 改性沥青防水卷材卷重、面积及厚度应符合《塑性体改性沥青防水卷材》（GB 18243—2008）的相关规定。APP 改性沥青防水卷材按下列顺序标记：名称、型号、胎基、上表面材料、厚度、面积和标准编号。如 10m² 面积、3mm 厚上表面为矿物粒料、下表面为聚乙烯膜聚脂毡Ⅰ型塑性体改性沥青防水卷材标记为：APP Ⅰ PY M PE 3 10 GB 18243—2008。

塑性体沥青防水卷材的技术性质与弹性体沥青防水卷材的基本相同，而塑性体沥青防水卷材具有耐热性更好的优点，但低温柔性较差。塑性体沥青防水卷材的适用范围与弹性体沥青防水卷材基本相同，尤其适用于高温或有强烈太阳辐射地区的建筑物防水。塑性体沥青防水卷材可用热熔法、自黏法施工，也可用黏胶剂进行冷黏法施工。

塑性体改性沥青防水卷材的材料性能应符合《塑性体改性沥青防水卷材》（GB 18243—2008）的规定。

复习思考题

1. 沥青的黏滞性用什么表示？它的意义是什么？
2. 沥青的塑性用什么表示？它的意义是什么？
3. 沥青的温度敏感性指的是什么？用什么表示？它的意义是什么？
4. 高聚物改性沥青防水卷材有哪几种？分别具有哪些特性？

第9章 水运工程建筑材料试验与检测

建筑材料是构成建筑的物质基础,直接关系建筑物的安全性、功能性以及使用寿命和经济成本。为了使建(构)筑物安全、适用、耐久而又经济,在工程设计与施工中必须充分地了解和掌握各种材料的性质和特点,以便合理选择和使用建筑材料,使其在性能上充分满足使用要求。

9.1 建筑材料试验基本技能

9.1.1 检测技术

(1)取样。在进行检测之前首先要选取试样,试样必须具有代表性。取样原则为随机抽样,即在若干堆(捆、包)材料中,对任意堆放材料随机抽取试样。取样方法视材料及其相关规范而定。

(2)仪器的选择。检测中有时需要称取试件的质量,称量时要求具有一定的精确度,如试样称量精度要求为0.1g的天平,一般称量精度大致为试样质量的0.1%。另外测量试件的尺寸,同样有精度要求,一般对边长大于50mm的,精度可取1mm;对边长小于50mm的,精度可取0.1mm。对试验机,度盘的第二、第三象限内为好。

(3)检测。检测前一般应将取得的试样进行处理、加工或成型,以制备满足检测要求的试样或试件。制备方法随检测项目而异,应严格按照各个检测所规定的方法进行。

(4)结果计算与评定。对各次检测结果,进行数据处理,一般取 n 次平行检测结果的算术平均值作为检测结果。检测结果应满足精确度与有效数字的要求。

检测结果经计算处理后,应给予评定,是否满足标准要求,评定其等级,在某种情况下还应对检测结果进行分析,并得出结论。

9.1.2 检测条件

同一材料在不同的条件下,会得出不同的检测结果,如检测时的温度、湿度、加荷速度、试件制作情况等都会影响试验数据的准确性。

(1)温度。检测时的温度对某些检测结果影响很大,在常温下进行检测,对一般材料来说影响不大,但如感温性强的材料,必须严格控制温度。例如:石油沥青的针入度、延度检测,一定要控制在25℃的恒温水浴中进行,通常材料的强度也会随检测时的温度的升高而降低。

(2)湿度。检测时试件的湿度也明显影响检测数据,试件的湿度越大,测得的强度越低。在物理性能测试中,材料的干湿程度对检测结果的影响就更为明显了。因此,在检测时试件的湿度应控制在规定的范围内。

(3)试件尺寸与受荷面平整度。当试件受压时,对于同一材料,小试件强度比大试件强度要高;相同受压面积的试件,高度大的比高度小的检测强度要小。因此,不同材料的试件尺寸大小都有规定。

试件受荷面的平整度也大大影响着检测强度,如受荷面粗糙不平整,会引起应力集中而使强度大为降低。在混凝土强度检测中,不平整度达到0.25mm时,强度可能降低1/3,所以受压面必须平整。如成型面受压,必须用适当强度的材料找平。

(4)加荷速度。施加于试件的加荷速度对强度检测结果有较大影响,加荷速度越慢,测得的强度越低,这是由于应变有足够的时间发展,应力还不大时变形已达到极限应变,试件即破坏。因此,对各种材料的力学性能检测,都有加荷速度的规定。

9.1.3 检测报告

检测的主要内容都应在检测报告中反映,检测报告的形式可以不尽相同,但其内容都应该包括:

(1)检测名称、内容。
(2)目的与原理。
(3)试样编号、检测数据与计算结果。
(4)结果评定与分析。
(5)检测条件与日期。
(6)检测人、校核人、技术负责人。

工程的质量检测报告内容包括:委托单位、委托日期、报告日期、样品编号、工程名称、样品产地和名称、规格及代表数量、检测条件、检测依据、检测项目、检测结果、结论等。

检测报告是经过数据整理、计算、编制的结果,而不是原始记录,也不是计算过程的罗列。为了编写符合要求的检测报告,在整个检测过程中必须认真做好有关现象及原始数据的记录,以便于分析、评定检测结果。

9.2 数值的修约和统计

9.2.1 修约值比较法

将测定值或计算值进行修约,修约数位应与规定的极限数值位一致。将修约后的数值与规定的极限数值进行比较,只要超出极限数值规定的范围(不论超出程度大小)都判定为不符合要求。

9.2.2 全数值比较法

将试验所得测定值或计算值不经修约处理(或虽经修约处理,但标明它是经舍、进或未舍未进而得),用该数值与规定的极限数值做比较,只要超出极限数值规定的范围(不论超出程度大小),都判定为不符合要求。

9.2.3 数值修约规则

(1)有效位数。从最左一位非零数字向右数而得到的位数就是有效位数。

例如:6.2,0.62,0.062 均为两位有效位数;0.0620 为三位有效位数。

(2)进舍规则。在实际工作中,各种测量计算需要数字修约时,应按数值修约进舍规则进行。

①在拟舍弃的数字中,保留数后边(右边)第一个数字小于5(不包括5时),则舍去。保留末位数字不变。

例如:将 14.2432 修约成三位有效数字,修约后为 14.2。

②在拟舍弃的数字中,保留数后边(右边)第一个数字大于5(不包括5时),则进一。保留数的末位数字加一。

例如:将 26.4843 修约成三位有效数字,修约后为 26.5。

③在拟舍弃的数字中,保留数后边(右边)第一个数字等于 5 时,5 后边有不全为零的数字时,则进一;5 后边的数字全部为零时,保留数的末位数字为奇数时则进一,保留数的末位数为偶数(包括"0")则不进。

例如:将下列数字修约到保留一位小数。

修约前 0.3500　　　修约后 0.4

修约前 0.4500　　　修约后 0.4

修约前 1.0501　　　修约后 1.1

负数修约时,先将他的绝对值按上述规定进行修约,然后在修约值的前面加上负号。

例如:将 -15.6 修约成两位有效数字,修约后 -16。

④所拟舍弃的数字,若为两位以上的数字,不得连续修约。应根据保留数后边(右边)第一个数字的大小,按上述规定一次修约出结果。

例如:将 15.4546 修约成整数。

正确的修约是:修约前 15.4546,修约后 15。

不正确的修约是:修约前,一次修约、两次修约、三次修约、四次修约(结果),即 15.4546、15.455、15.46、15.5、16。

⑤0.5 单位修约。0.5 单位修约指修约间隔为指定位数的 0.5 单位。修约规则是先将拟修约数值乘以2,按指定位数依照近舍规则修约,所得数值再除以2。

例如:将下列数字修约到个位数的 0.5 单位。

拟修约数值(A)	乘以 2(2A)	2A 修约值	A 修约值
60.25	120.50	120	60.0
-60.75	-121.50	-122	-61.0

9.2.4 数值统计

(1)算术平均值。当试验次数极大的增加时,算术平均值接近于真值。但事实上试验次数不可能太多,所以在很多试验项目规定进行 3 次平行试验,取试验所得数据计算出算术平均值作为试验结果。算术平均值 $\bar{x}$ 按式(9.2.1)计算

$$\bar{x} = \frac{x_1 + x_2 + x_3 + \cdots + x_n}{n} \tag{9.2.1}$$

式中：$x_1, x_2, x_3, \cdots, x_n$——表示各个试验数据。

(2)标准差。在试验数据比较分散的情况下，将算术平均值作为试验结果时，个别的大误差在平均过程中被众多的小误差所淹没，导致对试验对象作出不准确的评价。为了恰当地评价试验对象，需要采用标准差。标准差 σ 按下式计算：

$$\sigma = \sqrt{\frac{(x_1 - x)^2 + (x_2 - x)^2 + \cdots + (x_n - x)^2}{n - 1}} \tag{9.2.2}$$

标准差是衡量波动性的指标。

9.3 水泥质量试验检测

9.3.1 检验项目及组批原则

《水运工程混凝土质量控制标准》(JTS 202-2—2011)中规定：水泥进厂(场)时，应附有水泥生产厂的质量证明书，并应对其品种、标号、包装(或散装仓号)、包重、出厂日期等检查验收，并应按国家现行有关标准对其质量进行复验。

《水运工程混凝土施工规范》(JTS 202—2011)中规定，水泥在保管正常的情况下，三个月至少检查一次；对于库存超过三个月或快硬硅酸盐水泥超过一个月、有结潮现象的水泥，使用前必须经过复验，对水泥质量有怀疑时，随时进行检查。

《水运工程质量检验标准》(JTS 257—2008)中规定，水泥的组批原则是同一厂家同期出厂的同品种、同强度等级、同一出厂编号的水泥为一批。一批的总量，袋装水泥不超过200t，散装水泥不超过500t。必检项目有：安定性、凝结时间、水泥胶砂强度；其他检验项目有：细度、烧失量、三氧化硫、碱含量、氯化物、氧化镁。

9.3.2 取样方法

(1)散装水泥。对同一水泥厂生产的同期出厂的同品种、同标号水泥，以一次进厂(场)的同一出厂编号的水泥为一批，且一批总重量不超过500t。随机从不少于三个车罐中采取等量水泥，经混拌均匀后称取不少于12kg。

(2)袋装水泥。对同一水泥厂生产的同期出厂的同品种、同标号水泥，以一次进厂(场)的同一出厂编号为一批，且一批总重量不超过200t。取样应有代表性，可连续取，亦可从20个以上不同部位取等量样品，总量不得小于12kg。

(3)按照标准规定进行检测时，将水泥试验等分成两份，一份用于检验，一份密封保存，以备有疑问时用于复验(密封保存不得超过3个月)。

9.3.3 水泥质量检验方法

1)水泥细度

(1)水泥比表面积测定法

①适用范围：适用于硅酸盐水泥和普通硅酸盐水泥。

②仪器设备:勃氏比表面积透气仪、烘干箱、天平(分度值为0.001g)、秒表等。

③试样制备:试样应先通过0.9mm方孔筛,再在110℃±5℃下烘干1h,并在干燥器中冷却至室温。

④试验条件:试验室相对湿度不大于50%。

⑤试验步骤:

a. 测定水泥密度。

b. 漏气检查。

将透气圆筒上的橡皮塞塞紧,接到压力计上。用抽气装置从压力计一臂中抽出部分气体,然后关闭阀门,观察是否漏气。如发现漏气,可用活塞油脂加以密封。

c. 空隙率(e)的确定。

硅酸盐水泥、普通硅酸盐水泥的空隙率采用0.500±0.005,其他的选用0.530±0.005(当上述空隙两次不能满足"试料层制备"规定的位置时,则允许改变空隙率)。

空隙率的调整以2000g砝码(5等砝码)将试样压实至"试料层制备"规定的位置为准。

d. 确定试样量:

$$m = \rho V(1 - e) \tag{9.3.1}$$

式中:m——需要的试样量,g;

ρ——试样密度,g/cm^3;

V——试料层体积,按JC/T 956—2005测定,cm^3;

e——试料层空隙率,%。

e. 试料层制备。

将穿孔板放入透气圆筒的突缘上,用捣棒把一片滤纸放在穿孔板上,边缘放平并压紧。称取试样,精确至0.001g,倒入圆筒。轻敲圆筒的边,使水泥层表面平坦。再放入一片滤纸,用捣器均匀捣实试料直至捣器的支持环与圆筒顶边接触,并旋转1~2圈,慢慢取出捣器。穿孔板上的滤纸为φ12.7mm边缘光滑的圆形滤纸片。每次测定需用新的滤纸片。

f. 透气试验。

把装有试料层的透气圆筒下锥面涂一薄层活塞油脂,然后把它插入压力计顶端锥形磨口处,旋转1~2圈,要保证紧密连接不致漏气,并不振动所制备的试料层。

打开微型电磁汞慢慢从压力计一臂中抽出空气,直到压力计液页面上升到扩大部下端时关闭阀门。当压力计内液体的凹月面下降到第一条刻线时开始计时,当液体的凹月面下降到第二条刻线时停止计时,记录液面从第一条刻度线到第二条刻度线所需的时间。以秒记录,并记录下试验时的温度(℃)。每次透气试验,应重新制备试料层。

g. 计算。

当被测试样的密度、试料层中孔隙率与标准样品相同,试验时的温度与校准温度之差小于等于3℃时,可按下式计算:

$$S = \frac{S_s \sqrt{T}}{\sqrt{T_s}} \tag{9.3.2}$$

如试验时的温度与校准温度之差大于3℃时,则按下式计算

$$S = \frac{S_s \sqrt{\eta_s} \sqrt{T}}{\sqrt{\eta} \sqrt{T_s}} \tag{9.3.3}$$

式中：S——被测试样的比表面积，cm^2/g；

S_s——标准样品的比表面积，cm^2/g；

T——被测试样试验时，压力计中液面降落测得的时间，s；

T_s——标准样品试验时，压力计中液面降落测得的时间，s；

η_s——标准样品试验温度下的空气黏度，$Pa \cdot s$；

η——被测试样试验温度下的空气黏度，$Pa \cdot s$。

当被测试样的试料层孔隙率与标准样品试料层中孔隙率不同，试验时的温度与校准温度之差小于等于3℃时，可按下式计算：

$$S = \frac{S_s\sqrt{T}(1-\varepsilon_s)\sqrt{\varepsilon^3}}{\sqrt{T_s}(1-\varepsilon)\sqrt{\varepsilon_s^3}} \tag{9.3.4}$$

如试验时的温度与校准温度之差大于3℃时，则按下式计算：

$$S = \frac{S_s\sqrt{\eta_s}\sqrt{T}(1-\varepsilon_s)\sqrt{\varepsilon^3}}{\sqrt{\eta}\sqrt{T_s}(1-\varepsilon)\sqrt{\varepsilon_s^3}} \tag{9.3.5}$$

式中：ε——被测试样试料层中的空隙率，%；

ε_s——标准样品试料层中的空隙率，%。

当被测试样的密度和孔隙率与标准样品不同，试验时的温度与校准温度之差小于等于3℃时，可按下式计算：

$$S = \frac{S_s\rho_s\sqrt{T}(1-\varepsilon_s)\sqrt{\varepsilon^3}}{\rho\sqrt{T_s}(1-\varepsilon)\sqrt{\varepsilon_s^3}} \tag{9.3.6}$$

如试验时的温度与校准温度之差大于3℃时，则按下式计算：

$$S = \frac{S_s\rho_s\sqrt{\eta_s}\sqrt{T}(1-\varepsilon_s)\sqrt{\varepsilon^3}}{\rho\sqrt{\eta}\sqrt{T_s}(1-\varepsilon)\sqrt{\varepsilon_s^3}} \tag{9.3.7}$$

式中：ρ——被测试样的密度，g/cm^2；

ρ_s——标准样品的密度，g/cm^2。

h.结果处理。

水泥比表面积应由二次透气试验结果的平均值确定。如两次试验结果相差2%以上时，应重新试验，计算结果保留至$10cm^2/g$。（同一水泥用手动勃氏透气仪测定的结果与自动勃氏透气仪测定的结果有争议时，以手动勃氏透气仪测定的结果为准。）

（2）筛析法

①仪器设备：负压筛析仪、0.9mm方孔筛、0μm负压筛、天平、毛刷等。

②试样制备：称取具有代表性且通过0.9mm方孔筛水泥样品25g，精确至0.01g。

③试验步骤：

a.试验前应保持试验筛清洁、干燥，注意试验筛的标定。

b.试验前应把负压筛发在筛座上，盖上筛盖，接通电源，检查控制系统，调节负压至4000~6000Pa范围内。

c.将试样置于洁净的负压筛中，放在筛座上，盖上筛盖，接通电源。开动筛析仪连续筛析2min，在此期间如有试样附着在筛盖上，可轻轻地敲击筛盖使试样落下。

d.筛毕，用天平称量全部筛余物。

④结果计算。

水泥试样筛余百分数按下式计算：

$$F = \frac{R_s}{W} \times 100 \quad (9.3.8)$$

式中：F——水泥试样的筛余百分数，%；
R_s——水泥筛余物的质量，g；
W——水泥试样的质量，g。

取 2 个试样分别筛析，取筛余平均值为筛析结果。若两次筛余结果绝对误差大于 0.5% 时（筛余值大于 5.0% 时可放宽至 1.0%）应再做一次试验，取两次相近结果的算术平均值作为最终结果。

2）水泥标准稠度、凝结时间、安定性试验

水泥标准稠度和凝结时间测定维卡仪如图 9.3.1 所示。

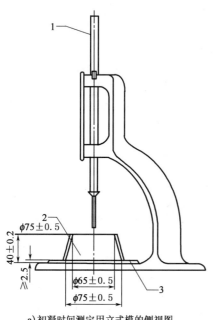

a)初凝时间测定用立式模的侧视图

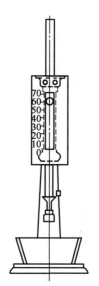

b)终凝时间测定反转试模的前视图

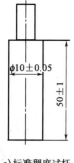

e)标准稠度试杆

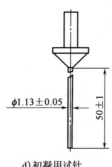

d)初凝用试针

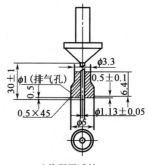

e)终凝用试针

图 9.3.1　水泥标准稠度和凝结时间测定维卡仪（单位：mm）
1-滑动杆；2-试模与试件；3-玻璃板

160

(1)检测原理

①水泥标准稠度:水泥标准稠度净浆对标准试杆(或试锥)的沉入具有一定阻力。通过试验不同含水率水泥净浆的穿透性,以确定水泥标准稠度净浆中所需加入的水量。

②凝结时间:试针沉入水泥标准稠度净浆至一定深度所需的时间。

③安定性:

雷氏法是通过测定水泥标准稠度净浆在雷氏夹中沸煮后试针的相对位移表征其体积膨胀的程度。

试饼法是通过观测水泥标准稠度净浆试饼煮沸后的外形变化情况表征其体积安定性。

(2)仪器设备

水泥净浆搅拌机、维卡仪、雷氏夹、沸煮箱、雷氏夹膨胀测定仪、湿气养护箱、量筒(精度±5ml)、天平(最大称量不小于1000g,分度值不大于1g)。

(3)试验条件

试验室温度为20℃±2℃,相对湿度不低于50%;水泥试样、拌和水、仪器和用具的温度应与实验室一致。

湿气养护箱温度为20℃±1℃,相对湿度不低于90%。

(4)标准稠度用水量检测试验

①试验前须做到:

a.维卡仪的滑动杆能自由滑动,试模和玻璃底板用湿布擦拭,将试模挡在底板上。

b.调整至试杆接触玻璃板时指针对准零点。

c.搅拌机运行正常。

②水泥净浆的制备.用水泥净浆搅拌机搅拌,搅拌锅和搅拌叶先用湿布擦过,将拌和水倒入搅拌锅内,然后在5~10s内小心将称好的500g水泥加入水中,防止水和水泥溅出;拌和时,先将锅放在搅拌机的锅座上,升至搅拌位置,启动搅拌机,低速搅拌120s,停15s,同时将叶片和锅壁上的水泥浆刮入锅中间,接着高速搅拌120s停机。

③标准稠度用水量的测定步骤.拌和结束后,立即取适量水泥净浆一次性将其装入已置于玻璃底板上的试模中,浆体超过试模上端,用宽约25mm的直边刀轻轻拍打超出试模部分的浆体5次以排除浆体中的空隙,然后在试模表面约1/3处,略倾斜于试模分别向外轻轻锯掉多余净浆,再从试模边沿抹顶部一次,使净浆表面光滑。在锯掉多余净浆和抹平的操作过程中,注意不要压实净浆;抹平后迅速将试模和底板移到维卡仪上,并将其中心定在试杆下,降低试锥直至与水泥净浆表面接触,拧紧螺钉,然后突然放松,使试杆垂直自由地沉入水泥净浆中。在试锥停止沉入或释放试杆30s时记录试杆下沉深度。整个操作应在搅拌后1.5min内完成。

④试验结果及评定:

a.用调整水量方法测定时,以试锥下沉深度(28±2)mm时的净浆为标准稠度净浆。其拌和水量为该水泥的标准稠度用水量(P),按水泥的质量百分比计。如果下沉深度超出范围,须另称试样调整水量,重新试验,直至达到(28±2)mm时为止。

b.用不变水量方法测定时,根据测得的试锥下沉深度 S(mm)并按下式(或仪器上对应标尺)计算得到标准稠度用水量 P(%):

$$P = 33.4 - 0.185S \tag{9.3.9}$$

当试锥下沉深度小于13mm时,应改用调整水量方法测定。

(5)凝结时间的测定

①试验前,须调整凝结时间测定仪的试针,接触玻璃板时指针对准零点。

②试件的制备。以标准稠度用水量制成标准稠度净浆,装模和刮平(装模和刮平方法与"标准稠度用水量的测定"一致)后,立即放入湿气养护箱中。记录水泥开始加水的时间作为凝结时间的起始时间。

③凝结时间的测定。试件在湿气养护箱中养护至加水后 30min 进行第一次测定。测定时,从养护箱中取出圆模,放到试针下,使试针与净浆面接触,拧紧螺丝 1~2s 后突然放松,试针垂直自由地沉入净浆,观察试针停止下沉或释放试针 30s 时指针的读数。

当试针沉至距离底板 2~3mm 时,即为水泥的初凝时间,用小时(h)和分钟(min)表示。

当下沉不超过 0.5~1mm 时为水泥的终凝时间,用小时(h)和分钟(min)表示。

测定时应注意,在最初测定的操作时应轻轻扶持金属棒,使其徐徐下降以防试针撞弯,但结果以自由下落为准;在整个测试过程中试针贯入的位置至少要距离圆模内壁 10mm。临近初凝时,每隔 5min 测定一次,临近终凝时每隔 15min 测定一次,到达初凝或终凝状态时应立即重复测定一次,当两次结论相同时才能定为初凝或终凝状态。每次测定不能让试针落入原针孔,每次测定完毕须将试针擦净并将圆模放回养护箱内,整个测定过程要防止圆模受振。

④试验结果的确定及评定。

初凝时间是指由水泥加水时起至试针沉入净浆中距离底板 2~3mm 时止所需的时间。终凝时间是指由水泥加水时起至试针沉入净浆中不超过 0.5~1mm 时止所需的时间。

评定方法为将测定的初凝和终凝时间,对照国家标准中各种水泥的技术要求,从而判定凝结时间是否合格。

(6)安定性的测定

①标准法(雷氏夹法)。

a.试验前准备工作。每个试样需成型两个试件,每个雷氏夹(图 9.3.2)需配备两个边长或直径约 80mm、厚度约 4~5mm 的玻璃板,凡与水泥净浆接触的玻璃板和雷氏夹内表面都要稍稍涂上一层油(有些油会影响凝结时间,矿物油比较合适)。

雷氏夹由铜质材料制成,使用前应检查雷氏夹是否合格。即检查当一根指针的根部先悬挂在一根金属丝或尼龙丝上,另一根指针的根部再挂上 300g 质量的砝码时,两根指针的针尖距离增加应在 17.5mm ± 2.5mm 范围以内,即 $2X = 17.5mm ± 2.5mm$,当去掉砝码后针尖的距离能恢复至挂砝码前的状态。

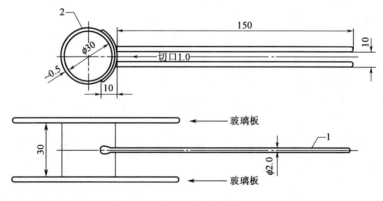

图 9.3.2 雷氏夹示意图(单位:mm)
1-指针;2-环模

b. 雷氏夹试件的成型。将预先准备好的雷氏夹放在已稍擦油的玻璃板上,并立即将已制好的标准稠度净浆一次装满雷氏夹,装浆时一只手轻轻扶持雷氏夹,另一只手用宽约25mm的直边刀在浆体表面轻轻插捣3次,然后抹平,盖上稍涂油的玻璃板,接着立即将试件移至湿气养护箱内养护24h±2h。

c. 沸煮。调整好沸煮箱内的水位,使能保证在整个沸煮过程中都超过试件,不需中途添补试验用水,同时又能保证在30min±5min内升至沸腾。

脱去玻璃板取下试件,先测量雷氏夹指针尖端间的距离(A),精确到0.5mm,接着将试件放入沸煮箱水中的试件架上,指针朝上,然后在30min±5min内加热至沸并恒沸180min±5min。

d. 结果判别。沸煮结束后,立即放掉沸煮箱中的热水,打开箱盖,待箱体冷却至室温,取出试件进行判别。测量雷氏夹指针尖端的距离(C),准确至0.5mm,当两个试件煮后增加距离($C-A$)的平均值不大于5.0mm时,即认为该水泥安定性合格,当两个试件煮后增加距离($C-A$)的平均值大于4.0mm时,应用同一样品立即重做一次试验。再如此,则认为该水泥为安定性不合格。

②代用法(试饼法)。

a. 试验前的准备工作。每个样品需准备两块约100mm×100mm的玻璃板,凡与水泥净浆接触的玻璃板都要稍稍涂上一层油。

b. 试饼的成型方法。将制好的标准稠度净浆取出一部分分成两等份,使之成球形,放在预先准备好的玻璃板上,轻轻振动玻璃板并用湿布擦过的小刀由边缘向中央抹,做成直径70~80mm、中心厚约10mm、边缘渐薄、表面光滑的试饼,接着将试饼放入湿气养护箱内养护24h±2h。

c. 沸煮。调整好沸煮箱内的水位,使能保证在整个沸煮过程中都超过试件,不需中途添补试验用水,同时又能保证在30min±5min内升至沸腾。

脱去玻璃板取下试饼,在试饼无缺陷的情况下将试饼放在沸煮箱水中的箅板上,然后在30min±5min内加热至沸并恒沸180min±5min。

d. 结果判别。沸煮结束后,立即放掉沸煮箱中的热水,打开箱盖,待箱体冷却至室温,取出试件进行判别。目测试饼未发现裂缝,用钢直尺检查也没有弯曲(使钢直尺和试饼底部紧靠,以两者间不透光为不弯曲)的试饼为安定性合格,反之为不合格。当两个试饼判别结果有矛盾时,该水泥的安定性为不合格。

3)水泥胶砂强度检测

(1)检测目的

检测水泥强度,以确定强度等级,或已知强度等级,检验强度是否满足标准规定。

(2)仪器设备

搅拌机、试模、振实台、抗折强度试验机、抗压强度试验机、抗压夹具、播料器、刮平直尺等。

(3)胶砂的配制

胶砂质量配合比应为一份水泥、三份标准砂和半份水,即水泥:砂:水=1:3:0.5。一锅胶砂成型三条试体。每锅材料需要量为:水泥450g,标准砂1350g,水225mL。

每锅胶砂用搅拌机进行搅拌。先使搅拌机处于待工作状态,然后按以下的程序进行操作:把水加入锅里,再加入水泥,把锅放在固定架上,上升至固定位置,然后立即开动机器,低速搅拌 30s 后,在第二个 30s 开始的同时均匀地将砂子加入。当各级砂是分装时,从最粗料级开始,依次将所需的每级砂量加完。把机器转至高速再拌 30s。停拌 90s,在第 1 个 15s 内用一胶皮刮具将叶片和锅壁上的胶砂,刮入锅中间。在高速下继续搅拌 60s 后,停机取下搅拌锅。各个搅拌阶段,时间误差应在 ±1s 以内。

(4) 试件的制备

胶砂制备后立即进行成型。将空试模和模套固定在振实台上,用一个适当勺子直接从搅拌锅里将胶砂分二层装入试模,装第一层时,每个槽里约放 300g 胶砂,用大播料器垂直架在模套顶部沿每个模槽来回一次将料层播平,接着振实 60 次。再装入第二层胶砂,用小播料器播平,再振实 60 次。移走模套,从振实台上取下试模,用一金属直尺以近似 90° 的角度架在试模模顶的一端,然后沿试模长度方向以横向锯割动作慢慢向另一端移动,一次将超过试模部分的胶砂刮去,并用同一直尺在近乎水平的情况下将试件表面抹平。

在试模上作标记或加字条标明试件编号和试件相对于振实台的位置。

(5) 试件的养护

①脱模前的处理和养护。去掉留在模子四周的胶砂。立即将作好标记的试模放入雾室或湿箱的水平架子上养护,湿空气应能与试模各边接触。养护时不应将试模放在其他试模上。一直养护到规定的脱模时间时取出脱模。脱模前,用防水墨汁或颜料笔对试体进行编号和做其他标记。两个龄期以上的试体,在编号时应将同一试模中的三条试体分在两个以上龄期内。

②脱模。脱模应采用专门脱模器小心脱模。对于 24h 龄期的,应在破型试验前 20min 内脱模。对于 24h 以上龄期的,应在成型后 20~24h 之间脱模。

③水中养护。将做好标记的试件立即水平或竖直放在 20℃±1℃ 的水中养护,水平放置时刮平面应朝上。

试件放在不易腐烂的篦子上(不宜用木篦子),并彼此间保持一定间距,以让水与试件的六个面接触。养护期间试件之间间隔或试件上表面的水深不得小于 5mm。

每个养护池只养护同类型的水泥试件。

最初用自来水装满养护池(或容器),随后随时加水保持适当的恒定水位,不允许在养护期间全部换水。

(6) 强度检测

各龄期的试件检测必须在规定的时间内进行。除 24h 龄期或延迟至 48h 脱模的试件外,任何到龄期的试件应在试验(破型)前 15min 从水中取出。揩去试件表面沉积物,并用湿布覆盖至试验为止。

①抗折强度检测。把擦拭好的试件放入抗折夹具内,应使侧面与圆柱接触。将试件的一个侧面放在试验机支撑圆柱上,试体长轴垂直于支撑圆柱,通过加荷圆柱以 (50±10)N/s 的速率均匀地将荷载垂直地加在棱柱体相对侧面上,直至折断(保持两个半截棱柱体处于潮湿状态直至抗压试验)。

抗折强度 R_f(MPa) 按下式计算:

$$R_f = \frac{1.5 F_f L}{b^3} \tag{9.3.10}$$

式中:F_f——折断时荷载,N;

L——支撑圆柱之间的距离,mm;

b——棱柱体正方形截面边长,mm。

以一组3个棱柱体抗折结果的平均值作为试验结果。当3个强度值中有超出平均值±10%时,应剔除后再取平均值作为抗折强度试验结果。各试件的抗折强度记录精确至0.1MPa,抗折强度试验结果计算精确至0.1MPa。

②抗压强度测定。抗压强度试验通过规定的仪器,在半截棱柱体的侧面上进行。半截棱柱体中心与压力机压板受压中心差应在±0.5mm内,棱柱体露在压板外的部分约有10mm。在整个加荷过程中以(2400±200)N/s的速率均匀地加荷直至破坏。抗压强度 R_c(MPa),按下式进行计算:

$$R_c = \frac{F_c}{A} \tag{9.3.11}$$

式中:F_c——破坏时最大的荷载,N;

A——受压部分面积,mm²(40mm×40mm=1600mm²)。

以一组3个棱柱体上得到的6个抗压强度测定值的算术平均值为试验结果。如6个测定值中有一个超出6个平均值的±10%,就剔除这个结果,而以剩下5个的平均数为结果。如果5个测定值中再有超过它们平均数±10%的,则此组结果作废。各个半棱柱体得到的单个抗压强度结果计算精确至0.1MPa,按规定计算平均值,计算精确至0.1MPa。

9.4 混凝土用集料质量检测试验

9.4.1 组批原则、取样及缩分

(1)组批原则:以同一产地、同一规格,每400m³或600t为一批,不足400m³或600t也按一批计。当质量比较稳定、进料数量较大时,可定期检验。

(2)砂、碎石(卵石)的取样:

①在料堆上取样时,取样部位应均匀分布。取样前先将取样部位表层铲除,然后从不同部位抽取大致等量的砂8份(碎石或卵石15份,在堆料的顶部、中部、底部均匀分布的5个不同部位取得),组成一组样品。

②从皮带运输机上取样时,应从皮带运输机机尾的出料处用接料器定时抽取砂4份(碎石或卵石8份),组成一组样品。

③从火车、汽车、货船上取样时,应从不同部位和深度抽取大致相等的砂8份(碎石或卵石16份),组成一组样品。

(3)样品的缩分:

①砂样品缩分:一般采用人工四分法,即将所取样品置于平板上,在潮湿状态下拌和均匀,并堆成厚度约为20mm的圆饼,然后沿互相垂直的两条直径把圆饼分成大致相等的4份,取其中对角线的重新拌匀,再堆成圆饼。重复上述过程直至把样品缩分为试验所需的量为止。有条件时,也可用分料器对试样进行缩分。

②碎石或卵石的缩分:将所取样品置于平板上,在自然状态下拌和均匀后,沿互相垂直的两条直径把锥体分成大致相等的4份,取其中对角线的重新拌匀,再堆成锥体。重复上述过程直至缩分后的样品量略多于试验所需的量为止。

(4)细集料质量检测试验的最少取样数量,见表9.4.1。

细集料质量检测试验最少取样数量(kg)　　　　表9.4.1

序 号	试验项目	最少取样数量	序 号	试验项目	最少取样数量
1	颗粒级配	4.4	5	堆积密度	5.0
2	含泥量	4.4	6	含水率	1.0
3	泥块含量	10.0	7	砂中氯离子含量	2.0
4	表观密度	2.6			

(5)粗集料质量检测试验的最少取样数量,见表9.4.2。

粗集料质量检测试验的最少取样数量(kg)　　　表9.4.2

试验项目	最 大 粒 径 (mm)							
	10.0	16.0	20.0	25.0	31.5	40.0	63.0	80.0
筛分析	10	15	20	20	30	40	60	80
表观密度	8	8	8	8	12	16	24	24
含泥量	8	8	24	24	40	40	80	80
泥块含量	8	8	24	24	40	40	80	80
针、片状颗粒含量	1.2	4	8	8	20	40	—	—

9.4.2　砂的质量检测方法

1)砂的筛分析试验

(1)试验仪器设备

试验筛:筛孔边长为9.50mm、4.75mm、2.36mm、1.18mm、0.60mm、0.30mm、0.15mm 的方孔筛❶以及筛的底盘和盖各一只,筛框为300mm 或200mm。

设备包括:天平(称量1000g,感量1g)、摇筛机、烘箱(105℃±5℃)以及浅盘和硬、软毛刷等。

(2)试样制备

用于筛分析的试样❷,其颗粒的公称粒径不应大于9.50mm。试验前应先将来样通过公称直径10.0mm 的筛,并计算筛余。称取经缩分后样品不少于550g 两份,分别装入两个浅盘,在105℃±5℃的温度下烘干至恒重。冷却至室温备用。

(3)试验步骤

准确称取烘干试样500g,置于按筛孔大小顺序排序(大孔在上、小孔在下)的套筛的最上一只筛上(即4.75mm 筛孔);将套筛装入摇筛机❸内固紧,筛分10min 左右,然后取出套筛,再按筛孔大小顺序,在清洁的浅盘上逐个进行手筛,直至每分钟的筛出量不超过试样总量的0.1%时为止;通过的颗粒并入下一只筛子,并和下一只筛子中的试样一起过筛,按这样顺序依次进行,直至所有的筛子全部筛完为止。

---

❶试样为特细砂时,在筛分时应增加0.080mm 的方孔筛。
❷如试样的含泥量超过5%,则应先清洗,然后烘干至恒重,再进行筛分。
❸无摇筛机时,可改用手筛。

仲裁时,试样在各号筛上的筛余量不得超过式(9.4.1)的量;生产控制检验时不得超过式(9.4.2)的量,否则应将筛余试样分成两份,再次进行筛分,并以其筛余量之和作为该筛余量。

$$m_r = \frac{A\sqrt{d}}{300} \tag{9.4.1}$$

$$m_r = \frac{A\sqrt{d}}{200} \tag{9.4.2}$$

式中:m_r——在一个筛上的剩余量,g;
d——筛孔直径,mm;
A——筛的面积,mm^2。

称取各筛筛余试样的质量(精确至1g),所有各筛的分计筛余量和底盘中的剩余量之和与筛分前的试样总量相比,其相差不得超过1%。

(4)筛分析试验结果的计算步骤
①计算分计筛余(各筛上的筛余量除以试样总量的百分率),精确至0.1%。
②计算累计筛余百分率(该筛上的分计筛余百分率与大于该筛的各筛上的分计筛余百分率之和),精确至0.1%。
③根据各筛的累计筛余百分率评定该试样的颗粒级配分布情况。
④砂的细度模数应按下式计算(精确至0.01):

$$\mu_f = \frac{(\beta_2 + \beta_3 + \beta_4 + \beta_5 + \beta_6) - 5\beta_1}{100 - \beta_1} \tag{9.4.3}$$

式中:β_1、β_2、β_3、β_4、β_5、β_6——筛孔边长为4.75mm、2.36mm、1.18mm、0.60mm、0.30mm、0.15mm各筛上的累计筛余百分率。

筛分试验应采用两个试样平行试验。细度模数以两次试验结果的算术平均值为测定值(精确至0.1)。如两次试验所得的细度模数之差大于0.20时,应重新取试样进行试验。

2)松散堆积密度
(1)仪器设备
4.75mm的方孔筛、烘箱、浅盘、漏斗(料勺)、天平、直尺等。
(2)试样制备
用浅盘装样品约3L,在温度为105℃±5℃烘箱中烘干至恒重,取出并冷却至室温,再用4.75mm孔径的筛子过筛,分成大致相等的两份备用。试样烘干后如有结块,应在试验前先予捏碎。
(3)试验步骤
取试样一份,用漏斗或铝制料勺,将它徐徐装入容量筒(漏斗出料口或料勺距容量筒筒口不应超过50mm)直至试样装满并超出容量筒筒口,然后用直尺将多余的试样沿筒口中心线向相反方向刮平,称其质量(m_2)。
(4)试验结果整理
堆积密度ρ_1应按下式计算:

$$\rho_1 = \frac{m_2 - m_1}{V} \times 1000 \tag{9.4.4}$$

式中:ρ_1——堆积密度,kg/m^3;
m_1——容量筒质量,kg;

m_2——容量筒和试样总质量,kg;

V——容量筒的容积,L。

计算结果精确至 $10kg/m^3$,两次试验结果的算术平均值作为测定值。

3)表观密度

(1)仪器设备

天平、容量瓶、浅盘、烘箱、500ml 烧杯、干燥器、移液滴管等。

(2)试样制备

将经缩分后不应少于650g的样品装入浅盘,在温度为105℃±5℃烘箱中烘干至恒重,并在干燥器内冷却至室温。

(3)试验步骤

取烘干试样300g(m_0),装入盛有半瓶冷开水的容量瓶中,摇转容量瓶,使试样的水中充分搅动以排除气泡,塞紧瓶塞,静置24h,然后用移液滴管添水,使水面与瓶颈刻度线平齐,再塞紧瓶塞,擦干瓶外水分,称质量(m_1)。

倒出瓶中的水和试样,将瓶的内外表面洗净,再向瓶内注入与水温相差不超过2℃的冷水至瓶颈刻度线。塞紧瓶塞,擦干容量瓶外水分,称质量(m_2)。

(4)试验结果整理

表观密度 ρ 应按下式计算(精确至 $10kg/m^3$):

$$\rho = \left(\frac{m_0}{m_0 + m_2 - m_1} - \alpha_t\right) \times 1000 \qquad (9.4.5)$$

式中:ρ——表观密度,kg/m^3;

m_0——烘干试样的质量,g;

m_1——试样,水及容量瓶的总质量,g;

m_2——水及容量瓶总质量,g;

α_t——考虑称量时的水温对表观密度影响的修正系数,详见表9.4.3。

不同水温下砂的表观密度温度修正系数　　表9.4.3

水温(℃)	15	16	17	18	19	20	21	22	23	24	25
α_t	0.002	0.003	0.003	0.004	0.004	0.005	0.005	0.006	0.006	0.007	0.008

以两次试验结果的算术平均值作为测定值。如两次结果之差大于$20kg/m^3$时,应重新取样进行试验。试验过程中,应测量并控制水的温度,试验的各项称量可以在15~25℃的温度范围内进行。从试样加水静置的最后2h起直至试验结束,其温度相差不应超过2℃。

4)砂的含水率

(1)仪器设备

天平、浅盘、烘箱等。

(2)试验方法

从样品称取两份重约500g的试样,分别放入已知质量(m_1)的干燥容器中,记下每盘试样与容器的总质量(m_2),将容器连同试样放入105℃±5℃的烘箱中烘干至恒重,并在干燥器中冷却至室温后,称取试样与容器的总质量(m_3)。

(3)试验结果整理吸水率w_{wc}应按下式计算(精确至0.1%):

$$w_{wc} = \frac{m_2 - m_3}{m_3 - m_1} \times 100\% \tag{9.4.6}$$

式中:m_1——容器质量,g;
　　m_2——未烘干的试样与容器总质量,g;
　　m_3——烘干后的试样与容器总质量,g。

计算结果精确至$10kg/m^3$,两次试验结果的算术平均值作为测定值。

5)含泥量

(1)仪器设备

台秤、天平、烘箱、试验筛(筛孔边长为1.18mm、75μm)、浅盘等。

(2)试样制备

将样品在潮湿状态下用四分法缩分至1100g,置于温度为105℃±5℃的烘箱中烘干至恒重,冷却至室温后,立即称取约400g(m_0)的试样两份备用。

(3)试验步骤

取烘干的试样一份置于容器中,并注入饮用水,使水面高出砂面约150mm,充分拌混均匀后,浸泡2h,然后用手在水中淘洗试样,使尘屑、淤泥和黏土与砂粒分离,并使之悬浮水中,缓缓地将浑浊液倒入1.18mm及75μm的套筛(1.18mm筛放置上面)上,滤去小于0.080mm的颗粒,试验前筛子的两面应先用水湿润,在整个试验过程中应注意避免砂粒丢失。

再次加水于容器中,重复上述过程,直至容器内洗出的水清澈为止。

用水冲洗剩留在筛上的细粒,并将75μm筛放在水中(使水面略高于筛中砂粒的上表面)来回摇动,以充分洗除小于75μm的颗粒。然后将两只筛上剩留的颗粒和容器中已经洗净的试样一并装入浅盘,置于温度为105℃±5℃的烘箱中烘干至恒重。取出冷却至室温后,称试样的质量(m_1)。

(4)试验结果整理

砂中含泥量w_c应按下式计算(精确至0.1%):

$$w_c = \frac{m_0 - m_1}{m_0} \times 100\% \tag{9.4.7}$$

式中:m_0——试验前的干燥试样质量,g;
　　m_1——试验后的干燥试样质量,g。

以两个试样试验结果的算术平均值作为测定值。两次结果的差值超过0.5%时,应重新取样进行试验。

6)砂中泥块含量

(1)仪器设备

台秤、天平、烘箱、试验筛(筛孔边长为1.18mm、600μm)、浅盘、容器等。

(2)试样制备

将样品在潮湿状态下用四分法缩分至约3000g,置于温度为105℃±5℃的烘箱中烘干至恒重,冷却至室温后,用1.18mm筛筛分,取筛上的砂400g分为两份备用。

(3)泥块含量试验的步骤

称取试样200g(m_1)置于容器中,并注入饮用水,使水面高出砂面约150mm。充分拌混均匀后,浸泡24h,然后用手在水中碾碎泥块,再把试样放在600μm筛上,用水淘洗,直至水清澈为止。保留下来的试样应小心地从筛里取出,装入浅盘后,置于温度为105℃±5℃烘箱烘干至恒重,冷却后称重(m_2)。

(4)试验结果整理

砂中泥块含量$w_{C,L}$,应按下式计算(精确至0.1%):

$$w_{C,L} = \frac{m_1 - m_2}{m_1} \times 100\% \tag{9.4.8}$$

式中:$w_{C,L}$——泥块含量,%;
  m_1——试验前的干燥试样质量,g;
  m_2——试验后的干燥试样质量,g。

以两个试样试验结果的算术平均值作为测定值。两次结果的差值超过0.4%时,应重新取样进行试验。

7)砂中氯离子含量试验

(1)仪器设备

天平、带塞磨口瓶、容量瓶、三角瓶、移液管等。

(2)试验试剂

5%铬酸钾指示剂溶液、0.01mol/L氯化钠标准溶液、0.01mol/L硝酸银标准溶液。

(3)试验步骤

取海砂2kg先烘至恒重,经四分法缩分至500g(m)。装入带塞磨口瓶中,用容量瓶取500ml蒸馏水,注入磨口瓶内,加上塞子,摇动一次后,放置2h,然后每隔5min摇动一次,共摇动3次,使氯盐充分溶解。将磨口瓶上部已澄清的溶液过滤,然后用移液吸管吸取50ml滤液,注入到三角瓶中,再加入浓度为5%的铬酸钾指示剂1ml,用0.01mol/L硝酸银标准溶液滴定至呈现砖红色为终点,记录消耗的硝酸银标准溶液的毫升数(V_1)。

空白试验:用移液管准确吸取50ml蒸馏水到三角瓶内,加入5%铬酸钾指示剂,并用0.01mol/L硝酸银标准溶液滴定至溶液呈现砖红色为止,记录此点消耗的硝酸银标准溶液的毫升数(V_2)。

(4)试验结果整理

砂中氯离子含量w_{Cl}应按下式计算(精确至0.001%):

$$w_{Cl} = \frac{C_{AgNO_3}(V_1 - V_2) \times 0.0355 \times 10}{m} \times 100\% \tag{9.4.9}$$

式中:C_{AgNO_3}——硝酸银标准溶液的浓度,mol/L;
  V_1——样品滴定时消耗的硝酸银标准溶液的体积,mL;
  V_2——空白试验时消耗的硝酸银标准溶液的体积,mL;
  m——试样质量,g。

9.4.3 碎石、卵石质量检测

1)碎石(卵石)筛分析试验

(1)仪器设备

台秤、天平、试验筛、浅盘等。

（2）试样制备

试验前,用四分法将样品缩分至略重于表9.4.4所规定的试样所需量,烘干或风干后备用。

筛分析所需试样的最少量　　　　　　　　　表9.4.4

最大公称粒径(mm)	10.0	16.0	20.0	25.0	31.5	40.0	63.0	80.0
最少试样质量(kg)	2.0	3.2	4.0	5.0	6.3	8.0	12.6	16.0

（3）试验步骤

①称取试样,将试样按筛孔大小顺序过筛,当每号筛上筛余层的厚度大于试样的最大粒径值时,应将该号筛上的筛余分成两份,再次进行筛分,直至各筛每分钟的通过量不超过试样总量的0.1%。

②称取各筛筛余的重量,精确至试样总重量的0.1%。在筛上的所有分计筛余量和筛底剩余的总和与筛分前测定的试样总量相比,其相差不得超过1%。

③当筛余颗粒的粒径大于20.0mm时,在筛分过程中允许用手指拨动颗粒。

（4）筛分析试验结果的计算步骤

①由各筛上的筛余量除以试样总重量计算得出该号筛的分计筛余百分率(精确至0.1%)。

②每号筛计算得出的分计筛余百分率与大于该筛筛号各筛的分计筛余百分率相加,计算得出其累积筛余百分率(精确至1%)。

③根据各筛的累计筛余百分率,评定该试样的颗粒级配。

2）表观密度试验

（1）仪器设备

天平、浅盘、烘箱、吊篮、盛水容器(带有溢流孔)、试验筛等。

（2）试样制备

将所取样品先筛去5.00mm以下的颗粒,并缩分至略重表9.4.5所规定的数量,刷洗干净后分2份备用。

表观密度试验所需的试样最少量　　　　　　　　　表9.4.5

最大公称粒径(mm)	10.0	16.0	20.0	25.0	31.5	40.0	63.0	80.0
最少试样质量(kg)	2	2	2	3	3	4	6	6

（3）试验步骤

①按规定取试样一份装入吊篮,并浸入盛水的容器中,水面至少高出试样50mm。

②浸水24h后,移放到称量用的盛水容器中,并用上下升降吊篮的方法排除气泡(试样不得露出水面),吊篮每升降一次约为1s,升降高度为30～50mm。

③测定水温后(此时吊篮应全浸在水中),用天平称取吊篮及试样在水中的重量(m_2),称量时盛水容器中水面的高度由容器的溢流孔控制。

④提起吊篮,将试样置于浅盘中,放入105℃±5℃的烘箱中烘干至恒重,取出放在带盖的容器中冷却至室温后,称重(m_0)。

⑤称取吊篮在同样温度的水中质量(m_1),称量时盛水容器的水面高度仍由溢流口控制。

（4）试验结果整理

表观密度ρ应按下式计算(精确至$10kg/m^3$):

$$\rho = \left(\frac{m_0}{m_0 + m_1 - m_2} - \alpha_t\right) \times 1000 \tag{9.4.10}$$

式中：ρ——表观密度，kg/m³；

m_0——试样的烘干重量，g；

m_1——吊篮在水中的重量，g；

m_2——吊篮及试样在水中的重量，g；

α_t——考虑称重时的水温对表观密度影响的修正系数，见表9.4.6。

水温对表观密度影响的修正系数 表9.4.6

水温(℃)	15	16	17	18	19	20	21	22	23	24	25
$\alpha_t \times 10^{-3}$	—	3	3	4	4	5	5	6	6	7	8

以两次试验结果的算术平均值作为测定值。如两次试验结果差值大于20kg/m³时，应重新取样进行试验。对颗粒材质不均匀的试样，如两次试验结果之差超过规定时，可取四次测定结果的算术平均值作为测定值。

3）含泥量

(1) 仪器设备

台秤、天平、烘箱、试验筛、浅盘等。

(2) 试样制备

试验前，将来样用四分法缩分至表9.4.7所规定的量（注意防止细粉丢失），并置于温度为105℃±5℃的烘箱内烘干至恒重，冷却至室温后分成两份备用。

含泥量试验所需的试样最少量 表9.4.7

最大粒径(mm)	10.0	16.0	20.0	25.0	31.5	40.0	63.0	80.0
试样最少量(kg)	2	2	6	6	10	10	20	20

(3) 试验步骤

①称取试样一份（m_0）装入容器中摊平，并注入饮用水，使水面高出石子表面150mm；用手在水中淘洗颗粒，使尘屑、淤泥和黏土与较粗颗粒分离，并使之悬浮或溶解于水，缓缓地将浑浊液倒入1.18mm及75μm的套筛（1.18mm筛放置上面），滤去小于75μm的颗粒。试验前筛子的两面应先用水湿润，在整个试验过程中应注意避免大于75μm的颗粒丢失。

②再次加水于容器中，重复上述过程，直至洗出的水清澈为止。

③用水冲洗剩留在筛上的细粒，并将75μm筛放在水中（使水面略高出筛内颗粒）来回摇动，以充分洗除小于75μm的颗粒。然后将两只筛上剩留的颗粒和筒中已洗净的试样一并装入浅盘。置于温度为105℃±5℃的烘箱中烘干至恒重。取出冷却至室温后，称取试样的重量（m_1）。

(4) 试验结果整理

碎石或卵石的含泥量 w_c 应按下式计算（精确至0.1%）：

$$w_c = \frac{m_0 - m_1}{m_0} \times 100\% \tag{9.4.11}$$

式中：m_0——试验前烘干试样的重量，g；

m_1——试验后烘干试样的重量，g。

以两个试样试验结果的算术平均值作为测定值。如两次试验结果的差值超过0.2%,应重新取样进行试验。

4)泥块含量

(1)仪器设备

台秤、天平、烘箱、试验筛、浅盘等。

(2)试样制备

试验前,将样品用四分法缩分至略大于表9.4.7所规定的量,缩分应注意防止所含黏土块被压碎。缩分后的试样在105℃±5℃烘箱内烘至恒重,冷却至室温后分成两份备用。

(3)试验步骤

①筛去4.75mm以下颗粒,称重(m_1)。

②将试样在容器中摊平,加入饮用水使水面高出试样表面,24h后把水放出,用手碾压泥块,然后把试样放在2.36mm筛上摇动淘洗,直至洗出的水清澈为止。

③筛上的试样小心地从筛里取出,置于温度为105℃±5℃烘箱中烘干至恒重。取出试样冷却至室温后称重(m_2)。

(4)试验结果整理

泥块含量$w_{c,1}$应按下式计算(精确至0.1%)

$$w_{c,1} = \frac{m_1 - m_2}{m_1} \times 100\% \tag{9.4.12}$$

式中:m_1——4.75mm筛筛余量,g;

m_2——试验后烘干试样的量,g。

以两个试样试验结果的算术平均值作为测定值。如两次试验结果的差值超过0.2%,应重新取样进行试验。

5)针、片状颗粒的总含量试验

(1)仪器设备

台秤、针状规准仪、片状规准仪、卡尺、天平等。

(2)试样制备

试验前,将来样在室内风干至表面干燥,并用四分法缩分至表9.4.8规定的数量,称重(m_0),然后筛分成下表9.4.9所规定的粒级备用。

针、片状试验所需的试样最少量　　　　表9.4.8

最大粒径(mm)	10.0	16.0	20.0	25.0	31.5	40.0以上
试样最少重量(kg)	0.3	1	2	3	5	10

针、片状试验的粒级划分及其相应的规准仪孔宽或间距　　　　表9.4.9

粒级(mm)	5.0~10.0	10.0~16.0	16.0~20.0	20.0~25.0	25.0~31.5	31.5~40.0
片状规准仪相对应的孔宽(mm)	3.0	5.2	7.2	9.0	11.3	14.3
针状规准仪相对应的间距(mm)	18.0	31.2	43.2	54.0	67.8	85.8

(3)试验步骤

①按表9.4.9所规定的粒级用规准仪逐粒对试样进行鉴定,凡颗粒长度大于针状规准仪

上相应间距者,为针状颗粒。厚度小于片状规准仪上相应孔宽者,为片状颗粒。

②粒径大于40mm的碎石或卵石可用卡尺鉴定其针、片状颗粒,卡尺卡口的设定宽度应符合表9.4.10的规定。

大于40mm粒级颗粒卡尺卡口的设定宽度　　　表9.4.10

粒　　级	40.0~63.0	63.0~80.0
鉴定片状颗粒的卡口宽度(mm)	20.6	28.6
鉴定针状颗粒的卡口宽度(mm)	123.6	171.6

③称量由各粒级挑出的针状和片状颗粒的总质量(m_1)。

(4)试验结果整理

碎石或卵石中针、片状颗粒含量 w_P 应按下式计算(精确至1%):

$$w_P = \frac{m_1}{m_0} \times 100\% \tag{9.4.13}$$

式中:m_0——试样总重量,g;

m_1——试样中所含针、片状颗粒的总重量,g。

6)压碎指标

(1)仪器设备

试验筛、圆筒、底盘、试验机、垫棒、压碎指标测定仪等。

(2)试样制备

试验前,先将试样筛去9.5mm以下及19.0mm以上的颗粒,再用针状和片状规准仪剔除其针状和片状颗粒,然后分成大致相等的3份备用。当试样中粒径在9.5~19.0mm之间的颗粒不足时,允许将粒径大于19.0mm的颗粒破碎成粒径在9.5~19.0mm之间的颗粒用作压碎指标试验。

(3)试验步骤

①称取试样3000g,精确至1g,将试样分两层装入圆模(置于底盘上)内,每装完一层试样后,在底盘下面垫放一直径为10mm的圆钢筋,将筒按住,左右交替颠击地面各25下。第二层颠实后,试样表面距底盘的高度应控制为100mm左右。两层颠实后,平整模内试样表面,盖上压头。

②把装有试样的圆模置于压力试验机上,开动压力试验机在160~300s内均匀加荷至200kN并稳荷5s,然后卸荷。

③取下加压头,倒出试样并称量其质量(m_0),用孔径2.36mm的筛筛除被压碎的细粒,并称出留在筛上的试样质量(m_1),精确至1g。

(4)试验结果整理

碎石(卵石)的压碎指标值 δ_a,应按下式计算(精确至0.1%):

$$\delta_a = \frac{m_0 - m_1}{m_0} \times 100 \tag{9.4.14}$$

式中:δ_a——压碎指标,%;

m_0——试样的质量,g;

m_1——压碎试验后筛余的试样质量,g。

以三次试验结果的算术平均值作为压碎指标测定值,精确至1%。

9.5 混凝土性能检测试验

9.5.1 混凝土试验室拌和方法

(1)试验设备

搅拌机、台秤、天平、钢板、铁铲、容器等。

(2)一般规定

拌和材料须符合有关规范要求,温度应保持与室温相同。在决定拌和水用量时,应扣除原材料中的含水率。拌制混凝土的材料用量以质量计,称量精度为:集料为±1.0%;水、水泥、掺合料和外加剂为±0.5%。拌制混凝土的用具均预先用水湿润,使用完毕后必须清洁干净,不得有混凝土残渣。

使用搅拌机时,应在拌和前预拌适量的砂浆或混凝土进行刷膛(砂浆或混凝土的配合比与正式拌和的混凝土配合比相同),将搅拌机内多余砂浆或混凝土倒在拌和钢板上,使拌和钢板也黏附一薄层砂浆。采用机械拌和时,一次拌和量不宜少于搅拌机容积的20%。

(3)操作步骤

将称好的石子、水泥、砂按顺序倒入搅拌机,开动搅拌机,将水徐徐加入,全部加料时间不超过2min,水全部加入后,继续拌和2~3min。将机内拌和好的拌合物倒在钢板上,并刮出黏在搅拌机的拌合物,用人工翻拌2次,使拌合物均匀一致。

9.5.2 混凝土拌合物稠度试验

1)坍落度法

(1)本方法适用于坍落度不小于10mm,集料最大粒径不大于40mm的塑性混凝土拌合物。

(2)仪器设备:搅拌机、振动台、捣棒、台秤、托盘天平、坍落度桶、拌和钢板、钢尺、铁铲等。

(3)试验方法:

①湿润坍落度筒及底板,在坍落度筒壁内和底板上应无明水。底板应放置在坚实水平面上,并把筒放在底板中心,然后用脚踩住两边的脚踏板,坍落度筒在装料时应保持固定的位置。

②把混凝土试样用小铲分三层均匀地装入筒内,使捣实后每层高度为筒高的三分之一左右。每层用捣棒插捣25次。插捣应沿螺旋方向由外向中心进行,各次插捣应在截面上均匀分布,插捣筒边混凝土时,捣棒可以稍稍倾斜。插捣底层时,捣棒应贯穿整个深度,插捣第二层和顶层时,捣棒应插透本层至下一层的表面;浇灌顶层时,混凝土应灌到高出筒口。插捣过程中,如混凝土沉落到低于筒口,则应随时添加。顶层插捣完后,刮去多余的混凝土,并用抹刀抹平。

③清除筒边底板上的混凝土后,垂直平稳地提起坍落度筒。坍落度筒的提离过程应在5~10s内完成;从开始装料到提坍落度筒的整个过程应不间断地进行,并应在150s内完成。

④提起坍落度筒后,测量筒高与坍落度混凝土试体最高点之间的高度差,即为该混凝土拌合物的坍落度值;坍落度筒提离后,如混凝土发生崩坍或一边剪坏现象,则应重新取样另行测定;如第二次试验仍出现上述现象,则表示该混凝土和易性不好,应予记录备查。

(4)结果评定。

混凝土拌合物坍落度以 mm 为单位,结果表达精确至 5mm。除了以坍落度的大小评定混凝土拌合物的流动性以外,同时可用目测法评定混凝土拌合物黏聚性和保水性。

黏聚性评定方法:用捣棒在已坍落的混凝土锥体一侧轻轻敲打。如果锥体在敲打后逐渐下沉,表示黏聚性良好。如果锥体突然倒塌部分崩裂或发生离析现象,即表示黏聚性不好。

保水性以混凝土拌合物中稀浆析出的程度来评定。坍落度筒提起后,若有较多稀浆从底部析出,锥体部分的混凝土也因失浆而集料外露,则表明此混凝土拌合物保水性不好。若坍落度桶提起后无稀浆或仅有少量的稀浆自底部析出,则表示此混凝土拌合物保水性良好。

2)维勃稠度法

(1)本方法适用于集料最大粒径不大于 40mm,维勃稠度在 5~30s 之间的混凝土拌合物稠度测定。

(2)仪器设备:维勃稠度仪、振动台、容器、捣棒等。

(3)试验方法:

①把维勃稠度仪放置在坚实水平的地面上,用湿布把容器、坍落度筒、喂料斗内壁及其他用具润湿。将喂料斗提到坍落度上方扣紧,校正容器位置,使其中心与喂料斗中心重合,然后拧紧固定螺钉。

②将混凝土试样用小铲子分三层经喂料斗均匀的装入筒内,混凝土拌制、装料及插捣方法跟坍落度法一致。

③把喂料斗转离,垂直地提起坍落度筒,此时应注意不得使混凝土试体产生横向的扭动。把透明圆盘转到混凝土圆台体顶面,放松测杆螺钉、降下圆盘,使其轻轻接触到混凝土顶面。拧紧定位螺钉,并检查测杆螺钉是否已经完全放松。

④开启振动台,同时用秒表计时。当振动到透明圆盘的底面被水泥浆布满的瞬间停表计时,并关闭振动台。

(4)结果评定。

由秒表读出的时间(s)即为该混凝土拌合物的维勃稠度值。

9.5.3 混凝土拌合物表观密度测定

(1)仪器设备

容量筒(尺寸需符合表 9.5.1 规定)、钢制捣棒、台秤、玻璃板、振动设备。

容量筒尺寸　　　　　　　表9.5.1

集料最大粒径(mm)	容积(L)	内部尺寸	
		直径(mm)	高度(mm)
≤40	5	186	186
63	15	267	267

(2)试验步骤

①称量干的容量筒和玻璃板的总重 G_1(kg)。在筒中加满水,将玻璃板沿筒顶面水平推过去,使玻璃板下没有空气泡,将外面擦干后称重 G_2(kg)。按下式求得容量筒的体积 V:

$$V = \frac{G_2 - G_1}{\rho_w} \tag{9.5.1}$$

式中：ρ_w——水的密度，取 1.00g/cm^3。

②采用捣插法捣实时，混凝土拌合物分三层装入容量筒内，每次装入量大致相同。每层用捣棒均匀捣插（捣插次数见表9.5.2）。每捣一层完毕后，应在容量筒外壁拍打10下，以消除表面气泡。如有棒坑留下，用捣棒轻轻填平。

每层插捣次数　　　　　　表9.5.2

容量筒容积(L)	插捣次数	容量筒容积(L)	插捣次数
5	25	15	55

③采用振动设备振实时，在容量筒上加一套筒，一次将混凝土拌合物装满并稍高出筒顶，然后用振动台或振动棒振实，直至混凝土拌合物表面出现水泥浆为止。振动时间不得超过90s，用振动棒振实时，要缓慢均匀提棒，不得有棒孔。

④将捣实的混凝土拌合物表面刮平（用玻璃板盖在筒顶检验）。将外面擦干净，包括玻璃板一起称重 G，精确至 50g。

（3）试验结果计算

混凝土拌合物质量密度按下式计算（精确至0.01kg/L）：

$$\rho = \frac{G - G_1}{V} \tag{9.5.2}$$

式中：ρ——混凝土拌合物表观密度，kg/L；
　　G——容量筒、混凝土和玻璃板的总质量，kg；
　　G_1——容量筒和玻璃板总质量，kg；
　　V——容量筒容积，L。

以两次试验结果的算术平均值作为测定值。

9.5.4　混凝土力学性能检测

1）立方体抗压强度试验

（1）仪器设备

试模（150mm×150mm×150mm、200mm×200mm×200mm 或 100mm×100mm×100mm）、抹刀、试验机、标准养护箱、捣棒（振动台）等。

（2）试件制备

①试件需在取样后立即制作，试件的成型方法应根据混凝土的稠度而定。坍落度不大于70mm的混凝土，宜采用振动方式成型，大于70mm的宜用捣棒人工成型。制备试模前，应将试模擦干净并在其内壁涂上一层矿物油或其他脱模剂。

②采用振动台成型时，应将混凝土拌合物一次装入试模，装料时应用抹刀沿试模内壁略加插捣并使混凝土拌合物高出试模上口。振动时应防止试模自由跳动。振动应持续到混凝土表面出浆为止，刮除多余的混凝土，并用抹刀抹平。

③采用振捣棒成型时，可将混凝土拌合物一次装入试模，装料稍有富裕。振捣棒应从试模中心插入，深度应超过试模高度的二分之一，但不宜插到模底，并应快插慢提，上下抽动，以利均匀振捣。

④采用人工插捣成型时，混凝土拌合物应分两层装入试模，每层的装料厚度大致相等。插捣应按螺旋方向从边缘向中心均匀进行，插捣底层时，捣棒应达到试模底面，插捣上层时，捣棒

应穿入下层深度为20~30mm,插捣时捣棒应保持垂直,不得倾斜。同时,还应用抹刀沿试模内壁插入数次。每层的插捣次数应视试件的截面积而定,一般每100mm×100mm面积插捣12次。插捣后,刮出多余的混凝土,并用抹刀抹平。

⑤试件在温度为20℃±5℃、湿度为50%以上的环境下静置24~48h,然后编号拆模。拆模后试件立即放在温度为20℃±3℃、相对湿度90%以上的标准养护箱内养护28d(缺乏标准养护条件时,试件可在20℃±3℃的不流动水中养护,水的pH值不小于7)。

(3)试验步骤

试件从养护室取出后应立即进行试验,避免试件的温度及湿度发生显著变化。试压前需将试件表面与上下承压板面擦干净。测量尺寸并检查其外观,试件尺寸应精确至1mm,并计算试件承压面积$A(mm^2)$。如测定尺寸之差不超过1mm,可按公称尺寸进行计算。试件承压面的不平整度,不应大于试件边长的0.05%,承压面与相邻面的不垂直度,不应大于±1°。

将试件安放在试验机的下压板或垫板上,试件的承压面应与成型时的顶面垂直。试件的中心应与试验机下压板中心对准,开动试验机,当上压板与试件或钢垫板接近时,调整球座,使得接触均衡。

试件过程中应连续加荷,加荷速度取0.3~0.5MPa/s,当试件接近破坏开始急剧变形时,应停止调整试验机油门,直至试件破坏,记录破坏荷载$P(N)$。

(4)结果计算

混凝土立方体抗压强度按下式计算:

$$f_{cu} = \frac{P}{A} \tag{9.5.3}$$

式中:f_{cu}——混凝土立方体试件抗压强度,MPa;

P——试件破坏荷载,N;

A——试件承压面积,mm^2。

混凝土立方体抗压强度计算应精确至0.1MPa。以三个试件的算术平均值作为该组试件的抗压强度值。当三个试件中最大值与最小值之一,与中间值之差超过15%时,取中间值为该组试件的抗压强度值;当三个试件中最大值和最小值与中间值之差均超过15%时,该组试验结果无效。

以150mm×150mm×150mm试件为标准值,其他尺寸试件测得强度应乘以尺寸换算系数,对于200mm×200mm×200mm、100mm×100mm×100mm试件,换算系数分别为1.05及0.95。

2)混凝土劈裂抗拉强度试验

(1)仪器设备

试模(150mm×150mm×150mm)、垫条、垫层、试验机、标准养护箱、捣棒(振动台)等。试验装置如图9.5.1所示。

(2)试件制备

试件制备方法与立方体抗压强度检测的制备方法相同。

(3)试验步骤

①试件从养护地点取出后,应及时进行试验,避免试件的温度和湿度发生显著变化。试件在试验前应先擦拭干净,测量尺寸,检查外观,并在试件中部画线定出劈裂面的位置。劈裂面

应与试件成型时顶面垂直,试件尺寸测量精确至1mm,并计算劈裂面面积。

②将试件放在压力试验机下压板的中心位置。在上、下压板与试件之间垫以圆弧形垫条及垫层各一条,垫条方向应与成型时的顶面垂直,为了保证上、下垫条对准及提高试验效率,可以把垫条安装在定位架上使用。开动试验机,当上压板与试件接近时,调整球座,使接触均衡。

③以0.04~0.06MPa/s的速度连续而均匀地加荷载。当试件接近破坏时,应停止调整油门,直至试件破坏,然后记录破坏荷载。

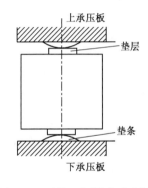

图9.5.1 混凝土劈裂抗拉试验装置

(4)结果计算

混凝土的劈裂抗拉强度应按下式计算(精确至0.01MPa):

$$f_{tu} = \frac{2P}{\pi A} \tag{9.5.4}$$

式中:f_{tu}——混凝土劈裂抗拉强度,MPa;

P——破坏荷载,N;

A——试件劈裂面面积,mm²。

取三个试件测值的平均值作为该组试件的劈裂抗拉强度值。当三个试件测值中的最大值或最小值之一,与中间值之差超过中间值的15%时,取中间值;当三个试件测值中的最大值和最小值,与中间值之差均超过中间值15%时,该组试验结果无效。

3)混凝土抗折强度检测

(1)仪器设备

试模[150mm×150mm×600(550)mm或100mm×100mm×400mm]、抹刀、试验机、标准养护箱、捣棒(振动台)等。试验装置如图9.5.2所示。

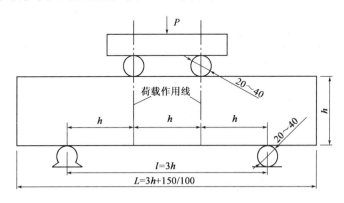

图9.5.2 混凝土抗折试验装置(单位:mm)

(2)试件制备

试件制备方法与立方体抗压强度检测的制备方法相同。

(3)试验步骤

①试件从养护地点取出后,应及时进行试验,避免试件的温度和湿度发生显著变化。试件在试验前应先擦拭干净,测量尺寸,检查外观,试件尺寸测量精确至1mm,并据此进行强度

计算。

②试件不得有明显缺陷,在跨中三分之一梁长的受拉区内,不得有表面直径超过7mm并且深度超过2mm的孔洞。试件承压面和支承面的不平整度不应大于试件边长的0.05%,承压面和支承区与相邻面的不垂直度不应大于1°。

③调整支座及压头位置,所有间距尺寸偏差应不大于±1mm。

④将试件在试验机的支座上放稳对中,承压面应选择试件成型的侧面。开动试验机,当加压头与试件将接触时,调整加压头和支座,使接触均衡,加压头和支座均不得前后倾斜,各接触不良处,均应用胶皮等物品垫平。

⑤以0.04~0.06MPa/s的速度连续均匀地加荷,直到破坏,记录破坏荷载及破坏位置。

(4)结果计算

若试件下边缘断裂位置处于二个集中荷载作用线之间,则试件的抗折强度按下式计算,精确至0.01MPa:

$$f_f = \frac{Fl}{bh^2} \quad (9.5.5)$$

式中:f_f——混凝土抗折强度,MPa;
F——试件破坏荷载,N;
l——支座间跨度,mm;
h——试件截面高度,mm;
b——试件截面宽度,mm。

取三个试件测值的算术平均值作为该组试件的抗折强度值。当三个试件抗折强度中的最大值或最小值之一,与中间值之差超过中间值15%时,取中间值;当三个试件抗折强度中的最大值和最小值,与中间值之差均超过中间值15%时,该组试验结果无效。

采用100mm×100mm×400mm试件时,所测得的抗折强度值应乘以尺寸换算系数0.85。

如折断面位于两个集中荷载以外,则该试件试验结果作废,如有两个试件的试验结果作废,则该组试验结果无效。

9.5.5 混凝土耐久性检测

1)混凝土抗冻性试验

(1)指标要求

一次冻融循环的指标应符合下列要求:

①试件中心冻结温度-15℃(允许偏差-2℃)。
②试件每次循环的降温历时1.5~2.5h。
③试件中心最高融解温度8℃±2℃。
④试件每次循环的升温历时1.0~1.5h。
⑤一次冻融循环历时2.5~4.0h。
⑥试件的中心与表面的温度差小于28℃。

(2)仪器设备

①冷冻设备:应满足试件入箱前,冷箱冷液温度能降到-20~-23℃;试件箱内装满试件后,试件的中心温度应能在1.0~1.5h内降到-15℃;冷、热箱内各部位温差不得超过3.3℃。

②测温设备:采用的测温设备测量冻融过程中试件中心温度变化时,精度能达到0.3℃。
③动弹性模量测定仪:频率为100~10000Hz。
④台秤:称量10kg,感量5kg。
⑤试件桶:用镀锌铁皮或不锈钢等材料制作,其厚度为0.5mm,尺寸为120mm×120mm×500mm。
⑥橡皮衬垫:厚4~5mm,均匀打满孔径为φ15mm,孔径(净距)为15~20mm的孔。

(3)试件制备

试件制备方法与立方体抗压强度检测的制备方法相同,宜采用振动台振实并应在水中养护,3个试件为一组,试件尺寸为100mm×100mm×400mm。

(4)试验步骤

①试件到达规定的养护龄期后,自养护池中取出。如冻融介质为海水,应将试件风干两昼夜后再浸泡海水两昼夜。如冻融介质为淡水,则不必进行风干。

②对已饱水完毕的试件,擦去表面水分,称量初始重,并测量初始动弹性模量。必要时可对试件进行外观描述或照相。

③上述检查工作完毕后,即将试件装入桶底和桶壁均衬有橡皮的试件桶内,按冻融介质,注入海(淡)水,水面应浸没试件顶面20mm。

④每经历50次或25次(视混凝土试件抗冻性高低而定)冻融循环后,应对试件分别进行动弹模量和重量检查,并进行外观评级。必要时,可对试件进行外观描述或照相。每次检查完毕装桶时,应将试件掉头。

⑤当有一部分试件停冻取出后,应另有试件填充空位,如无正式试件,应用废试件填充。

⑥冻融循环试验应连续进行,若因故中断,且不能确保中断时间不超过两天时,则试件应在温度为-2℃±2℃条件下保存至恢复冻融试验为止。

⑦当采用氯化钙溶液为冷冻液时,应定期检查其密度,若密度小于1.27kg/L时应及时调整。

(5)结果计算

①相对动弹模量按下式进行计算:

$$P = \frac{f_n}{f_0} \times 100\% \quad (9.5.6)$$

式中:P——试件相对动弹模量,%;
f_n——经受n次冻融循环后试件的共振频率,Hz;
f_0——经受冻融前试件的共振频率,Hz。

取三个试件试验结果的平均值为测定值,但当最大值或最小值之一与中间值之差超过中间值的20%时,剔除此值,取其他两值的平均值为测定值;当最大值和最小值均超过中间值的20%时,则取中间值为测定值。

②质量损失率按下式计算:

$$S_n = \frac{W_0 - W_n}{W_0} \times 100\% \quad (9.5.7)$$

式中:S_n——n次冻融循环后试件质量损失率,%;
W_n——n次冻融循环后混凝土试件饱水质量,g;
W_0——冻融前混凝土试件初始饱水质量,g。

取三个试验结果的平均值为测定值。当三个值均为负值时,测定值取 0;当其中两个值为负值时,则取正值除以 3 为测定值;当其中一个值为负值时,则由两正值相加除以 3 为测定值;当三个值均为正值时,最大值或最小值与中间值相差大于 1%,剔除,取剩下两值的值作为测定值;当试件最大值和最小值与中间值的差均超过 1% 时,取中间值为测定值。

③试验结果评定:

以相对动弹模量下降至 75% 或质量损失率达 5% 时,即可认为试件已达破坏,并以相应的冻融循环次数作为该混凝土的抗冻融等级。

如相对动弹模量或质量损失率均未达到上述指标,但冻融循环次数已满足设计要求,亦可停止试验。

2)混凝土抗渗性试验

(1)仪器设备

混凝土抗渗仪、试模(上口径 175mm,下口径 185mm,高 150mm)、螺旋加压器、烘箱、电炉、浅盘、钢丝刷、密封材料(如石蜡)等。

(2)试件制备

试件制备方法与立方体抗压强度检测的制备方法相同,6 个试件为一组。

(3)试验步骤

①试件成型后 24h 拆模,用钢丝刷刷去两端面水泥浆膜,标准养护至 28d。

②取出试件,擦干表面,用钢丝刷刷净两端面。等表面干燥后,在试件侧面滚涂一层密封材料,然后在螺旋加压器上压入经过烘箱或电炉预热过的试模中,使试件模底平齐。等试模变冷后,即可解除压力,装至渗透仪上进行试验(如在试验中,水从试件周边渗出,说明密封不好,应重新密封)。

③试验时,水压从 0.1MPa 开始,每隔 8h 增加水压 0.1MPa,并随时注意观察试件端部,当 6 个试件中有 3 个试样端部渗水,记录此时水压力后,即可停止试验(当加压至设计抗渗等级时,经 8h 后第 3 个试件仍不渗水,表明混凝土不小于抗渗设计等级,可停止试验)。

(4)试验结果处理

混凝土的抗渗等级,以每组 6 个试件中 4 个未发现有渗水现象时的最大水压力表示,抗渗等级按下式计算:

$$W = 10H - 1 \tag{9.5.8}$$

式中:W——混凝土抗渗等级;

H——发现第 3 个试件顶面开始渗水时的水压力数值。

3)混凝土抗氯离子渗透性标准试验方法

(1)适用范围

本方法适用于直径为 95mm ± 2mm,厚度为 52mm ± 3mm 的素混凝土试件或芯样。

(2)仪器设备

①试验装置如图 9.5.3 所示。

②仪器设备应满足以下要求:

a. 直流稳压电源,可输出 60V 直流电压,精度 ±0.1V。

b. 塑料或有机玻璃试验槽,其结构尺寸如图 9.5.4 所示。

c. 铜网为 20 目。
d. 数字式电流表,量程 20A,精度 ±0.1%。
e. 真空泵,真空度可达 133Pa 以下。
f. 真空干燥机器,内径≥250mm。
③试验应采用下列材料:
a. 纯试剂配制的 3.0% NaCl 溶液。
b. 用纯试剂配制的 0.3molNaOH 溶液。
c. 硅橡胶或树脂密封材料。

(3)试样制备

制作直径为 95mm,厚度为 51mm 的混凝土试件,在标准条件下养护 28d 或 90d,试验时以 3 块试件为一组。

(4)试验步骤

将试件暴露于空气中至表面干燥,以硅橡胶或树脂密封材料施涂于试件侧面,必要时填补涂层中的空洞以保证试件侧面完全密封。

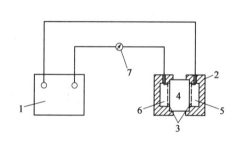

图 9.5.3　试验装置示意图
1-直流稳压电源;2-试验槽;3-铜网;4-混凝土试件;5-3% NaCl 溶液;6-0.3molNaOH 溶液;7-数字式电流表

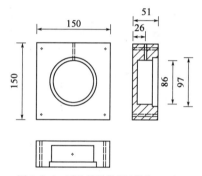

图 9.5.4　试验槽结构图(单位:mm)

测试前应进行真空饱水。将试件放入 1000ml 烧杯中,然后一起放入真空干燥器中,启动真空泵,数分钟内真空度达 133Pa 以下,保持真空 3h 后,维持这一真空度注入足够的蒸馏水,直至淹没试件,试件浸泡 1h 后恢复常压,再继续浸泡 18h±2h。

从水中取出试件,抹掉多余水分,将试件安装于试验槽内,用橡胶密封环或其他密封胶密封,并用螺杆将两试验槽和试件夹紧,以确保不会渗漏,然后将试验装置放在 20~23℃ 的流动冷水槽中,其水面宜低于装置顶面 5mm,试验应在 20~25℃ 恒温室内进行。

将浓度为 3.0% 的 NaCl 溶液和 0.3mol 的 NaOH 溶液分别注入试件两侧的试验槽中,注入 NaCl 溶液的试验槽内的铜网连接电源负极,注入 NaOH 溶液的试验槽中的铜网连接电源正极。

接通电源,对上述两铜网施加 60V 直流恒电压,并记录初始读数 I_0,通电并保持试验槽中充满溶液。开始时,每隔 5min 记录一次电流值,当电流变化值不大时,每隔 10min 记录一次电流值,当电流变化很小时,每隔 30min 记录一次电流值,直至通电 6h。

(5)结果计算

绘制电流与时间关系图,将各点数据以光滑曲线连接起来,对曲线做面积积分,或按梯形法进行面积积分,即可得试验 6h 通过的电量。当试件直径不等于 95mm 时,则所得电量应按截面面积比的正比关系换算成直径为95mm的标准值。

取同组3个试件通过的电量的平均值,作为该组试件的通电量来评定混凝土抗氯离子渗透性。

9.6 砂浆的质量检测试验

9.6.1 砂浆稠度、表观密度试验

1)仪器设备

砂浆稠度测定仪、砂浆密度测定仪、振动台、钢制捣棒、搅拌机、铁铲、容量筒、天平、秒表等。

2)试样制备

按数量称出各种所需材料,将砂、水泥等倒入搅拌机内,然后开动搅拌机,将水徐徐加入,将料拌和均匀(一次拌和量不宜少于搅拌机容量的20%)。拌和时间约为2~3min(从加水完毕时算起),搅拌后将砂浆拌合物倒在拌和铁板上,再用铁铲翻拌约2次,使之均匀,然后进行试验。试验室温度需保持在20℃±5℃。

3)水泥砂浆稠度

(1)试验步骤

①用少量润滑油轻擦滑杆,再将滑杆上多余的油用吸油纸擦净,使滑杆能自由滑动。

②用湿布擦净盛浆容器和试锥表面,将砂浆拌合物一次装入容器,使砂浆表面低于容器口约10mm左右。用捣棒自容器中心向边缘均匀地插捣25次,然后轻轻地将容器摇动或敲击5~6下,使砂浆表面平整,然后将容器置于稠度测定仪的底座上。

③拧松制动螺钉,向下移动滑杆,当试锥尖端与砂浆表面刚接触时,拧紧制动螺钉,使齿条侧杆下端刚接触滑杆上端,读出刻度盘上的读数(精确至1mm)。

④拧松制动螺钉,同时计时间,10s时立即拧紧螺钉,将齿条测杆下端接触滑杆上端,从刻度盘上读下沉深度(精确至1mm),二次读数的差值即为砂浆的稠度值。

⑤盛装容器内的砂浆,只允许测定一次稠度,重复测定时,应重新取样测定。

(2)结果评定

取两次试验结果的算术平均值,精确至1mm。如两次试验值之差大于10mm,应重新取样测定。

4)砂浆表观密度试验

(1)按本节上述方法测定砂浆拌合物稠度。

(2)试验步骤:

①用湿布擦净容量筒的内表面,再称量容量筒质量 m_1,精确至5g。

②当砂浆稠度大于50mm时,采用人工捣插法,当砂浆稠度不大于50mm时,宜采用机械振动法。

③采用人工插捣时,将砂浆拌合物一次装满容量筒,使稍有富余,用捣棒由边缘向中心均匀地插捣25次。当插捣过程中,砂浆沉落到低于筒口时,应随时添加砂浆,再用木锤沿容器外

壁敲击 5~6 次。

④采用振动法时,将砂浆拌合物一次装满容量筒连同漏斗在振动台上振 10s,当振动过程中砂浆沉入到低于筒口时,应随时添加砂浆。

⑤捣实或振动后,应将筒口多余的砂浆拌合物刮去,使砂浆表面平整,然后将容量筒外壁擦净,测出砂浆与容量筒的总质量 m_2,精确至 5g。

(3)砂浆的表观密度 ρ(以 kg/m³ 计)按下式计算:

$$\rho = \frac{m_2 - m_1}{V} \tag{9.6.1}$$

式中:ρ——砂浆拌合物的表观密度,kg/m³;

m_1——容量筒质量,kg;

m_2——容量筒及试样质量,kg;

V——容量筒容积,m³。

取两次试验的结果的算术平均值作为测定值,精确至 10kg/m³。

注:容量筒容积的校正,可采用一块能覆盖住容量筒顶面的玻璃板,先称出玻璃板和容量筒质量,然后向容量筒中灌入温度为 20℃±5℃ 的饮用水,灌到接近上口时,一边不断加水,一边把玻璃板沿筒口徐徐推入盖严,应注意使玻璃板下不带入任何气泡,然后擦净玻璃板面及筒壁外的水分,称量容量筒、水和玻璃板质量(精确至 5g)。后者与前者质量之差(以 kg 计)即为容量筒的容积(L)。

9.6.2 砂浆保水率试验

1)仪器设备

金属或硬塑料圆环试模(内径 100mm,内部高度 25mm)、可密封的取样容器、滤纸、不透水片、医用棉纱(110mm×110mm)、2kg 的重物、天平、烘箱等。

2)试样制备

按测定砂浆稠度的拌和方法制备。

3)试验步骤

(1)称量不透水片与干燥试模质量 m_1 和 8 片中速定性滤纸质量 m_2。

(2)将砂浆拌合物一次性填入试模,并用抹刀插捣数次,当填充砂浆略高于试模边缘时,用抹刀以 45°角一次性将试模表面多余的砂浆刮去,然后再用抹刀以较平的角度在试模表面反方向将砂浆刮平。

(3)抹掉试模边的砂浆,称量试模、不透水片与砂浆总质量 m_3。

(4)用 2 片医用棉纱覆盖在砂浆表面,再在棉纱表面放上 8 片滤纸,用不透水片盖在滤纸表面,以 2kg 的重物把不透水片压着。

(5)静止 2min 后移走重物及不透水片,取出滤纸(不包括棉砂),迅速称量滤纸质量 m_4。

4)结果计算

砂浆保水率应按下式计算(精确至 0.1%):

$$W = \left[1 - \frac{m_4 - m_2}{\alpha \times (m_3 - m_1)}\right] \times 100\% \tag{9.6.2}$$

式中：W——砂浆保水率，%；

　　m_1——不透水片与干燥试模质量，g；

　　m_2——8片滤纸吸水前的质量，g；

　　m_3——试模、不透水片与砂浆总质量，g；

　　m_4——8片滤纸吸水后的质量，g；

　　α——砂浆含水率，%。

取两次试验结果的平均值作为结果，如两个测定值中有1个超出平均值的5%，则此组试验结果无效。

9.6.3 砂浆抗压强度检测

1）仪器设备

带底试模（70.7mm×70.7mm×70.7mm）、试验机、钢制捣棒（振动台）、垫板等。

2）试样制备

（1）应用黄油等密封材料涂抹试模的外接缝，试模内涂刷薄层机油或脱模剂，将拌制好的砂浆（按照9.6.1中的方法拌制砂浆）一次性装入试模，成型方法根据稠度而定。当稠度大于等于50mm时，采用人工振捣成型，当稠度小于50mm时，采用振动台振实成型。

①人工振捣：由捣棒均匀地由边缘向中心按螺旋方式插捣25次，插捣过程中如砂浆沉落低于试模口，应随时添加砂浆，可用油灰刀插捣数次，并用手将试模一边抬高5～10mm，各振动5次，使砂浆高出试模顶面6～8mm。

②机械振动：将砂浆一次装满试模，放置到振动台上，振动时试模不得跳动，振动5～10s或持续到表面出浆为止，不得过振。

（2）待表面水分稍干后，将高出试模部分的砂浆沿试模顶面刮去并抹平。

（3）试件成型后应在室温为20℃±5℃的环境下静止24h±2h（当气温较低时，可适当延长时间，但不应超过两昼夜），然后对试件进行编号、拆模。

（4）脱模后，试件即送入标准养护室中养护（温度为20℃±2℃，相对湿度为90%以上）。养护期间，试件彼此间隔不小于10mm。

3）试验步骤

砂浆试块养护至规定龄期，取出试件并擦净表面，应尽快进行试验。试验前测量尺寸，并检查其外观。试件尺寸测量精确到1mm，据此计算试件的承压面积。如实际尺寸与公称尺寸之差不超过1mm时，可按公称尺寸进行计算。待压试件需用湿布覆盖，以防止试件干燥。

将试件安放在试验机的下压板上（或下垫板上），试件的承压面应与成型时的顶面垂直，试件中心应与试验机下压板（或下垫板）中心对准，开动试验机，当上压板（或上垫板）与试件接近时，调整球座，使接触面均衡受压。加荷速度为0.25～1.5kN/s（砂浆强度不大于5MPa时，宜取下限，砂浆强度大于5MPa时，宜取上限），当试件接近破坏而开始迅速变形时，停止调整试验机油门，直至试件破坏，记录破坏荷载。

4）结果计算

砂浆立方体试件抗压强度按下式计算，并精确至0.1MPa。

$$f_{m,cu} = \frac{N_u}{A} \tag{9.6.3}$$

式中：$f_{m,cu}$——砂浆立方体试件抗压强度，MPa；
N_u——试件破坏荷载，N；
A——试件承压面积，mm^2。

以三个试件测值的算术平均值作为测定值，计算精确至 0.1MPa。当三个测值的最大值或最小值中如有一个与中间值的差超过中间值的 ±20% 时，则取中间值，当最大值与最小值与中间值之差均超过中间值的 ±20% 时，则该组试件的试验结果无效。

9.7 混凝土用钢筋性能检测试验

9.7.1 组批原则及取样

1）组批原则

混凝土用钢筋应按批进行检查和验收。组批原则如下：

热轧光圆(带肋)钢筋、余热处理钢筋按同厂家、同一炉罐号、同一规格和同一交货状态组成，每批重量一般不大于60t。超过60t部分，每增加40t(或不足40t的余数)，增加一个拉伸试验试样和一个弯曲试验试样。允许同一牌号、同一冶炼方法、同一浇筑方法的不同炉罐号组成混合批，但各炉罐号含碳量不大于0.02%，含锰量之差不大于0.15%。混合批的重量不大于60t。

冷轧带肋钢筋按同一牌号、同一炉罐号、同一规格、同一交货状态的钢筋组成，每批重量不大于60t。

2）取样

每批钢筋中任选两根，从每一根钢筋距端头不少于500mm处切取拉伸试样1个和冷弯试样一个。

9.7.2 钢筋的拉伸试验

钢筋的拉伸试验按照金属拉伸试验方法进行。

1）仪器设备

试验机、引伸计、游标卡尺等。

2）试验条件

(1)试验温度。试验一般在温度为 10～35℃下进行，当对试验温度有严格要求时，试验室温应为 23℃±5℃。

(2)设定试验力零点。试样两端被夹持前，应设定力测量系统的零点。一旦设定了力值零点，在试验期间力测量系统不能再发生变化。

(3)夹持方法。应使用例如楔形夹头、螺纹夹头、平推夹头、套环夹具等合适的夹具夹持试样。应确保夹持的试样受轴向拉力的作用，尽量减少弯曲。对于楔形夹头，试样头部被夹持的长度一般至少为夹头夹持长度的四分之三。夹头的夹持面与试样接触应尽可能对称均匀。

3）试验速率

根据 GB/T 228.1—2010，试验速率的控制主要有两种方法：应变速率控制的试验速率和应力速率控制的试验速率。下面介绍应力速率控制的试验速率。

试验速率取决于材料特征并符合要求。如果没有其他规定，在应力达到屈服强度的一半之前可以采用任意速率，超过以后的试验速率应满足下述要求：

（1）在弹性范围和直至上屈服强度，试验机夹头的分离速度应尽可能保持恒定并在表9.7.1规定的应力速率范围内。

应力速率控制　　　　　　　　表9.7.1

金属材料的弹性模量（MPa）	应力速度（MPa/s）	
	最　小	最　大
<150000	2	20
≥150000	6	60

（2）如仅仅测定下屈服强度，在试样平行长度的屈服期间应变速率应在 $0.00025 \sim 0.0025 s^{-1}$ 之间，平行长度内的应变速率应尽可能保持恒定。如不能直接调节这一应变速率，应通过调节屈服即将开始前的应力速率来调整，在屈服完成前不再调节试验机控制。任何情况下，弹性范围内的应力速率不得超过表9.7.1的最大速率。

（3）如在同一试验中测定上屈服强度和下屈服强度，测定下屈服强度的条件应符合（2）条要求。

（4）在弹性范围试验机的横梁位移速率应在表9.7.1规定的应力速率范围内，并尽可能保持恒定。在塑性范围和直至规定强度（规定塑性延伸强度，规定总延伸强度和规定残余延伸强度）应变速率不应超过 $0.0025 s^{-1}$。

（5）如试验机无能力测量或控制应变速率，应采用等效于表9.7.1规定的应力速率的试验机横梁位移速率，直至屈服完成。

（6）测定屈服强度或塑性延伸强度后，试验速率可以增大到不大于 $0.008 s^{-1}$ 的应变速率（或等效的横梁分离速率）。

（7）如果仅仅需要测定材料的抗拉强度，在整个试验过程中可以选取不超过 $0.008 s^{-1}$ 的单一试验速率。

除非另有规定，只要能满足 GB/T 228.1—2010 的要求，试验室可自行选择方法和试验速率。

4）试验步骤

（1）根据钢筋直径 d_0 确定试件的标距长度。原始标距 $L_0 = 5d_0$（$L_0 = k\sqrt{S_0}$，比例系数 k 值国际上一般取 5.65，即 $L_0 = 5.65\sqrt{S_0} = 5\sqrt{\frac{4S_0}{\pi}} = 5d_0$；当试样横截面积太小，以致采用 k 为 5.65 的值不能满足最小标距要求时，可以采用较高的值或采用非比例试样，优先采用 11.3），如钢筋长度比原始标距长许多，可以标出相互重叠的几组原始标距。

（2）在钢筋的纵肋上标出标距端点，并沿标距长度以 d_0 或 5mm、10mm 作分格标志。

（3）对于度盘式试验机，应将试验机测力盘指针调零，并使主、副指针重叠。对于数控或微机控制试验机,应将数控机或微机上的数值清零。

(4)将试件固定在试验机夹头内,开动机器进行拉伸。

(5)拉伸中,当金属材料呈现屈服现象时,在试验期间达到塑性变形而力不增加应力点,即为屈服点(应区分上、下屈服点),此时拉力值即为屈服点荷载 F_s(N)。按下式可求得试件的屈服点:

$$R_{eH(L)} = \frac{F_s}{S_0} \qquad (9.7.1)$$

式中:$R_{eH(L)}$——上(下)屈服强度,MPa;
F_s——屈服点荷载,N;
S_0——试件(钢筋)公称横截面积,mm²。

测得屈服荷载后,连续加荷至试件拉断,由测力盘读出最大荷载 F_m(N)。按下式可求得试件的抗拉强度:

$$R_m = F_m/S_0 \qquad (9.7.2)$$

式中:R_m——抗拉强度,MPa;
F_m——最大荷载,N。

$R_{eH(L)}$ 与 R_m 应修约至 1MPa。

(6)断后伸长率测定:

①将已拉断的试件在断裂处对齐紧密对接,尽量使其轴线位于一条直线上,如拉断处由于各种原因形成缝隙,则此缝隙应计入试件拉断后的标距部分长度内。

②如拉断处到邻近标距端点的距离大于 $L_0/3$ 时,可用游标卡尺直接测出已被拉长的标距长度 L_u(mm)。伸长率按下式计算:

$$\delta = [(L_u - L_0)/L_0] \times 100\% \qquad (9.7.3)$$

式中:δ——伸长率,%(精确至1%);
L_0——原始标距长度,mm;
L_u——试件拉断后直接量测或由移位法确定的标距部分长度,mm(精确至0.1mm)。

③如拉断处到邻近标距端点的距离小于或等于 $L_0/3$ 时,可按下述移位法来确定 L_u:

a. 试验前将试样原始标距细分为 5mm(推荐)到 10mm 的 N 等份。

b. 试验后,以符号 X 表示断裂后试样短段的标距标记,以符号 Y 表示断裂试样长段的等分标记,此标记与断裂处的距离最接近于断裂处至标距标记 X 的距离。

如 X 与 Y 之间的分格数为 n,按如下测定断后伸长率:

如 $N-n$ 为偶数(图9.7.1a),测量 X 与 Y 之间的距离和测量从 Y 至距离为 $(N-n)/2$ 个分格的 Z 标记之间的距离。则断后伸长率为:

$$A = \frac{l_{XY} + 2l_{YZ} - L_0}{L_0} \times 100 \qquad (9.7.4)$$

如 $N-n$ 为奇数(图9.7.1b),测量 X 与 Y 之间的距离,和测量从 Y 至距离分别为 $(N-n-1)/2$ 和 $(N-n+$

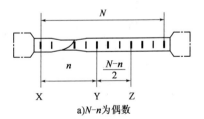
a) $N-n$ 为偶数

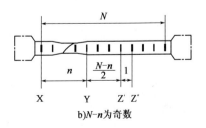
b) $N-n$ 为奇数

图9.7.1 移位方法的图示说明

1)/2 个分格的 Z′和 Z″标记之间的距离。则断后伸长率：

$$A = \frac{l_{XY} + l_{YZ'} + l_{YZ''} - L_0}{L_0} \times 100 \qquad (9.7.5)$$

9.7.3 钢筋弯曲试验

1）主要仪器设备

万能试验机或弯曲试验机、冷弯压头等。

2）试验方法及步骤

(1) 试件长度根据试验设备确定，一般可取 $5d + 150\text{mm}$，d 为公称直径。
(2) 按规定要求确定弯心直径 d' 和弯曲角度，见图 9.7.2。
(3) 调整两支辊间距离等于 $d' + 2.5d$，见图 9.7.2。
(4) 装置试件后，平稳地施加荷载，弯曲到要求的弯曲角度。

3）结果评定

检查试件弯曲处的外缘及侧面，如无裂缝、断裂或起层，即判定弯曲性能合格。

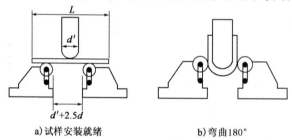

a) 试样安装就绪　　　　b) 弯曲180°

图 9.7.2　钢筋冷弯试验装置

9.8　现场混凝土质量检测

9.8.1　回弹法推定混凝土强度

1）原理及适用范围

回弹法是用一个弹簧驱动的重锤，通过弹击杆，弹击混凝土表面，并测出重锤被弹回的距离，以回弹值作为与强度相关的指标来推定混凝土强度的一种方法，属于表面硬度法的一种。

回弹法适用于普通混凝土的抗压强度检验。被测混凝土强度应在 C10～C60 之间，且不得用于表层与内部质量有明显差异或内部存在缺陷的混凝土结构和构件检测。

2）检测仪器——回弹仪

(1) 测定混凝土回弹值的仪器，宜采用示值系统为指针的直读式混凝土回弹仪，亦可采用经鉴定认可的回弹仪。
(2) 回弹仪可分为中型回弹仪、重型回弹仪和高强度回弹仪三种规格。

中型回弹仪：适用于 C10～C45 的混凝土；

重型回弹仪:适用于大体积混凝土或集料最大粒径大于50mm的混凝土;
高强度回弹仪:适用于C50~C60的混凝土。

(3)回弹仪的技术要求:

水平弹击时,弹击锤脱钩的瞬间,回弹仪的标准能量应符合要求。

弹击锤与弹击杆碰撞的瞬间,弹击锤起跳点相应于指针指示刻度上"0"处。

在洛氏硬度HRC为60±2的钢砧上,弹击杆端部球面与砧芯接触,向下弹击;分4次旋转弹击杆,每次旋转90°,弹击6次,共计24次,每次率定值R_N应符合表9.8.1的标准。若率定不符合要求时,不得用于工程检测。

不同型号回弹仪率定值　　　　　　表9.8.1

回弹仪型号	中型	重型	高强度型
率定值	80±2	63±2	80±2

3)回弹检测及数据处理

(1)一般规定。

在被测混凝土结构或构件上均匀布置测区,测区数不少于3个。相邻测区的间距不宜大于2.0m。测区应均匀分布,表面应清洁、平整、干燥,不应有接缝、饰面层、粉刷层、浮浆、油垢、蜂窝和麻面等表观缺陷,并应避开钢筋和铁质预埋件。测区还应标上编号。

(2)测定回弹值。

回弹仪宜处于水平方向测试混凝土浇筑的侧面,当不能满足这一要求时,亦可按非水平方向测试。

每个测区应弹击16个点。当测区具有两个侧面时,每个侧面可弹击8个点测定;当不具有两个侧面时,可在一个侧面弹击16个点。

弹击回弹值测点时,应避开气孔或外露石子。一个回弹值测点只允许弹击一次,回弹值测点的间距不宜小于30mm。

回弹仪的轴线垂直于结构或构件的混凝土表面,缓慢均匀施压,不宜用力过猛或冲击。

一个回弹值测定测试完毕,可将回弹仪的弹击杆压在混凝土表面,读取回弹侧点值,亦可按下回弹仪上的按钮,锁住机芯读数。

读数完毕后,应使回弹仪的弹击杆自机壳内伸出,挂钩挂上弹击锤,待测定下一个回弹测点。

(3)碳化深度测定。

应采用电动冲击钻在回弹值的测区内,钻一个直径为20mm,深约80mm的孔洞。清除孔洞内混凝土粉末,用1%的酚酞溶液滴在孔洞内壁的边缘处,用0.5mm精度的钢直尺测量混凝土表面至不变色交界处的垂直距离2~3次,计算其碳化深度平均值,即为混凝土碳化深度。

当测定的碳化深度值小于1.0mm时,可按无碳化处理。

(4)回弹数据整理。

测区回弹值应以回弹仪水平方向测试混凝土浇筑侧面的测值为基准。

测区回弹平均值的计算,应在16个回弹测点值中,剔除3个最大值和3个最小值后,剩余10个回弹值,计算测区平均回弹值。

当回弹仪在非水平方向测试时,应按下式换成水平方向回弹平均值:

$$m_R = m_{R_\alpha} + \Delta R_\alpha \tag{9.8.1}$$

式中：m_{R_α}——回弹仪与水平方向成 α 角测试时测区的平均回弹值；

ΔR_α——按相关规范角度修正表查出的不同测试角度 α（图9.8.1）的回弹修正值，见表9.8.2，精确至0.1。

修正值 ΔR_α 表9.8.2

m_{R_α}	测试角度 α (°)							
	+90	+60	+45	+30	-30	-45	-60	-90
20	-6.0	-5.0	-4.0	-3.0	+2.5	+3.0	+3.5	+4.0
30	-5.0	-4.0	-3.5	-2.5	+2.0	+2.5	+3.0	+3.5
40	-4.0	-3.5	-3.0	-2.0	+1.5	+2.0	+2.5	+3.0
50	-3.0	-3.0	-2.5	-1.5	+1.0	+1.5	+2.0	+2.5

注：表中未列入的相应于 m_{R_α} 的修正值 ΔR_α 可用内插法求得，计算精确至0.1。

4）混凝土强度推定

（1）测强曲线分为统一测强曲线、地区测强曲线、专用测强曲线三种，地区和专用测强曲线的强度误差值均小于全国统一测强曲线，因此优先采用专用测强曲线。

（2）混凝土强度换算。

用测定的回弹值换算混凝土强度时，宜优先采用专用测强曲线。当无专用测强曲线时，可根据回弹仪型号，按下列混凝土强度相关关系式进行换算：

①中型回弹仪：

普通混凝土强度

$$f_{cuRo} = 0.02497 m_R^{2.016} \tag{9.8.2}$$

引气混凝土强度

$$f_{cuRo} = 15 m_R - 152 \tag{9.8.3}$$

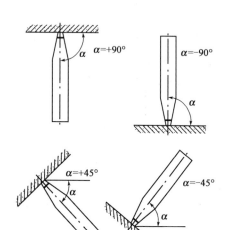

图9.8.1 测试角度 α 示意图

②重型回弹仪：

混凝土强度

$$f_{cuRo} = 77 e^{0.04 m_R} \tag{9.8.4}$$

③高强度回弹仪：

混凝土强度

$$f_{cuRo} = f(R_{Ni}) \tag{9.8.5}$$

当混凝土碳化深度大于或等于1.0mm时，应将换算的混凝土强度值按下式进行修正。

$$f_{cuRom} = \eta_m f_{cuRo} \tag{9.8.6}$$

式中：f_{cuRom}——碳化深度修正后的混凝土强度，MPa；

f_{cuRo}——按公式推定的混凝土强度值，MPa；

η_m——碳化深度修正值，见表9.8.3。

碳化深度修正系数 η_m 表 表9.8.3

测区强度(MPa)	碳化深度 (mm)					
	1.0	2.0	3.0	4.0	5.0	≥6.0
10.0~19.9	0.95	0.90	0.85	0.80	0.75	0.7
20.0~29.9	0.94	0.88	0.82	0.75	0.73	0.65
30.0~39.9	0.93	0.86	0.80	0.73	0.68	0.60
40.0~50.0	0.92	0.84	0.78	0.71	0.65	0.58

(3)推定混凝土强度。

经碳化修正后的混凝土强度换算值,按下式推定混凝土强度:

$$f_{cuRe} = f_{cuRom}(1 - t\delta_e) \qquad (9.8.7)$$

式中:f_{cuRe}——回弹法的混凝土强度推定值;

　　　t——正态分布概率。对于专用测强相关关系式,$t=0.5$,对于通用测强关关系式,$t=1.0$;

　　　δ_e——剩余变异系数。对于专用测强相关关系式,δ_e 可自行求得;对于通用测强关关系式,取 $\delta=0.14$。

9.8.2 半破损检测——取芯法推定混凝土强度

1)适用范围

混凝土强度低于10MPa时,不宜采用取芯法。

2)芯样的钻取及要求

(1)芯样钻取前,应选定位置用钢筋探测仪进行扫查,以避开受力钢筋位置,选取钻头直径不应小于粗集料最大粒径的2倍。芯样试件钻取完毕后,应取出芯样试件,编号。钻取芯样试样留下的空穴,应及时修补。试验芯样不得在蜂窝、麻面、孔洞、掉石的裂缝缺陷部位制取。

(2)钻取芯样的位置应符合下列原则:

①应在混凝土质量具有代表性的位置。

②应在受力较小的位置。

③应避开主筋,不得在预埋铁件和管线等位置。

④当用于修正非破损检测结果时,应在非破损方法计算所得的混凝土强度推定值的平均值临近测区钻取。

(3)混凝土芯样抗压强度试件(抗压试件)的高径比宜以1.0为基准,亦可采用高径比0.8~1.2的试件。

(4)从每个钻孔中钻取的芯样,应按表9.8.4规定制备试样的数量。

芯样试件数量表 表9.8.4

芯样直径(mm)	≥100	75~65	60~50
抗压试件数量(个)	1	3	5

(5)芯样中钢筋允许含量应满足下列要求:

芯样直径≥100mm的试件,可含一根直径≤22.0mm的钢筋,且与试件受压面平行;

芯样直径<100mm的试件,可含一根直径≤6.0mm的钢筋,且与试件受压面平行。

(6)试样进行抗压试验前,应对试件进行下列几何测量:

直径,用游标卡尺测量试件中部,在相互垂直的两个位置上,测量两次,计算其算术平均值,精确至0.5mm。

高度,用钢板尺在芯样由面至底的两个相互垂直位置上,测量两次,计算其算术平均值,精确至1.0mm。

垂直度,用游标量角器测量两个断面与母线的夹角,精确至0.1°。

平整度,用钢板尺或角尺紧靠在试件端面上,用塞尺测量与试件端面的间隙。

(7)芯样试件的两个端面宜用高强砂浆、硫磺砂浆或107胶和水泥混合成胶液修整,其厚度不宜超过1.5mm。修整完毕的芯样试件应静置24h,移至标准养护室内或20℃±3℃的水中养护48h,取出作抗压强度试验。

3)抗压强度试验

(1)抗压强度试验方法按9.5.4混凝土立方体抗压强度试验进行。

(2)当破型后的试件出现下列情况时,应剔除该试件的试验结果:

①含有大于芯样直径0.5倍粒径的粗集料。

②含有蜂窝和孔洞等缺陷。

③端面出现裂缝或抹平层分离。

④试件侧面出现斜向裂缝。

(3)试验结果处理。

混凝土抗压强度测试值应按下式计算:

$$f_{curo} = 1.27 \frac{N}{\phi^2} \eta_A \eta_k \tag{9.8.8}$$

式中:f_{curo}——混凝土抗压强度测试值,MPa;

N——极限抗压荷载,N;

ϕ——芯样直径,mm;

η_A——不同高径比芯样试件强度换算系数,可按表9.8.5选取;

η_k——换算系数,当芯样直径小于100mm时,抗压强度试件的抗压强度值应乘以η_k,换算成直径与高度均为100mm的抗压强度值,η_k = 1.12。

η_A 值　　　　　　　　　　表9.8.5

高径比	0.8	0.9	1.0	1.1	1.2
η_A	0.90	0.95	1.00	1.04	1.07

(4)按表9.8.4规定的芯样试件数量,其抗压强度代表值应按下列方法确定:

①制备1个抗压试件的芯样,其测试值为抗压强度代表值。

②制备3个抗压试件的芯样,其抗压强度代表值应按下列方法确定:

以3个试件抗压强度测试值的算术平均值为钻孔芯样的强度代表值;当3个试件抗压强度测试值中出现的最大值或最小值与中间值相差超过15%时,取中间值为芯样试件强度代表值。当3个试件抗压强度测试值中出现最大值和最小值与中间值相差均超过15%时,该钻孔芯样无强度代表值。

③制备5个抗压试件的芯样,其抗压强度代表值应按下列步骤确定:

a. 剔除芯样试件强度最小值或最大值,按下式计算剩余芯样抗压试件强度平均值;

$$mf'_{\text{curo}} = \frac{1}{4}\sum_{i=1}^{4} f_{\text{curoi}} \tag{9.8.9}$$

b. 计算 t 值:

$$t = \frac{mf'_{\text{curo}} - f_{\text{curomin}}}{\dfrac{mf'_{\text{curo}} \times 6}{100}\sqrt{1 + \dfrac{1}{n_0 - 1}}} \tag{9.8.10}$$

式中:mf'_{curo}——剔除最小值或最大值后剩余芯样的强度平均值;
   n_0——剩余芯样数。

c. 抗压强度代表值的确定:

当 $t \leqslant 2.4$ 时,以 5 个芯样试件强度的算术平均值为芯样强度代表值;

当 $t > 2.4$ 时,对剩余 4 个芯样强度值再按上述方法进行检验,当检验结果 $t \leqslant 2.9$ 时,则以 4 个芯样试件强度的算术平均值为强度代表值;当 $t > 2.9$ 时,则该钻孔芯样无强度代表值。

④当判定钻孔钻取的芯样无强度代表值时,应在原结构或构件上补充钻取芯样试件,再作抗压强度试验。

混凝土芯样强度代表值应按下式计算试件抗压强度推定值:

$$f_{\text{cure}} = \frac{f_{\text{cur}}}{K_0} \tag{9.8.11}$$

式中:f_{cure}——相当于边长 150mm 立方体试件的抗压强度推定值,MPa;
   f_{cur}——芯样试件抗压强度代表值,MPa;
   K_0——换算系数,按表 9.8.6 取值。

表 9.8.6 K_0 值

强度等级	≤C20	C25~C30	C35~C45	C50~C60
K_0	0.82	0.85	0.88	0.90

当单独采用芯样试件强度判定单个结构中混凝土强度时,钻取的芯样试件不宜少于 3 个。

参 考 文 献

[1] 刘斌,许汉明.土木工程材料[M].武汉:武汉理工大学出版社,2009.
[2] 钱晓倩,詹树林,金南国.建筑材料[M].北京:中国建筑工业出版社,2009.
[3] 傅凌云,郑睿,李新猷.建筑材料[M].北京:中国水利水电出版社,2010.
[4] 黄国兴,纪国晋.混凝土建筑物修补材料及应用[M].北京:中国电力出版社,2009.
[5] 中国水运建设60年建设技术编写组.中国水运建设60年建设技术卷[M].北京:人民交通出版社,2011.
[6] 中华人民共和国国家标准.GB 175—2007 通用硅酸盐水泥[S].北京:中国标准出版社,2007.
[7] 中华人民共和国行业标准.JGJ 55—2011 普通混凝土设计规程[S].北京:中国建筑工业出版社,2011.
[8] 中华人民共和国行业标准.JTS 202—2011 水运工程混凝土施工规范[S].北京:人民交通出版社,2011.
[9] 中华人民共和国行业标准.JTS 151—2011 水运工程混凝土结构设计规范[S].北京:人民交通出版社,2011.
[10] 中华人民共和国国家标准.GB 8076—2008 混凝土外加剂[S].北京:中国标准出版社,2009.
[11] 中华人民共和国行业标准.JTS 257—2008 水运工程质量检验标准[S].北京:人民交通出版社,2008.
[12] 中华人民共和国行业标准.JGJ/T 223—2010 预拌砂浆应用技术规程[S].北京:中国建筑工业出版社,2009.
[13] 中华人民共和国行业标准.JGJ/T 98—2010 砌筑砂浆配合比设计规程[S].北京:中国建筑工业出版社,2010.
[14] 中华人民共和国行业标准.JTJ 239—2005 水运工程土工合成材料应用技术规范[S].北京:人民交通出版社,2008.
[15] 中华人民共和国行业标准.JTS 311—2011 港口水工建筑物修补加固技术规范[S].北京:人民交通出版社,2010.
[16] 中华人民共和国国家标准.GB/T 222—2006 钢的成品化学成分允许偏差[S].北京.中国标准出版社,2006.
[17] 中华人民共和国国家标准.GB/T 228.1—2010 金属材料拉伸试验第一部分:室温试验方法[S].北京.中国标准出版社,2011.
[18] 中华人民共和国国家标准.GB/T 700—2006 碳素结构钢[S].北京.中国标准出版社,2011.
[19] 中华人民共和国国家标准.GB/T 1591—2008 低合金高强度结构钢[S].北京.中国标准出版社,2009.
[20] 中华人民共和国国家标准.GB 1499.1—2008 钢筋混凝土用钢第一部分:热轧光圆钢筋[S].北京.中国标准出版社,2008.

[21] 中华人民共和国国家标准.GB 1499.2—2007 钢筋混凝土用钢第二部分:热轧带肋钢筋[S].北京.中国标准出版社,2007.

[22] 中华人民共和国国家标准.GB 13788—2008 冷轧带肋钢筋[S].北京.中国标准出版社,2009.

[23] 中华人民共和国国家标准.GB/T 5223—2002 预应力混凝土用钢丝[S].北京.中国标准出版社,2002.

[24] 中华人民共和国国家标准.GB/T 5223.3—2005 预应力混凝土用钢棒[S].北京.中国标准出版社,2005.

[25] 中华人民共和国国家标准.GB/T 5224—2003 预应力混凝土用钢绞线[S].北京.中国标准出版社,2003.

[26] 中华人民共和国国家标准.GB/T 494—2010 建筑石油沥青[S].北京.中国标准出版社,2011.

[27] 中华人民共和国行业标准.JTG F40—2004 公路沥青路面施工技术规范[S].北京.人民交通出版社,2004.

[28] 中华人民共和国国家标准.GB/T 14686—2008 石油沥青玻璃纤维胎防水卷材[S].北京.中国标准出版社,1994.

[29] 中华人民共和国国家标准.GB 18242—2008 弹性体改性沥青防水卷材[S].北京.中国标准出版社,2008.

[30] 中华人民共和国国家标准.GB 18243—2008 塑性体改性沥青防水卷材[S].北京.中国标准出版社,2008.

[31] 中华人民共和国行业标准.JTJ 270—1998 水运工程混凝土试验规程[S].北京:人民交通出版社,1999.